T0281938

Mira a los ojos del lobo

Mira a los ojos del lobo

Los 7 principios de los equipos de éxito

Mark Divine

Traducción de
Jordi Boixadós

conecta

El papel utilizado para la impresión de este libro ha sido fabricado a partir de madera procedente de bosques y plantaciones gestionadas con los más altos estándares ambientales, garantizando una explotación de los recursos sostenible con el medio ambiente y beneficiosa para las personas.

Mira a los ojos del lobo

Título original: *Staring Down the Wolf*

Primera edición en España: septiembre, 2020
Primera edición en México: agosto, 2022

ISBN: 978-607-380-092-1

Impreso en México – *Printed in Mexico*

Índice

INTRODUCCIÓN

Adéntrate en un nuevo territorio

Respira hondo y despídete del viejo mapa y la brújula.
Te aguarda una nueva ruta.

¿Eres CEO o líder de una empresa y estás desesperado por multiplicar los beneficios ante los cambios en el panorama tecnológico y empresarial que han dejado obsoletas las hojas de ruta sobre cómo triunfar en tu sector? Mientras das vueltas a estas y otras cuestiones, tus equipos y tu cultura se debaten bajo el peso de los compromisos y el caos constante.

Tu departamento de Recursos Humanos erra en el tiro y fracasa porque su personal está entrenado para tratar a las personas como recursos y no como seres humanos que exigen que se los considere como tales. A esta área de la empresa le iba bien cuando su trabajo consistía en contratar, medir indicadores, ascender o despedir a empleados... quizá, incluso, cuando se encargaba de llevar a cabo encuestas e iniciar programas de formación en sensibilidad. En cambio, muestra dificultades para desarrollar líderes en terrenos que hoy día son más importantes: el emocional, el moral y el espiritual.

Tal vez tú eres uno de esos jóvenes con liderazgo que se sienten desmotivados porque notan que los tratan como un activo o, aún peor, porque quien los dirige es un incompetente. La típica macroempresa está orientada hacia una serie de procesos y tareas sin fin; en su día a día dispone de poco tiempo para edificar una cultura poderosa y, como consecuencia, acaba corriendo el peligro de quedar gravemente herida o morir.

En el nuevo campo de batalla, la energía creativa para vencer vendrá del territorio interior del poder emocional y la mentalidad.

Ambas cosas exigen nuevos modelos de desarrollo para enfrentarse de modo eficaz a los cambios rápidos y a la incertidumbre. Tras la Guerra Fría, la Escuela de Guerra del Ejército de los Estados Unidos acuñó un acrónimo para referirse a la volatilidad, incertidumbre, complejidad y ambigüedad del mundo. El término VUCA, por sus siglas en inglés, es desde entonces familiar entre las personas con cargos ejecutivos. Para vencer en la misión dentro del entorno VUCA, los líderes necesitarán una brújula de nueva generación que los ayude a navegar por los picos y los valles con fortaleza emocional, moral y espiritual. Deberán dejar sus egos aparte y subordinar sus necesidades al equipo y a la misión. Tendrán que convertirse en «líderes integrales» que operen desde una conciencia también integrada y centrada en el mundo. Al volverse integrales y autoevolutivos, los líderes logran desarrollar una profunda conexión con sus equipos, y ello repercutirá directamente en sus empresas, que alcanzarán un éxito más significativo en un futuro que ya tenemos encima.

En el mundo en que vivimos todas estas habilidades son imprescindibles, desde ya, para quienes están a la cabeza de las empresas.

Sin embargo, con frecuencia, el lobo del miedo se interpone en sus caminos.

Este lobo del miedo es una metáfora de lo que nos bloquea emocionalmente: esos miedos tan enraizados, esos patrones reaccionarios negativos, los sesgos. ¿Qué te impide ese bloqueo? Te impide recibir al 100 % el apoyo de tu equipo. Te impide identificarte con él. Te impide ser tú mismo.

Este libro pretende ayudarte a mirar a los ojos a tu propio lobo del miedo para que logres superar los persistentes condicionantes negativos y evolucionar hasta alcanzar tu máximo. No hay otro modo de liberar tu verdadero y enorme potencial.

Este nuevo campo de batalla ya no te permitirá buscar beneficios a expensas de las personas. Ahora tu gente y tu cultura son «lo más importante». Todo lo demás está sujeto a los vientos del cambio y, a medida que esos vientos soplan, se vuelve cada vez más irrelevante.

Como líder, no eres una víctima del entorno VUCA. No puedes quejarte del mercado, de la volatilidad, de la competencia, de los inversores, de los clientes. En este nuevo escenario, en el mundo de los negocios, cambiar o morir depende de ti. Piensa en la suerte que tienes: es poco probable que te maten de verdad, un peligro que, en cambio, a mí sí me acechaba cuando estaba en los SEAL de la marina de los Estados Unidos. No puedes permitir que la volatilidad, la complejidad y la adormecedora ambigüedad te paralicen en mitad del camino.

En mi trabajo con directivos y equipos he descubierto que la mayoría de ellos experimentó la sensación de tocar techo hace más o menos cinco años. Todos se bloquearon. De un día para otro, empezaron a sentirse incompetentes. De repente, todo lo que hasta entonces les había funcionado perdió su importancia; las armas que tan bien habían manejado dejaron de hacer daño. Ahora, sus aptitudes profesionales, desarrolladas tras años en escuelas de negocios, cursos, interminables seminarios y sesiones de formación, ya no les proporcionan los resultados deseados. Aunque observan y perciben con agudeza los elementos de este nuevo campo de batalla, no saben cómo actuar.

La reacción de lucha, huida y parálisis se ha instalado entre las tropas aliadas. Se ha apoderado de ellas.

¿Dónde están los Eisenhowers y los Pattons ahora que tanto los necesitamos?

Lo siento, pero esta vez no hay salvadores por ahí. No hay líderes del cambio externos ni consultores que puedan «solucionar» esto, ni para ti ni para nadie.

El único líder del cambio eres tú.

Tú eres quien debe transformarse. Y tú debes transformar también a tu equipo.

No puedes continuar aplicando medidas que no funcionan y esperar que los resultados mejoren. Este libro no te va a proporcionar un paquete de estrategias curiosas y tácticas brillantes para resolver tus problemas. En lugar de eso, lo que te dará son perspectivas sobre cómo desarrollar tu propio carácter y el de tu equipo. Esta nueva actitud se demostrará mediante la valentía moral y espiritual, la confianza y la confiabilidad, el respeto y la respetabilidad, la excelencia a través del autoliderazgo y la adaptabilidad, el crecimiento constante, la excelencia, la resiliencia y la convergencia alrededor de un propósito, una visión y una misión comunes. Estos son los siete principios que conducirán al compromiso total del equipo.

Desarrollar tales habilidades te exigirá hacer un examen profundo para superar cualquiera de las cualidades negativas que te están impidiendo potenciar tu capacidad para sacar el máximo provecho de tu intuición, tu creatividad y tu conexión. Francamente, no puedes pretender ser el líder perfecto, no trates de reunir todas las cualidades positivas sin tener ninguna de las negativas. Ya hace tiempo que tu gente ve a través de la máscara que llevas puesta. E igualmente importante: tienes que dejar de proyectar tu sombra sobre tu equipo. Tu sombra es tu comportamiento condicionado negativo, la mayoría de las veces vinculado a experiencias emocionales traumáticas de tu juventud que ahora perjudican tus relaciones y el trabajo de tu equipo. Se muestran en forma de proyección, transferencia, comportamiento agresivo, pasivo-agresivo o pasivo, o sencillamente espantosas habilidades comunicativas. Tu equipo ni confiará en ti ni te respetará mientras no hayas hecho este trabajo. Tu sombra te convierte en el factor limitante de tu propio éxito.

El camino a través de la VUCA significa poner empeño, tú y tu equipo, para incorporar los siete principios por los que aboga este libro. Una vez que lo hayas hecho, acelerarás tu crecimiento hasta los estadios más elevados de desarrollo y completitud. Esto se consigue tomando conciencia de la sombra de tu lobo del miedo y practicando a diario el autocontrol. Así conseguirás despojarte de tu sombra emocional, despertar tu naturaleza esencial en tanto que ser espiritual y crecer para convertirte en un auténtico líder. La tarea es ardua, pero debes hacerla. Tu futuro y el futuro de tus equipos, tal vez incluso el futuro de toda la humanidad, si nos paramos a pensar en nuestros retos globales colectivos, dependen de ello.

Tienes que mirar a los ojos del lobo del miedo.

Tus cinco mesetas

En psicología del desarrollo es bien conocido que operamos con distintos mapas internos de la realidad. Esto hace que el liderazgo sea complejo, porque no solo el territorio externo es cambiante debido a la VUCA, sino que los territorios internos de los miembros del equipo también son diferentes de los nuestros, y ello conlleva mapas de la realidad inconsistentes y variados. La mayoría de los líderes ignora dicha realidad, bien porque no ha aprendido a reconocer los diferentes territorios, bien porque se halla atrapada en un mapa incompleto y los árboles le impiden ver el bosque. Para activar la autotransformación se necesita tomar conciencia de las perspectivas dominantes sobre la realidad.

He detectado cinco puntos de vista diferentes con los cuales se identifican mis clientes ejecutivos (sus territorios y los mapas de sus realidades), y los he bautizado como las cinco mesetas. Estas mesetas enmarcan sus visiones del mundo, sus reacciones respecto a los demás y sus creencias preferidas. Las mesetas son, cada una de ellas, visiones del mundo consistentes internamente, mas incompletas en alcance en cuanto a inclusión o completitud hasta que se llega a la quinta, que las engloba a todas. Por otra parte, los elementos de la sombra propios de cada uno se muestran de diferente modo en cada meseta y pueden tener un impacto negativo en el desarrollo. Estas mesetas son fluidas, porque el líder puede mantener una creencia intelectualizada en un nivel, pero reaccionar con un patrón de sombra subconsciente en otro. La buena noticia es que, mediante la práctica disciplinada con un «ritmo de combate» diario, semanal y anual, los líderes pueden destruir su sombra y crecer rápidamente para ascender hasta la quinta meseta: la fase completa o integrada de desarrollo. Otra manera de decirlo es que la integración en la quinta meseta aporta una conciencia y una visión del mundo más amplias e inclusivas, y transciende e incluye todas las fases previas. Esta integración hace que la conexión, el potencial, el desempeño y el sentido de servicio sean aún mayores. Naturalmente, también permite un liderazgo más eficaz y la consecución de mayor éxito, relevancia y satisfacción.

Los líderes que se tomen en serio su evolución y crecimiento hasta esta quinta meseta tendrán una visión cada vez más clara y se despojarán de sus sombras. No es un trabajo que se haga de una sola vez; es continuo y no se cruza ninguna cinta que marque una meta final. Los expertos también aceptan que el crecimiento sigue más allá de la quinta meseta, pero, por desgracia, solo un pequeño porcentaje de la humanidad adoptará alguna vez esa perspectiva a lo largo de su vida. Precisamente esto contribuye a explicar por qué la sociedad ha creado unas condiciones tan sarcásticas y violentas. Impongámonos la misión de conducir a nuestros equipos y a sus nuevos líderes a esta quinta meseta, y transformemos en el proceso no solo a ellos, sino a la cultura global.

Si conoces el trabajo del filósofo estadounidense Ken Wilber, en la idea de las cinco mesetas percibirás tanto su influencia como la de otros psicólogos del desarrollo. En mi caso, he tenido el honor de estudiar y trabajar con Ken y algunos de sus primeros acólitos. Ken es el creador de la teoría integral, un marco de crecimiento que empareja los modelos de desarrollo psicológico occidental y transpersonal oriental para elaborar un mapa completo de la experiencia humana. Dicho mapa incluye aspectos tanto subjetivos como objetivos del individuo y la colectividad. Es importante tomar conciencia de todos esos campos porque, cuando los mapas internos de la realidad se convierten en objetos de estudio por parte de uno mismo, pueden resultar psicoactivos, es decir, su mero conocimiento es capaz de impulsar el crecimiento para incluirlos.

Tras casi toda una vida estudiando el zen y practicando yoga y artes marciales, después de veinte años de terapia, estoy ahora llegando a comprender en profundidad a qué se refiere Ken cuando dice que nuestra misión como humanos es «despertar, crecer y limpiar para poder mostrarnos como lo que realmente somos». Con «despertar» se alude a la experiencia de separarnos de la historia de nuestros propios orígenes, de nuestros pensamientos y emociones, para reconocer nuestra naturaleza eterna y nuestra unidad con todas las cosas. El camino para despertar se halla en todas las tradiciones espirituales imperecederas. Al despertar llegamos a apreciar el ingente potencial que reside en cada uno de nosotros. «Crecer» es otra cosa. Significa evolucionar hacia fases de desarrollo personal más completas e inclusivas, para lograr así una mayor inclusividad y capacidad de liderazgo. Finalmente, con «limpiar» hablamos de trabajar la sombra emocional. Esta es en realidad la parte difícil, pues en ella has de enfrentarte al lobo del miedo. Este libro no pretende sino servirte de inspiración y acercarte las herramientas que necesitas para limpiar, de manera que puedas continuar creciendo hasta alcanzar el auténtico liderazgo que te brinda la quinta meseta.

¿Cuál es tu meseta?

Tu fase de desarrollo estará fuertemente influenciada por las circunstancias de tus progenitores y la cultura en que creciste. Las personas con un pasado idílico pueden desarrollarse de manera natural a través de las cuatro primeras fases o mesetas, las cuales reflejan el desarrollo de la propia conciencia humana a lo largo de la era industrial. Como se viene mencionando, cuando las personas progresan a través de cada meseta, su sentido de sí mismas y de los demás se vuelve más amplio e inclusivo. La primera meseta es puramente egocéntrica, solo gira en torno a las necesidades de uno mismo. La segunda es etnocéntrica, su foco está en la tribu. La tercera también es principalmente etnocéntrica, si bien quienes viajan y trabajan por todo el mundo pueden ampliar sus miras y abarcar todo el globo. Las mesetas cuarta y quinta tienen su centro en el mundo, por lo que exhiben su atención y cuidado para con todos los seres humanos y el planeta en general. Por desgracia, Wilber calcula que únicamente alrededor del 5 % de la población mundial se halla en la quinta meseta.

El siguiente gráfico muestra un mapa de cada fase:

Meseta	Fases de actitudes y desarrollo	Posturas arquetípicas	Emociones y motivaciones positivas	Sombra de comportamiento automático negativo
1.ª	• Actitud primaria: superviviente • Fase de desarrollo: egocéntrico	• Supervivencia del más apto • Independencia: «Yo, a lo mío» • Riesgos • Lobo solitario o timador • Miembro de una banda • Necesidades de seguridad no alcanzadas	• Acción audaz • Amor (estrecho) • Sin renuncias	• Impetuosidad • Vergüenza u orgullo • Agresión o sumisión • Ansiedad • Falta de confianza o respeto • Mentalidad fija • Riesgos excesivos
2.ª	• Actitud primaria: protector • Fase de desarrollo: etnocéntrico con foco situado en su propia tribu	• Guerrero/Perro pastor • Fundamentalista y tradicionalista respecto a la familia, la religión y los roles: lo de siempre sigue siendo lo mejor • Burocrático: roles, posición muy importante • La seguridad y los recursos limitados deben ser protegidos	• Acción valerosa • Confianza y respeto frente a la autoridad, roles tradicionales • Protección del *statu quo* • Lucha por la justicia • Amor por la tribu • Patriotismo • Confianza en un poder superior y en el papel de la religión	• Culpa • Envidia • Baja autoestima • Mentalidad fija: «Esto se hace así y ya está» • «Ismos»: racismo, sexismo, edadismo, etc. • Rigidez jerárquica
3.ª	• Actitud primaria: triunfador • Fase de desarrollo: etnocéntrico (el capitalismo es mejor que el comunismo), también con incipiente visión centrada en el mundo a través del comercio global y la solución de los problemas por vías tecnológicas	• Líder, empresario/ Emprendedor, ejecutivo, profesional • Autosuficiente e independiente • Enfocado al éxito material • El mérito es más importante que el rango o la posición	• Confianza en la capacidad para crear • Ambición, conseguir que las cosas se hagan • Juega en equipo para alcanzar las metas • Busca el crecimiento horizontal: desarrollo personal para el éxito • Los primeros cinco principios están presentes	• Falta de responsabilidad • Temeridad • Codicia • Pensamiento abstracto y relativismo moral
4.ª	• Actitud primaria: ecualizador • Fase de desarrollo: visión centrada en el mundo, ecología, activismo, comercio sostenible, capitalismo consciente, filantropía	• Emprendedor social, académico, líder de organizaciones sin ánimo de lucro • Sensible, igualitario • Activista, filántropo • Actúa desde la atención, el cuidado, frente a la escasez	• Los siete principios están presentes, pero no integrados • Respeto, igualdad • Cuidado, construcción de relaciones • Amar y cuidar de los demás • Busca el crecimiento vertical: desarrollo para servir • Abierto al misterio del universo	• Egotismo espiritual • Envidia de clase o rabia de clase • Falta de inclusividad de los demás, por ejemplo, de quienes considera inferiores a su propio nivel de desarrollo o de inteligencia • Falta de acción concreta: mentalidad del tipo «salvemos el mundo» desde un punto de vista abstracto
5.ª	• Actitud primaria: integrador • Fase de desarrollo: centrado en el mundo, comercio para las necesidades de toda la humanidad y sistema vivo que tiene en cuenta el planeta y requiere que todas las especies estén en equilibrio	• Estratega global o líder de pensamiento • Sanador integrado • Maestro de las enseñanzas, por ejemplo: Yogi, Chi Gong, Aikido, coach de Integrated Unbeatable Mind • Enfocado al proceso y la interdependencia de sistemas • Piensa en términos de *win-win*, actúa desde la compasión, la abundancia, la generosidad, el servicio	• Integración de los siete principios • Visión fuerte • Interiorización de las experiencias del mundo de diferentes maneras: cuerpo, mente, espíritu, visión, acción • Integralidad, paz y equilibrio • Gestiona la complejidad • Atención y cuidado universal	• Sumamente enfocado en el desarrollo • Puede ser tan inclusivo que deje de ver los árboles por culpa del bosque • Puede ser estrecho de mente al pensar que todo el mundo es justo • Egotismo espiritual residual • Le falta habilidad para ver a los demás desde la óptica de sus respectivas mesetas

Nota: Las personas que están familiarizadas con el trabajo de Wilber observarán que he fusionado sus primeros tres niveles en el de la meseta del superviviente. Esas tres fases se relacionan con los niveles de crecimiento arcaico, mágico y mítico, los cuales a menudo no se observan en los líderes exitosos de Occidente. En general, vemos sobre todo actitudes de liderazgo que se corresponden con las mesetas segunda, tercera y cuarta.

Tal como he mencionado, los líderes y los equipos son capaces de situarse en las cinco mesetas, pero acostumbran a encasillarse en una, aunque no lo reconozcan... Viven dentro de una botella y no logran leer su etiqueta. Esto puede ser evidente para los de afuera, pero no para ellos, pues desconocen el manejo de los mapas. Muchos carecerán incluso de los conocimientos, del deseo, del tiempo, de la oportunidad o de la energía para trabajar en pos de esta importante transformación psicológica. La mayoría de las personas se encuentra a gusto en sus mesetas. Tanto sus relaciones como sus puntos de vista políticos, religiosos y de otra índole cobran sentido desde su óptica. Y no están equivocadas; solo son incompletas. En este caso, la ignorancia es dichosa. La gente se siente cómoda en su zona de confort, por lo que pocos mostrarán intención de salir de allí aun estando sobrecargados, deprimidos, fuera de juego o impasibles. Habrá incluso quien permanezca anclado allí sin más motivación que sobrevivir. Tampoco buscarán crecer las personas profundamente acomodadas en su entorno y hechas a las situaciones que las rodeen. Es posible que ni tan siquiera estén dispuestas a aceptar que los puntos de vista y las vidas de los demás tengan el mismo valor relativo. Se trata de la clásica «mentalidad fija» de la que habla Carol Dweck en su libro *Mindset. La actitud del éxito*. Esta mentalidad fija no es infrecuente en los equipos, pues el trabajo con la sombra y el liderazgo integral son aspectos novedosos para la mayoría de los líderes. Desde el momento en que tienes este libro en las manos, doy por descontado que no tienes una mentalidad fija y que sí deseas crecer... Y crecer rápidamente.

Aunque nuestra forma de pensar sea favorable al crecimiento, es estadísticamente probable que no todos nos hallemos en la quinta meseta, por lo que siempre podemos crecer más. En mi opinión, yo pasé años estancado en lo que al crecimiento se refiere por culpa de mi mapa incompleto y de las sombras que me mantenían bloqueado en la tercera meseta, la del triunfador, y en los mecanismos protectores de la segunda. Solo el entrenamiento diario en autoconciencia y el hecho de enfrentarme a mi lobo del miedo me permitieron romper esas limitaciones autoimpuestas y progresar hacia la fase más elevada de mi propia evolución.

Ahora ha llegado el momento de que tú también despiertes, crezcas, te limpies y te expongas ante tu equipo. La pregunta es sencilla: ¿Con qué meseta te identificas más ahora?

Puede ser que en tus mejores momentos te identifiques con la quinta meseta. Quizá te veas a ti mismo como un ser pacífico y amante de todo, pero, cuando tu lobo del miedo aúlla, es posible que retrocedas hasta la tercera meseta y te vuelvas un supertriunfador insensible. Incluso que llegues hasta la segunda y te descubras como alguien tan emocionalmente bloqueado ante una derrota de su equipo de fútbol que sea capaz de ponerse a chillar como un loco y meterse en una pelea a puñetazos.

Ya he señalado que los aspectos relacionados con la educación que recibiste y con tus sombras influirán enormemente en tu desarrollo a través de esas mesetas, y eso no es algo sobre lo que puedas tener mucho control. Es importante que no te juzgues a ti mismo; no te desanimes ni te tomes esto como una clasificación por jerarquías. Nadie se gradúa en desarrollo personal. De hecho, reaccionar de esa manera sería normal, y únicamente te indicaría que tienes trabajo por delante. El primer paso para el crecimiento y la limpieza consiste en concienciarse de los mapas incompletos y de los elementos de sombra que te paralizan. Entonces puede que hasta aparezca la integración completa de una manera trascendente e inclusiva. A medida que avances, irás adquiriendo nuevas habilidades para seguir atravesando mesetas aun cuando en tu vida vayan apareciendo personas y circunstancias distintas. Solo mirando a los ojos del lobo verás cómo tu conciencia no deja de evolucionar mientras tus sombras se vuelven cada vez más pequeñas.

Mira a los ojos del lobo

En resumen, enfrentarte al lobo significa contemplar tus cualidades negativas o tus miedos más profundos, y luego hacerles frente para reducir el impacto que tienen en tu vida. Deben morir de hambre para que no impidan ni tu crecimiento ni tu integración total en la quinta meseta. Una vez te liberes, te convertirás en el líder más influyente posible.

Llegados a este punto, ya sabes que las sombras de tu ser son los sesgos, los patrones subconscientes y los comportamientos automáticos negativos que sabotean tus mejores esfuerzos y perjudican tus relaciones. En tu vida hay sombras, quieras admitirlas o no, y son ellas las que te impiden convertirte en el líder centrado en el corazón que tanto ansías ser.

Durante mi largo viaje autodescubriéndome, experiencia que compartiré en estas páginas, me he dado cuenta de que mi éxito como líder, sobre todo dentro del entorno VUCA, ha aumentado exponencialmente cuando he conseguido derrotar a mis propias sombras. Gracias a ello he logrado una gran autenticidad que luego me ha permitido formar equipos de élite, los cuales demuestran con su proceder los siete principios en que insiste este libro y que yo también he asumido e incorporado plenamente a mi vida. Y es que, en asuntos del corazón, debemos predicar con el ejemplo.

Muchos de los miedos que experimentamos en la vida son de naturaleza existencial, en especial el miedo a la muerte, o, para un miembro de los Navy SEAL, el miedo a los espacios submarinos oscuros. Sin embargo, otros miedos, como el miedo al riesgo, al fracaso, a las críticas, al malestar, a la singularidad o a los obstáculos, suelen tener que ver con recuerdos traumáticos de la infancia. Ahí están los sentimientos de abandono, inseguridad, irrelevancia o falta de merecimientos. Existen tácticas para gestionar el primer tipo de miedo, y somos muchos los que las empleamos. Sin embargo, estas tácticas de fuerza bruta para el control emocional no funcionan con el segundo tipo de miedo, el de sombra. Esos temores continuarán aflorando a la superficie para sabotear tu progreso. Entre los ejemplos de problemas de sombra que se manifiestan en cada meseta, podemos mencionar:

- **PRIMERA MESETA:** pasar por víctima de tus traumas; tener un pensamiento de supervivencia a corto plazo; presentar un comportamiento impulsivo; ser exageradamente supersticioso o ritualista; ser vengativo; avergonzar a los demás y avergonzarse de uno mismo fácilmente; mostrar comportamientos pasivo-agresivos y adictivos; sentirse inseguro, invisible, no valorado, falto de merecimientos; recluirse o desconectarse de los demás.

- **SEGUNDA MESETA:** asumir fácilmente culpas y culpar a otros; envidiar el éxito, el cuerpo, la riqueza o la posición de otras personas; mostrar comportamientos agresivos, pasivo-agresivos o controladores; generar absolutismos morales; exhibirse; mostrarse arrogante, racista, sexista o religioso en extremo.

- **TERCERA MESETA:** ser hipercompetitivo o materialista; mostrar adicción al trabajo, inquietud exagerada o codicia; asumir riesgos en exceso; no aceptar ayuda, pues la soledad se considera más segura; evitar el conflicto y las conversaciones cruciales; necesitar ser admirado, buscar ser don Perfecto o doña Perfecta.

- **CUARTA MESETA:** mostrar hipersensibilidad; ocultar problemas importantes a causa del malestar emocional que produce el enfrentarse a ellos; criticar a aquellas personas con las que no se está de acuerdo; forzar en los demás o en la colectividad la visión de la cuarta meseta como si fuera el único camino correcto.

- **QUINTA MESETA:** reconocer las sombras remanentes de otras mesetas; tender a transferir los problemas con los progenitores a las relaciones con el sexo opuesto o a las figuras de autoridad; proyectar en los demás lo que te desagrada de ti mismo o aquello de lo que reniegas.

Insisto nuevamente en que estas son las sombras que pueden perjudicar tu capacidad de liderazgo. Y ¿por qué? Porque todos y cada uno de los miembros de tu equipo percibirán esta disfunción intensamente. Además, ellos también son imperfectos y saben bien que eres un ser humano igual que ellos. Si pretendes ser de otra manera mientras los bombardeas con mensajes negativos, los pierdes de manera inmediata. El equipo se paraliza y se desmotiva, y se instala en la mediocridad.

Presento aquí algunos de los patrones del lobo del miedo que ejercían un impacto en mi propia capacidad de liderazgo y las causas subyacentes a cada uno de ellos:

- En mi época de joven-adulto no me sentía una persona inteligente, de modo que me dediqué a cursar varios posgrados que no me aportaron mucho. Necesitaba demostrarme a mí mismo y a los demás que en realidad sí era un tipo inteligente. En las funciones de liderazgo, siempre quería tener razón; tenía que decir siempre la última palabra y no tenía muy en cuenta los puntos de vista de los demás. Aquella falta de confianza en mi capacidad intelectual estaba relacionada con el hecho de que, de niño, había desarrollado un autoconcepto negativo debido a los condicionantes ejercidos por mis progenitores.

- Durante los primeros años de mi vida fui una persona emocionalmente cerrada como consecuencia de los abusos y el mal modelo de relación que vi en casa. Por ello, fui siempre un chico retraído, lo cual era nefasto para mis relaciones, que iban de fracaso en fracaso. Trasladar a mis funciones de liderazgo esa falta de conciencia emocional era, sin duda, un problema.

- De adulto-joven aprendí a ser codependiente, y en este sentido fui considerado el tipo perfecto (tal vez yo me autonombré así). De este modo, siempre me presentaba como alguien organizado, lo que se traducía en que decía sí a prácticamente todo y a todo el mundo. Como líder, me costaba negarme a algo, y no podía evaluar bien qué (o quién) me convenía. Eso me obligaba a gastar mucha energía en deshacer compromisos mal adquiridos y librarme de narcisistas que se aprovechaban de mí.

- No confiaba ni en mi sabiduría innata ni en mis méritos. Por ello, las figuras de autoridad me intimidaban, y las personas que parecían tener más éxito me daban envidia. Esa sensación alimentaba aún más mi constante necesidad de demostrarme a mí mismo lo que valía.

- Puesto que me sentía constantemente insatisfecho con mi desarrollo, me pasaba la vida intentando «arreglarme a mí mismo» con una búsqueda incesante de desarrollo personal, profesional y espiritual.

El entrenamiento SEAL y los muchos años de meditación no consiguieron acabar con todos aquellos condicionantes negativos que me habían impedido seguir creciendo. Pasé años estancado en las mesetas dos y tres.

Tuve que enfrentarme a mi lobo del miedo y trabajar paralelamente para liberarme.

A pesar de tantos condicionantes, mirar a los ojos del lobo me permitió crecer con una familia feliz, construir negocios exitosos, lanzar un pódcast muy bien posicionado y escribir varios libros que se convirtieron en superventas. Admití mis debilidades, mejoré mi mapa y me puse a trabajar mis sombras. Solo tras aquel esfuerzo logré mostrarme de forma auténtica a mis equipos. Lo deseaban y lo merecían y, cuando fui capaz de conectar con ellos de verdad y con humildad, respondieron del mismo modo. He trabajado con muchos ejecutivos, empresarios y otras personas exitosas, y puedo afirmar con total seguridad que todos y cada uno de ellos llevan una carga parecida de lobo del miedo... y que son mucho más eficaces y felices tras enfrentarse a él.

Los lobos que llevamos dentro

La analogía del lobo del miedo procede de un cuento de los nativos norteamericanos sobre un lobo negativo que vive en la mente de los humanos. Este lobo opera desde el miedo, está hambriento de desdichas, provoca catástrofes y no cesa con sus comentarios negativos.

Sin embargo, existe un segundo lobo, uno positivo, que reside en el corazón. Tiene hambre de amor y conexión, no es adicto a las situaciones dramáticas y se muestra optimista y centrado en los demás.

El lobo del miedo reclama tu atención y exige ser dominante. El lobo de la valentía solo pide que le hagas caso, que lo alimentes con algo de autoestima. Según cuenta la leyenda, aquel a quien más alimento proporciones será el que acabará controlándote.

Si alimentas constantemente el miedo a base de cosas que podrían suceder, que deberían suceder, y de cosas que crees que no puedes hacer en la vida (si permites creencias y actitudes negativas, y comportamientos condicionados derivados de cualquier situación dramática que hayas experimentado o de historias que hayas incorporado), tu lobo del miedo se hace más fuerte. Al final, se vuelve tan poderoso que el lobo de la valentía se queda acobardado, incapaz de luchar.

No obstante, puedes plantarle cara a ese lobo del miedo y negarte a seguir alimentándolo. Lo puedes dejar sin comida para que abandone su comportamiento negativo. Entonces puedes alimentar al lobo de la valentía a base de una dieta constante de comida sana, y liderar con tu corazón y tu mente como socios en igualdad de condiciones.

Quizá estés pensando: «Cuántas tonterías, creía que este libro trataría sobre las estrategias de liderazgo de los Navy SEAL. Sin embargo, aquí solo se habla de psicología».

Si es así, no te preocupes, ya llegaremos a eso. El principal objetivo del libro es mostrar cómo otras personas se han enfrentado a sus lobos del miedo para poner en práctica los siete principios. Te enseñaré también en qué aspectos fallé y cómo aprendí luego yo mismo a incorporar esos principios en mi vida. Las páginas de este libro te ofrecerán un camino hacia la libertad que se encuentra al otro lado del miedo.

Si una vez leído el libro te parece que mi recorrido personal hacia la autenticidad en el liderazgo es tortuoso, es porque efectivamente lo fue. Tengo la esperanza de que, con las herramientas de este libro, consigas hallar tu autenticidad sin necesidad de convertirte en un SEAL ni pasar 25 años haciendo meditación ni 20 en terapia. Llegarás mucho más rápido si formas equipos de élite y los diriges desde la quinta meseta. Te convertirás en un líder enfocado hacia el corazón, centrado en el mundo, si trabajas «con tu equipo» sobre los siete principios. Se formarán y desarrollarán juntos una cultura de excelencia, y liberarán más potencial del que puedes imaginar.

Solo así vencerán en el campo de batalla de la VUCA.

El secreto está en hacer evolucionar tu carácter para merecer liderar a otros líderes.

Mirar a los ojos del lobo, hacerle frente, es tu nuevo mantra; sal de tu cabeza y métete en tu corazón. Solo entonces podrás superar tus límites y construir un equipo capaz de mejorar 20 veces más.

Es más fácil decirlo que hacerlo, pero confía en mí: merece la pena al 100 %.

Tu equipo está esperando que te muestres.

Un apunte sobre las historias de este libro: las páginas dedicadas a líderes militares están destinadas a ilustrar los siete principios. Se trata de historias observadas por mí mismo o procedentes de mis compañeros de equipo. No están sacadas de archivos históricos y seguramente no reflejan con absoluta precisión los acontecimientos, pero puedo garantizar que son rigurosas hasta donde mi conocimiento alcanza. Me gusta cómo las historias ilustran los principios que expongo.

MIEDO

Fracasarás ¿Estás preparado?

No eres perfecto. Yo tampoco. ¿Y qué?

Cuando era un joven líder de los Navy SEAL, daba por sentadas ciertas cosas. Dicho error se hizo evidente la primera vez que traté de construir un equipo en el mundo de los negocios: fue un desastre sin paliativos.

Antes de entrar en los SEAL, me inicié en el mundo empresarial, donde estaba tan despistado como todos los demás respecto a qué tecla tocar para conseguir un buen equipo. Yo no era más que otro eslabón de la cadena, pero me esforzaba sobremanera por mejorar en las buenas prácticas. Aunque no era capaz de expresarlo (no lograba verbalizar qué definía a un equipo bueno o malo), a los 21 años ya tenía claro que no me gustaba lo que veía.

En mi trabajo en empresas grandes como Arthur Andersen, Coopers & Lybrand y Paine Webber, vivía rodeado de egoísmo. No se fomentaban en absoluto ni el trabajo en equipo hacia una misma dirección, ni la cultura de la excelencia, ni la moralidad. Los empleados buscaban salvar cada uno su pellejo y mejorar sus puestos, sin importarles el impacto que aquello pudiese tener en la cultura de la organización. Solo una de esas empresas continúa existiendo hoy en día, así que podemos concluir, con bastante seguridad, que las otras experimentaron un fracaso de liderazgo.

Allí no conseguí conectar con mis equipos, y las culturas empresariales de entonces no estaban en sintonía con las ideas utópicas que yo tenía sobre el liderazgo. En aquel momento yo no me preocupaba por las cosas externas, como el dinero, el hogar o los entretenimientos. Buscaba sentirme más centrado en un propósito y vivir una experiencia de liderazgo más visceral. Convertirme en un verdadero líder en aquel marco corporativo me parecía una posibilidad remota, aunque sí me veía a mí mismo como un buen directivo que trabajaba por escalar posiciones en la jerarquía. Intuía que, si le dedicaba el tiempo suficiente y adquiría las habilidades tácticas, conseguiría ascensos y más gente a mi cargo.

Lo menos que se puede decir es que no era muy motivador. Por eso me largué y me incorporé a los Navy SEAL. «¿Por qué no?», pensé.

La mente de principiante

Los cuatro años que trabajé como directivo y auditor público en Wall Street no fueron ninguna pérdida de tiempo. Al fin y al cabo, estuve en contacto directo con la gran tradición de la sabiduría zen, la cual cambió mi vida. Bajo la mirada vigilante del maestro Tadashi Nakamura, me agarré al zen como un bebé al pecho materno. El entrenamiento me permitía controlar mi mente indisciplinada y concienciarme de que mi mentalidad, programada por mi familia y mi infancia en una localidad pequeña, necesitaban desesperadamente una mejora. La práctica diaria del zen me proporcionó ese progreso. Gracias a ello fui «despertando» y accediendo al nuevo territorio y al nuevo mapa que guiarían mi futuro crecimiento. Por primera vez conseguí encontrarme con mi verdadero yo.

Después de domesticar hasta cierto punto mi mente, el siguiente aspecto en el orden del día consistía en explorar las historias internas que me conducían a ese comportamiento tan poco conveniente para mí. Y lo cierto es que tuve que analizarlas casi todas. Al hacerlo, mi autoconcepto empezó a ampliarse enormemente: me sentía más creativo, más receptivo, más espontáneo. Veía mi futuro con mayor claridad y no reaccionaba tan negativamente a los retos de la vida. Fue un período muy aleccionador y liberador. Visto en retrospectiva, estaba consiguiendo la «mente de principiante» de la que hablaba el maestro zen.

Con 25 años, me desprendí de la mayoría de los temas irrelevantes que había aprendido sobre los negocios y me fui al otro lado del país para convertirme en un oficial de los Navy SEAL... y en un auténtico líder.

En el BUD/S (Basic Underwater Demolition/SEAL Training), estuve con un grupo de tipos duros que siempre andaban buscando los mayores desafíos. Enseguida me di cuenta de que todos ellos eran aspirantes al liderazgo, como yo. También observé que la organización trabajaba de modo metódico en el desarrollo de sus líderes y sus equipos. Era radicalmente distinto a lo que había experimentado en Wall Street meses atrás. Parecía como si hubiese aterrizado en otro planeta y estuviese aprendiendo cosas sobre una nueva especie. Los SEAL estaban muy preocupados por el crecimiento de los jóvenes líderes en desarrollo, mientras que la limpieza de la carga emocional dependía de cada uno. Algo de ello iba a ser el resultado de recibir golpes por los propios errores.

Me pusieron al mando de un pequeño equipo llamado tripulación de bote, lo llamaban así porque íbamos a todas partes con botes encima. Las embarcaciones, pequeños botes inflables, se denominaban IBS por sus siglas en inglés, aunque a mí me dijeron que el nombre venía de *itty bitty ship*, algo así como 'barquichuelo'. A los SEAL les encanta el humor, porque despeja la mente del estrés al que constantemente están sometidos. Yo insistí al equipo en que estábamos juntos en eso y en que, aunque me habían nombrado a mí líder, tenía la intención de ser, ante todo, un miembro más y de ayudarlos a cada uno de ellos hasta el día de la graduación. Acordamos que los instructores tendrían que matarnos a todos para sacarnos de allí. Pactamos que, si alguien en algún momento sentía la imperiosa necesidad de abandonar, vendría a verme a mí o a algún otro miembro del equipo para que lo ayudáramos a superarlo. Eso distaba mucho del trato que yo había recibido en el mundo de la empresa, y me hacía sentir bien, por fin lideraba desde el corazón y no desde la cabeza.

El BUD/S (junto con su continuación, el SEAL Qualification Training o SQT) es un curso de selección que dura nueve meses y está diseñado para descartar a quienes no tienen el carácter de liderazgo necesario para estar en los equipos SEAL. Esto es, carácter para liderarse a uno mismo, para liderar a otros y para dejarse liderar. El entrenamiento pone en todo momento a prueba esos tres aspectos del carácter. Si a un candidato le falta cualquiera de los tres, se queda fuera enseguida, y las tripulaciones de embarcación se reorganizan casi a diario. El objetivo del entrenamiento me parecía obvio: no se trataba de ver cuán duros éramos, pues la capacidad de resistencia era un requisito previo. Se trataba de comprobar la voluntad propia de crecimiento, tanto para convertirse en líder como para ser un buen miembro del equipo.

Empecé la clase 170 de BUD/S con 185 tipos duros de verdad. Al final del entrenamiento, solo quedaban diecinueve líderes. El día de la graduación, los siete de mi tripulación de bote se erguían orgullosos junto a mí, con enormes sonrisas en los labios. Y votaron por mí como hombre de honor de la clase.

Sin saber muy bien cómo ni por qué, lo había conseguido, había construido mi primer equipo de élite, un equipo con capacidad para resistir las pruebas más exigentes del mundo física, mental y emocionalmente. Todos y cada uno de los miembros del equipo habíamos demostrado valentía, forjado confianza y fomentado el respeto. Habíamos crecido sin perder de vista nuestra misión.

Repetí aquella experiencia muchas veces encabezando a los SEAL. Creía haber descubierto cómo ser un verdadero líder. Así que, cuando abandoné el servicio activo para lanzar mi primer negocio, estaba casi seguro de que conseguiría el mismo éxito.

Fracaso vertiginoso

Antes de abandonar el servicio activo en los SEAL para pasar a la reserva, en 1996, decidí probar suerte con mi primera aventura en el mundo empresarial. El plan consistía en abrir una cervecería con cerveza de elaboración propia en la sede de los SEAL, en Coronado, California, llamada Coronado Brewing Company o, más breve, CBC (la marina debió de haber inoculado en mí la necesidad de crear un nuevo acrónimo). Mi cuñado, al que acababa de conocer y quien me convenció para abrir un bar a medias, iba a ser mi primer socio.

Naturalmente, tenía todo el sentido del mundo que aquel negocio estuviese relacionado con la cerveza. Yo me crie entre cerveza y tenía un máster como bebedor. El alcohol era parte de la sombra de mi familia de origen, y la cerveza no tardaría en mostrarse como proveedora de alimentos para mi lobo del miedo. Desde el punto de vista del negocio, la cerveza artesanal era una oportunidad excelente, y no tardamos en llegar a la cuarta posición como productores en San Diego. No le di muchas vueltas al porqué de aquella idea. Ser propietario de una fábrica de cerveza me parecía absolutamente fenomenal.

Quizá lo entiendan.

En todo caso, no tenía ningunas ganas de regresar al mundo de la gran empresa ni al negocio de mi familia al norte del estado de Nueva York. Además, los SEAL me habían aportado una gran confianza para establecerme por mi cuenta, de modo que, a pesar de que no sabía nada ni de la fabricación de cerveza ni de cómo llevar un restaurante ni, tampoco, de cómo empezar un negocio, estaba convencido de que «encontraría la manera o la crearía», como nos gustaba decir en los equipos.

Mi socio no tenía intención de gestionar el día a día porque ya tenía otro negocio que atender. Tuve que decidir si dejaba la marina para asumir aquel papel. Me daba cuenta de las dificultades que entrañaría la vida como miembro de los SEAL ahora que estaba casado, y llegué a la conclusión de que, si la marina hubiese querido que tuviera una esposa o un negocio, me habrían presentado ambas cosas. Así, abandoné a regañadientes el entusiasmo y la camaradería de mi equipo de élite SEAL para asumir el papel de CEO de la CBC.

Bienvenido a un nuevo campo de batalla, Mark.

Me puse en la manga la etiqueta de «no renuncio» y me fui a trabajar. Creía que mi visión de SEAL y mi demostrada capacidad de liderazgo serían la fórmula secreta de mi éxito. Armado y a punto, liquidé mi modesto plan de pensiones y reuní 600.000 dólares en capital semilla procedente de mi familia y los miembros de mi equipo. Entonces, pertrechado con mi MBA, mi título de auditor público y un plan de empresa, logré un préstamo adicional de 800.000 dólares de la Administración de la Pequeña Empresa. Cerramos el trato con el administrador de fincas y construí el lugar como lo habría hecho en una operación de los SEAL. Inauguramos el local con una gran fiesta seis meses después de haber abandonado el servicio activo en la marina.

¡Misión cumplida!

No del todo. La insurgencia no tardó en aparecer.

En los SEAL había aprendido lo importante que era establecer objetivos motivadores sin abandonar la visión global que un equipo necesita. Además, para estar seguro, expliqué con claridad el motivo de la misión y mantuve una visión diáfana del campo de batalla. Las comprobaciones constantes y el hecho de revisar continuamente la convergencia hacia los objetivos habían calado mucho en mí. Sin embargo, de alguna manera, en aquel nuevo campo del mundo de la empresa, no lo hice. Algo fallaba. Estaba tan concentrado en los continuos problemas con el *cash flow* y las necesidades operativas que no era capaz de ver cómo iba cambiando el terreno de juego. No tenía a mi lado al equipo de élite SEAL para *check my six* (expresión militar inglesa que significa 'guardar las espaldas') y mejorar mi raciocinio. La selección, la formación, la cultura y los sistemas de los SEAL no me ofrecían soporte ahora. En lugar de eso, me enfrentaba un día tras otro a una *tabula rasa*, un borrón y cuenta nueva abarrotado de chorradas cargadas de negatividad.

Mi lobo del miedo se relamía de placer.

Antes incluso de la inauguración, mi socio utilizó por primera vez su poder: declaró que su hermano se subía al carro como accionista en igualdad de condiciones. Mi mente no puso objeción alguna. ¿Por qué? Porque la codependencia era un grave problema de mi sombra. De repente, eran los «tres hermanos» quienes abrían la Coronado Brewing Company, y yo era el factor externo (en sus mentes). Fabricamos una cerveza llamada Three Brothers Pale Ale, y yo me limité a seguir adelante.

De un día para otro mi participación en el negocio y mi poder de voto pasaron del 50 al 33 %, y tras la incorporación de accionistas externos, se rebajaron a cerca del 20 %. Yo había invertido todos mis ahorros, había recurrido a capital ajeno y ejercía de CEO a jornada completa. Mis socios no habían invertido ningún dinero propio hasta ese momento, no habían conseguido ni un centavo de inversión externa y no trabajaban a tiempo completo cada día en la empresa.

Se preguntarán en qué estaba pensando. Sin ser consciente de lo que sucedía, había arrancado el negocio con mi yo de la tercera meseta, la del triunfador, pero actuaba con condicionantes negativos de la primera meseta, la del superviviente, y de la segunda, la del protector. Continué manteniendo la esperanza de que las cosas cambiasen, pero luego me fui poco a poco dando cuenta de que tenía unos malos compañeros de equipo que me hundían. Sencillamente, no tenía los recursos para maniobrar entre su manipulación, de modo que tendría que enfrentarme a mis propios compañeros de equipo… y en eso estaba fracasando.

Sin ninguna duda, estaba dejando lagunas sin cubrir, y empezaba a ver cómo mi lobo del miedo gobernaba el conjunto de mis lobos interiores.

Al no haber sido claro en el momento de decidir cuál era mi posición y luego mantenerla, había establecido unas normas nuevas y un nivel bajo. La norma era permitir que mis cuñados definieran por defecto las reglas del compromiso y de la cultura organizativa. Al persistir en mis fortalezas ocupándome solo de las operaciones tácticas mientras dejaba de lado los siete principios de este libro, permití que infectaran de forma negativa a la empresa entera.

No me enfrenté directamente a ellos porque evitar el conflicto formaba parte de un condicionante de mi miedo con el que no había lidiado todavía. De modo que acudí al consejo de administración para confesar que el equipo directivo estaba hecho un asco.

Esperaba que se encargasen de la situación.

Ni por asomo. Aquello solo perpetuó la disfunción. Mis socios se enteraron de las noticias por la puerta de atrás, se pusieron inmediatamente en pie de guerra y se esforzaron por alinear sus historias y su plan de batalla. Mientras tanto, la empresa se estaba quedando sin capital, de modo que atraje a un nuevo gran inversor para apuntalarla y, por increíble que parezca, empecé a ampliar el negocio.

Cuando los dos hermanos me dijeron sin ambages que votarían contra la ampliación y que, en cambio, querían comprar acciones a un precio muy descontado, tuve que admitir por fin que existía una diferencia real entre nuestros puntos de vista y nuestro nivel de compromiso. De repente, aquello se convertía en algo más que un conflicto de personalidad. Intenté convencerlos de mi visión y del hecho de que los inversores recibirían un generoso retorno por sus inversiones.

No funcionó.

Al contrario, montaron una campaña sin cuartel contra mí, y hasta obligaron a los inversores y a los miembros de la familia a tomar partido. En la lucha por el control del valioso activo, se distanciaron de su hermana (mi mujer) y también de su padre, un antiguo marine que me apoyaba en mi lucha por proteger a los accionistas. Su autoproclamada «campaña de tierra quemada» abrió una herida entre los miembros de la familia que no se ha curado a día de hoy.

Fue un fracaso colosal.

Intenté vender el negocio, pero, con todos los líos legales, nadie iba a poner los pies en él. Mi mujer me suplicaba que lo dejase, de modo que al final arrojé la toalla y negocié la venta de mis acciones con los hermanos —por mucho menos del valor de la empresa— y me fui. Había construido un negocio que valía millones y se lo había regalado.

Eso de ser buen tipo da resultado, ¿verdad?

Claaaro que sí.

A pesar de toda mi formación sobre cómo hacer frente al enemigo, me faltaban los recursos para ver mis propias carencias emocionales y plantar cara a los miedos más profundos de mi subconsciente. Mi fracaso de liderazgo se debía sobre todo a mis condicionantes automáticos negativos, no a mis habilidades tácticas. Los condicionantes negativos de mi crianza, las sombras de las que hablaba antes y de las que nunca me había ocupado, me hacían ahora tropezar. Y tal como he descubierto desde la época de CBC en miles de dirigentes y cientos de equipos, los condicionantes negativos son también la principal razón de sus fracasos.

Este caso de estudio muestra el punto débil del liderazgo que pocos quieren abordar, o tal vez no saben cómo hacerlo. Por muy inteligente que seas o por muchas habilidades que poseas, lo que define tu carácter de líder es tu fase de desarrollo y tu conciencia emocional. Y tu carácter definirá cómo responde tu equipo. Si tienes condicionantes negativos pendientes de resolver, no lograrás el éxito al que aspiras.

Lo cierto es que todas y cada una de las personas en posiciones de liderazgo que he observado tienen algún nivel de condicionantes negativos sin resolver y de los que no son conscientes. Eso las conduce a un obstáculo o un fracaso tras otro. La gente se lo toma con filosofía y se consuela pensando que son lecciones que te da la vida. El fracaso es algo esperable. ¿Estás preparado para él?

Convertirse en líder de líderes

Lo que ves por la tele es que los SEAL destacan en el entrenamiento de la parte divertida, es decir, las habilidades tácticas: aparecen nadando distancias kilométricas en el mar rodeados de tiburones, usando armas que disparan hasta un par de kilómetros de distancia, haciendo explotar cualquier cosa que se les presente, saltando desde aviones perfectos, doblando esquinas a toda velocidad en lanchas motoras, cruzando playas enemigas sin esfuerzo y cargándose a los malos con una sonrisa en los labios.

Ahora bien, lo que no enseñan es la enorme cantidad de horas que se necesitan para desarrollar la habilidad de controlar la mente y las emociones. Una honestidad brutal es un procedimiento operativo estándar (SOP, *Standard Operating Procedure*) que garantiza que, cuando se rompe una norma, la recuperación es inmediata. Las cosas no se ocultan bajo la alfombra, y el malestar temporal de enfrentarse a problemas con una fuerte carga emocional siempre se considera mejor que el dolor a largo plazo que ocasiona el haber hecho caso omiso de la situación.

En el mundo de las fuerzas de operaciones especiales (SOF, *special operations forces*), todos son líderes y miembros del equipo al mismo tiempo. Los líderes lideran equipos de líderes. Cada uno carga con su propio peso y el carácter se considera el rey. En todos los roles, incluso en el del oficial al mando del equipo, si eres una fuente de disfunción y no puedes superar tus defectos, te invitan a largarte. Eso ocurre desde las primeras fases de la selección y el entrenamiento, y continúa a lo largo de toda la carrera. El control emocional se desarrolla mediante los errores propios. La estructura de la organización obliga a un cierto nivel de desarrollo del carácter. Mantener el foco radical en el carácter del individuo y de la cultura del equipo es fundamental para el éxito de la comunidad de las SOF.

Sin embargo, es evidente que los miembros de las fuerzas de operaciones especiales no son perfectos y muestran los mismos defectos humanos que todos los demás. En mi caso, por supuesto, igual que en el caso de mis compañeros de equipo. Cada uno lidia con su propio lobo del miedo, sin importar lo bien entrenados que estén todos en el control de la mente y las emociones. Suprimir las emociones, que es valioso para un guerrero, tiene un uso limitado en el caso de un líder de empresa. Y es considerablemente más fácil aprender a controlar las emociones que desarrollar la conciencia sobre un problema de sombra y luego resolverlo. Además, aunque la comunidad de las fuerzas de operaciones especiales hace muy bien el trabajo de desarrollar la fortaleza mental, va rezagada en cuanto al desarrollo del desempeño cognitivo y la formación del carácter moral. Hay un debate en curso en los SEAL sobre si el carácter moral se puede entrenar o no, y, en caso afirmativo, cómo. Creo que las personas solo pueden cultivar su propio carácter moral si se las ayuda a acceder a nuevos mapas de la realidad para que sean más conscientes e íntegras.

De todos modos, aunque muchos líderes y equipos en el campo de las operaciones especiales muestran muchas carencias de carácter, en conjunto la fuerza domina al enemigo. Esto se debe a que la organización está estructurada para establecer una cultura alrededor de los siete principios que se describen en este libro. Cuando la estructura de una organización puede dar forma a la valentía, la confianza, el respeto, el crecimiento, la excelencia, la resiliencia y la convergencia de sus individuos y sus equipos, entonces es bastante más probable que se puedan superar problemas causados por los condicionantes negativos de cualquier líder individual. La organización se vuelve resiliente y reacciona ante la volatilidad, en lugar de seguir comportamientos automáticos negativos ante ella. En un escenario de incertidumbre, se muestra confiada. Es fluida y puede maniobrar en la complejidad. Tropezará y reaccionará rápidamente para lidiar con la ambigüedad. Así es como el mundo de las operaciones especiales se desenvuelve en el entorno VUCA.

Mi primera experiencia de *team building* como emprendedor, la de CBC, fue dolorosa, pero también me hizo dar un paso atrás y preguntarme a mí mismo qué había hecho mal. Me di cuenta de que lo que había hecho mal estaba profundamente enraizado en mi propia persona y limitaba mis movimientos externamente. Entonces decidí realizar un estudio de desarrollo integrado y de liderazgo emocionalmente consciente; el trabajo de mi vida.

Me habría resultado mucho más cómodo empezar este libro contando lo fantástico que fui como líder en los Navy SEAL para acompañar las otras historias de equipos de élite de los SEAL. Sin embargo, con el tiempo me he dado cuenta de que dirigir líderes y equipos en el campo de batalla del mundo de la empresa es más difícil que en el de las operaciones especiales. He aprendido más sobre el auténtico liderazgo mediante mis errores en el mundo civil de lo que aprendí jamás en el militar.

Fracasarás. Prepárate para cuando esto suceda.

MALODL: Ejercicio 1
AUTOEVALUACIÓN DESPIADADA

Tómate un rato para evaluar los problemas de sombra del lobo del miedo que han aparecido en tu vida. Busca tu diario, practica la respiración diafragmática profunda con los ojos cerrados durante unos minutos para aclarar tu mente y luego responde con feroz honestidad las preguntas siguientes:

1. Qué problemas sabes con toda seguridad que constituyen tus patrones y que han tenido un impacto en:
   a) Tu forma física y tu salud.
   b) Tus relaciones personales, incluyendo otras significativas.
   c) Tus relaciones profesionales hacia arriba, hacia abajo y alrededor.
2. Revisa la lista de la introducción. ¿Qué problemas sospechas que forman parte de tu sistema de sombra del lobo del miedo?
   a) Primera meseta.
   b) Segunda meseta.
   c) Tercera meseta.
   d) Cuarta meseta.
   e) No sabes a qué categoría adjudicarlo, pero eres consciente de que está ahí.
3. Ahora comprométete a hacer el trabajo que propongo en este libro, y nunca lo dejes hasta que te hayas asentado firmemente en la quinta meseta y estés ya acelerando para ir más allá.

1.er
PRINCIPIO DE LIDERAZGO

Compromiso con la valentía
¿Miedo al riesgo? ¡Supéralo!

«La valentía es la más importante de las virtudes.
Sin esta virtud, no puedes ejercitar
ninguna otra de manera consistente.»

MAYA ANGELOU,
«The Art of Fiction», The Paris Review, n.º 119

Era octubre de 1993 y los Estados Unidos estaban intentando estabilizar Somalia.

Nuestras fuerzas estaban en Mogadiscio trabajando con un señor de la guerra llamado Mohamed Ferrah Aidid en una misión de soporte para el mantenimiento de la paz. Teníamos un cuerpo de operaciones especiales conjunto en el recinto de las fuerzas de paz de la ONU, junto con el 75 Regimiento de los Rangers… y un montón de personal de comunicación, administración, servicios de inteligencia y logística. También había un pequeño contingente de otros cuerpos de operaciones especiales, entre los cuales se hallaba un líder de los SEAL llamado Eric Olson.

Los Rangers patrullaban de modo rutinario para hacer notar su presencia y para encontrar alijos de armas y escondrijos de enemigos. Un día, la situación con Aidid se estropeó y la ciudad se convirtió en el escenario de tiroteos al estilo del salvaje Oeste en un entorno VUCA. Prácticamente todos los somalís de Mogadiscio tenían armas, incluidos los niños. Era común ver a alguien con un arma en la mano, como si se tratara de una taza de café, de hecho, era igual de fácil de obtener. Los ciudadanos llevaban armas colgando a la espalda como quien lleva una esterilla de yoga. Sin embargo, la mayoría no estaba entrenada para su manejo. Eran incontables los casos de personas que habían disparado contra sus amigos, o incluso contra sí mismas, por error.

Aquello era pura anarquía.

Los Rangers estaban patrullando cuando los llamaron para el aterrizaje de un helicóptero. Los pilotos necesitaban una operación de extracción. Fuerzas locales desafectas empezaron a disparar tanto a los Rangers como a los pilotos, y aquello pronto se convirtió en un combate a muerte para todos. Tal como suele ocurrir en ese tipo de situaciones, el sonido de las armas de fuego atrajo a más «combatientes por la libertad» somalís armados, quienes acudían como las polillas a la luz.

Al poco rato, parecía que todos los habitantes de la ciudad que poseían algún arma estuviesen corriendo en dirección al lugar del combate.

Los Rangers son soldados muy entrenados, pero aquella situación no estaba descrita en sus manuales de guerra. Aunque llevaban incorporado en su ADN disparar, moverse, comunicarse y dominar, pronto se vieron superados y empezaron a registrar heridos. Sin ayuda médica, se desangrarían. A los pilotos no les iba mucho mejor, y el aprieto en el que se encontraron fue después la base para la película *La caída del halcón negro*.

Sin embargo, no se ha hablado tanto de la historia detrás de la historia. Así es como la pequeña unidad de las fuerzas de operaciones especiales se mantuvo firme plantando cara al lobo del miedo.

En el cuartel general de las operaciones especiales conjuntas, donde las fuerzas de paz de la ONU estaban acuarteladas, se hallaba una fuerza de reacción rápida o QFR (*quick reaction force*). Esta unidad pertenecía al ejército de un país aliado y estaba allí para asistir en caso de crisis de cualquier misión en curso. La QRF disponía de vehículos blindados y estaba preparada para acudir en el instante en que se la requiriese.

En ese momento, los Rangers llamaron.

Y... la QRF se quedó donde estaba.

Existe en los cuerpos militares americanos un principio grabado a fuego según el cual nunca se abandona en el campo de batalla a un compañero de equipo en peligro. Haces lo que puedes, incluso asumes un gran riesgo, para ayudarlo o rescatarlo. Por lo visto, la QRF no compartía ese principio. Estimaron que la situación presentaba un riesgo extremo; efectivamente, así era. En todo caso, sus mandos decidieron quedarse todos a salvo en las instalaciones, mientras los Rangers luchaban ferozmente para salvarse.

Los miembros del SEAL y de las demás fuerzas estadounidenses contemplaban la situación con angustia. Los habían formado para liderar con el ejemplo; en plena crisis, aquellos soldados entrenados eran los que debían cubrir el vacío. Había otras tres fuerzas especiales de élite en el complejo militar: otro Navy SEAL y dos de las fuerzas Delta. La estimación de Olson era simple: podían quedarse viendo morir a los Rangers o meterse en el combate para ayudarlos.

Era una decisión fácil de tomar.

Lo único bueno era que los combatientes somalís no tenían entrenamiento de guerra. Y lo malo era que los había a cientos, literalmente. Cuatro norteamericanos más representaban para ellos, sencillamente, cuatro objetivos más a los que disparar. Sin embargo, Olson y los tres miembros de su equipo se habían curtido durante años de entrenamiento para el combate. Habían sufrido incontables rondas de disparos en todo tipo de entornos. Dominaban su juego y sabían hasta dónde podían llegar cuando se trataba de ponerse en riesgo. Entendían dónde estaban los límites de sus habilidades, sus armas y sus tácticas.

Cuando te sientes así de seguro ante un riesgo, es más fácil que encuentres la valentía física precisa para enfrentarte al enemigo en caso de crisis.

Esto no significa que aquellos hombres no tuviesen miedo. No sería normal. El miedo existencial siempre estará presente cuando haya un riesgo elevado. Olson y sus hombres estaban entrenados para aquel tipo de situaciones de alto riesgo y eran capaces de actuar con eficacia con un pequeño equipo y en situaciones concretas. Aunque no habían trabajado juntos antes, todos compartían igual formación, experiencia, propósito y hasta los mismos principios. El hecho de compartir la experiencia y el propósito (tema que trataremos en el séptimo principio: la convergencia) demuestra cómo cada uno de los principios expuestos en este libro refuerza los demás. La convergencia permitió al equipo ir más allá de la valentía física para poner en marcha la fortaleza moral y espiritual. Al llegar el momento de la acción decisiva, estaban capacitados para entrar en combate sin vacilaciones. No sabían si iban a sobrevivir, pero sí sabían que lo darían todo para sacar de allí a sus compañeros.

Los cuatro agarraron su equipo de combate y todas las granadas, cohetes y munición que pudieron cargar. Tras una breve conversación con el mando de la QRF, montaron en el Humvee blindado y abandonaron la protección del complejo militar.

La QRF se quedó allí mirando.

Estoy seguro de que no se oía ni una mosca.

Tal vez me lo estoy inventando, pero creo que el equipo de reacción rápida se debió de sentir avergonzado. Habían actuado desde la sombra de la meseta de la supervivencia. No se trataba de que Olson estuviera intentando avergonzarlos, pero la vergüenza estaba ahí, y eso es un asunto grave en su cultura. Enseguida superaron su inercia cuando vieron que había otra manera de enfrentar la situación.

Actuar es el único modo de eliminar las dudas.

El equipo de QRF se movilizó para unirse al pequeño equipo de operaciones especiales en su apuesta por ayudar a los Rangers.

La valentía es un compromiso. A menudo queda oscurecida por el miedo y por el condicionante negativo de la supervivencia. Para hacer frente al lobo del miedo, tu equipo y tú pueden:

1. Desarrollar una alta tolerancia al riesgo,

2. Entrenarse tan cerca de la realidad como sea posible, y...

3. Converger en una posición, un código de conducta, que convoque a la valentía.

Ir sobre seguro puede matarte

Al principio Mogadiscio parecía relativamente estable. El señor de la guerra Aidid daba la impresión de tener las cosas controladas. Luego resultó que no era así, y Somalia se hundió en el caos. ¿Dónde más has visto suceder eso? Venezuela se hunde en el caos, luego Irak, Sudán, Afganistán. ¿Qué país será el siguiente? ¿Qué empresas han desaparecido de la noche a la mañana… y cuáles no tardarán en desaparecer?

La volatilidad y la incertidumbre enormes continuarán en el futuro que podemos predecir… tal vez siempre. El equipo de las QRF estaba paralizado por el miedo y la incertidumbre que la volatilidad acarreaba. Los Rangers patrullaban y de repente se vieron envueltos en un tiroteo gigantesco. Los pilotos habían salido a una acción rutinaria y ahora se encontraban luchando por salvar la vida en plena ciudad envuelta en el caos. Una incertidumbre de tal magnitud paralizará a cualquiera que no esté entrenado para tolerar un alto grado de riesgo.

Para mitigar la incertidumbre y superar el miedo de tu subconsciente al riesgo, debes entrenarte. Aunque no operes en un entorno de alto riesgo, puedes entrenarte a ti mismo y a tu grupo para gestionar el cambio rápido y las amenazas existenciales para tu equipo y tu empresa. Llámalo como quieras: respuesta a la crisis, atenuación de crisis o entrenamiento situacional. En el capítulo destinado a la resiliencia, expondré mi trabajo sobre Shell Oil. La alta dirección de Shell es consciente de la necesidad de entrenarse para el riesgo. Saben por experiencia que la cultura y los resultados de la compañía sufrirán un impacto negativo si no lo hacen. El entrenamiento para el riesgo es un procedimiento operativo estándar (SOP) en sus plataformas petrolíferas y lo llevan a cabo cada día. Como consecuencia, Shell es una de las empresas más resilientes del mundo. La volatilidad y la incertidumbre no desaparecerán, pero los empleados de Shell responderán de una manera controlada en lugar de hacerlo negativamente cuando se arme la gorda.

En la comunidad de las fuerzas de operaciones especiales hay un refrán que dice: «Cuánto más sudes en la paz, menos sangrarás en la guerra».

La preparación para el riesgo elevado exige que lleves a tu equipo más allá del límite de su zona de confort. Mi mentor en los SEAL, William McRaven, me enseñó que, si te vas a enfrentar a una situación verdaderamente jodida, lo mejor es que te suceda durante la formación (leerás esta historia en el capítulo dedicado a la confianza). Un entorno protegido les ofrecerá a ti y a tu equipo la confianza y la capacidad para cuando aparezca la crisis en el mundo real, para cuando las cosas se estropeen a gran velocidad. Conseguirás que el miedo no te paralice, y estarás preparado para mantenerte firme y responder con valentía.

El riesgo se intensifica cada vez que realizas este tipo de entrenamiento. Esta intensidad modela tu actitud para asumir cada vez más riesgos sin llegar a ser temerario. Tu equipo y tú pueden regular su estrés y su miedo, y eso les ofrece una perspectiva más amplia y la habilidad para evaluar a qué son capaces de enfrentarse.

Para asumir una misión de riesgo en los SEAL, se utiliza la metodología gatear-andar-correr, con la que se busca intensificar la tolerancia. Cuando aprendíamos a saltar en paracaídas, por ejemplo, empezábamos desde una mesa de madera de un metro de altura. Practicábamos el aterrizaje con paracaídas en el suelo, y luego saltábamos desde la mesa una y otra vez. Cuando ya dominábamos aquello, pasábamos a saltar desde una pequeña torre de diez metros de altura y luego desde una de 70 metros, en una especie de tirolina con paracaídas. A partir de allí pasábamos a un salto con cuerda estática desde una altura de 300 metros. Una vez habíamos alcanzado la aptitud para asumir aquel riesgo, tras muchos más saltos, procedíamos a entrenarnos en caída libre. Ahí aprendíamos a mantener la conciencia situacional, a tirar de la cuerda a la altura correcta y a gestionar cualquier mal funcionamiento. Y repetíamos el método gatear-andar-correr entero. No nos embarcábamos en el primer salto libre desde un avión adecuado hasta después de todo aquel aprendizaje. Al final, los equipos están preparados para el salto libre nocturno con oxígeno y todo el equipamiento necesario en territorio enemigo.

Incrementar gradualmente la tolerancia al riesgo es como meter a una rana en una cazuela con agua templada y entonces encender el fuego (una metáfora triste en boca de un hombre rana como yo). Esta táctica inteligente mejora enormemente las habilidades en situaciones volátiles y de incertidumbre. Cultiva la capacidad del equipo para enfrentarse a situaciones de riesgo con acciones valerosas. En otras palabras, acostumbrará a comportamientos u acciones que parecen valientes a los demás, pero que para el equipo son procedimientos estándar.

Para ser valiente, hay que hacer cosas de valientes.

Abre los ojos

Aristóteles consideraba que la valentía era una virtud central que todo líder debía desarrollar. En su libro *Ética a Nicómaco* explica que la valentía existe como término medio entre los extremos del miedo y la temeridad. Ser demasiado miedoso conduce a la cobardía, mientras que la intrepidez puede hacer que uno se vuelva temerario.

El asunto es hallar ese término medio mediante ensayo y error, en un marco tan cercano como sea posible a las condiciones de una misión real. Eso exige realismo en el entrenamiento. No pretendemos añadir riesgo solo para generar tolerancia al riesgo, sino también para formarnos con el máximo realismo posible, simulando condiciones para el fracaso.

Con este método hallarás el límite entre la bravuconería y la cobardía mediante la práctica, en un entorno realista, donde puedes convertir en habituales los pensamientos y comportamientos valerosos. Plantarás cara al lobo del miedo a través de la práctica, a través del fracaso, y porque tu equipo espera que crezcas. Te observarán y te ayudarán. Necesitan que seas valiente y te alentarán a ello.

Dice Aristóteles:

> «El valiente soporta y teme lo que debe, y por el motivo debido, y en la manera y tiempo debidos, y lo mismo ocurre en el caso del audaz».

Así, las personas pueden ser temerosas y audaces por los motivos debidos: no permitirán que el miedo las paralice. En el momento debido y por el motivo debido, actuarán con coraje.

Entrenarse de modo realista para el riesgo desarrolla la valentía cuando los motivos para ser valientes son los debidos. Observas con detalle los puntos de posible error de tu persona, de tu equipo y del sistema, las áreas que pueden poner en peligro la misión. Llamémoslos nodos críticos. Durante su entrenamiento en riesgos elevados, crearás repeticiones y respuestas rápidas para cuando esos nodos reciban un impacto negativo. Eso evita errores en cascada, situación en la que un fallo conduce a otro hasta que el sistema en su conjunto se ve amenazado.

En el ejemplo de los saltos en paracaídas, existen varios nodos críticos. Sin duda, el contacto con el suelo es uno de los importantes. En ese momento final, el último centímetro, si no ensanchas convenientemente las piernas, no doblas las rodillas o no ejecutas un aterrizaje correcto (PLF, *parachute landing fall*) y te caes, te puedes romper un hueso o incluso sufrir algo peor. Ya no importa si se pone en riesgo la misión. De todos modos, ese no es el nodo más crítico. El momento de abrir el paracaídas es aún más importante. Lo peor es que no se abra o que solo se despliegue parcialmente. ¿Qué hacemos entonces? Entrenarse para ello sin descanso, incorporar repeticiones y más repeticiones.

Todo nodo crítico exige planes de contingencia o acción. Si tu equipo, sea cual sea su profesión, se introduce en un entorno volátil, la incertidumbre y la cobardía pueden reducirse si se dispone de un plan para cuando las cosas empeoren. Practicad para mejorar en seguridad y para acostumbrar al trabajo al músculo de la valentía, incrementad el riesgo de manera gradual. Suden más en tiempos de paz.

Más tarde, Eric Olson se convirtió en almirante de cuatro estrellas y asumió el mando de los Comandos de Operaciones Especiales, los SOCOM. Se cuenta que, una vez asumido aquel papel, dijo: «Lo que mejor demuestra tus normas es lo que haces y lo que consientes que se haga en tu presencia».

«Lo que haces» se refiere a demostrar tú mismo tus normas: predicar con el ejemplo. Si Olson hubiese ordenado a otros ir a la batalla, pero no se hubiera expuesto él mismo al riesgo, los demás habrían ido, pero con menor entusiasmo. «Venga, chicos, encabecen la carga; seguro que los de la QRF los seguirán. Yo me quedo a cuidar el fortín». Eso no funciona nada bien en situaciones de alto riesgo. Los líderes de las fuerzas de operaciones especiales saben que deben dirigir mediante el ejemplo, entrenando y participando en el riesgo junto con las tropas. Olson sabía que, para inspirar valentía tanto en sus hombres como en la QRF, tenía que haber demostrado, y demostrar de nuevo, un comportamiento con un alto nivel de valentía.

Lo que consientes que se haga en tu presencia es importante. Olson no tenía autoridad para dar órdenes a la QRF; eran socios estratégicos, no sus subordinados. No obstante, sabía por experiencia que las personas pueden decidirse a actuar a partir de la acción de otros. Situó un nuevo estándar para ellos mediante el ejemplo de su pequeño equipo. Si no hubiera liderado con su propio ejemplo, habría puesto un sello de aprobación a la falta de compromiso de la QRF.

Puesto que en la cultura occidental nos hemos alejado de los estándares más universales, todo el mundo se comporta según lo que «siente» que es correcto en lugar de hacer lo que verdaderamente es mejor. Y lo que se siente como correcto está sesgado y fundamentado en aquellos mapas y sombras de la meseta. Cada uno reacciona a los sesgos de los demás sin ver o admitir los propios.

Es fácil ver que el no mantenerse en unos principios acordados previamente para la acción valerosa se ha convertido en un problema. Hacer siempre lo que quieres o lo que sientes que conviene en cada momento no es valentía. Es más probable que sea una reacción condicionada basada en el miedo. Hasta que no hayamos examinado estos comportamientos profundamente condicionados que nos llevan a nuestro pensamiento automático negativo, nos seguirá faltando el verdadero coraje.

Tal vez no seas tú el líder a quien le falta valentía. Confío en que muchos de los que leen esto poseen un nivel extremadamente elevado, uno que exige un comportamiento valiente. Sin embargo, su equipo puede estar paralizado por el miedo. ¿Saben si ellos mantendrán el tipo cuando llegue la próxima crisis? La cultura de legalismo de su organización, ¿limita la acción audaz? ¿Puedes demostrar el movimiento hacia delante, exhibiendo tus principios a tu equipo? ¿Estás seguro de que te seguirán? ¿O acabarás rindiéndote al nuevo nivel, más bajo, de tu grupo, como me pasó a mí en CBC?

Es difícil, ¿verdad? A veces se trata de no querer que la gente se incomode, de no querer agitar las aguas porque el marco establecido «ya funciona» tal como está. Tal vez hay consideraciones relativas al género, la edad o la etnia que te preocupan. Si propones al equipo el reto de alcanzar un nuevo nivel, tal vez recibas críticas diciendo que es una acción sesgada o discriminatoria, en especial por parte de los colegas de la cuarta meseta.

Eso ha debilitado los niveles generales de excelencia y ha convertido el comportamiento valiente en todo un desafío. En los SEAL, los riesgos son tan elevados que este problema ha disminuido, aunque no se ha eliminado del todo. La comunicación mediante las palabras y los actos debe ser brutalmente clara y sincera. La claridad y la sinceridad son sellos distintivos de los equipos de élite, y la valentía se exhibe formando parte de las actuaciones del equipo.

Creo que todo el mundo tiene un gran potencial para el comportamiento valiente si se enfrenta al lobo del miedo —independientemente de la edad, la raza, el género o la orientación sexual— y que todo el mundo puede tolerar riesgos increíbles mediante la práctica y el entrenamiento realista.

Construir la cultura de la valentía no es fácil, pero vale la pena intentarlo.

La valentía fluye desde el corazón, por eso, cuando se dice que el lobo de la valentía vive ahí, tiene sentido. En mi empresa, SEALFIT, utilizo el término *kokoro*, palabra japonesa que significa 'unir en tus actos el corazón y la mente'. Combina en la acción el concepto de valentía con la noción de la integridad de la quinta meseta. Desde ese lugar, tus acciones fluyen a partir de la profunda conciencia de quién eres realmente y por qué haces lo que haces… porque has superado los condicionantes negativos.

Al analizar el término inglés *courage*, te das cuenta de que la segunda parte es *age*, es decir, 'edad'; pues bien, sugiero que nos hallamos en la edad del corazón. Es lo que Olson mostró en aquel campo de batalla. Como líder de líderes, y como compañero de equipo, tienes que liderar en tus acciones con el corazón y la mente unidos. Solo entonces podrás tomar posición en una crisis y tener la certeza de que tu equipo se movilizará junto a ti.

Tomar posición

Cuando lideras desde el corazón, entiendes por qué es necesario hacer algo en un nivel emocional. Las emociones son la razón de que hagamos cosas difíciles. El pensamiento precede a la acción, pero a menudo impide la acción correcta. Tras el pensamiento, el corazón y las emociones, libres de sombra, tienen que marcar el camino. Tomar posición exige que, en primer lugar, pienses en todas las consecuencias de tus decisiones para todas las partes y para el entorno. Lo más probable es que entre esas consecuencias se encuentren riesgos personales o profesionales; en ocasiones, fracasos graves. Te das cuenta de que tales consecuencias tendrán un impacto no solo en ti como líder, sino también en tu equipo y en el conjunto de la organización. Por tanto, saber qué posición defiendes y comprometerte a actuar desde el corazón implica riesgos.

Olson y su equipo tenían clara su posición y sabían qué había que hacer. Eran capaces de vincular su visión a la misión y a la situación del momento cuando los Rangers se encontraban atrapados. Aun así, no se trataba únicamente de la misión inmediata.

> Para tomar posición, debes decidir tanto con la cabeza como con el corazón. Solo entonces actuarás con valentía, no con cobardía ni con temeridad. Has de tener una visión poderosa de lo que se tiene que hacer, adoptar una postura definitiva sobre por qué tiene que hacerse, y demostrar claridad respecto por qué eres tú quien tiene que hacerlo. Además, tienes que ser consciente de las consecuencias y estar dispuesto a aceptarlas, porque la misión es importante para ti.

Aquellos Rangers eran sus compañeros de equipo y se hallaban en una situación desesperada. Si Olson no hubiese tenido su código de conducta, no solo habrían muerto más soldados, sino que probablemente la misión somalí en su conjunto habría resultado un fracaso todavía más humillante. Sin embargo, él y su equipo tenían una idea absolutamente clara de lo que debía pasar, y lo habrían hecho ellos solos de haber sido necesario.

LA CERVEZA DEL DESASTRE

Mi falta de habilidad para formar un equipo de élite en CBC tuvo un aspecto positivo: me obligó a clarificar mi misión personal y a reforzar mi valentía. Tuve que arriesgarlo todo para defender mi posición.

Después de que las relaciones con la familia de mi mujer se convirtieran en una batalla en la que nos lanzábamos los platos a la cabeza, di un paso atrás con el fin de conseguir una visión más clara de lo que quería hacer con mi vida tras los SEAL. Ya mencioné antes que incorporé a un nuevo inversor para que me ayudase a hacer crecer la empresa. Ambos debatimos varias opciones para ampliar el negocio que él quería financiar. Ya había aportado 200.000 dólares al proyecto, y el hecho de que estuviese dispuesto a poner aún más era una auténtica demostración de fe en mí. Entonces le conté que, en el momento de su primera inversión, yo había aceptado la exigencia de mis socios de que él no entrase en la sociedad propietaria del inmueble de CBC.

Eso fue toda una sorpresa para él. No le gustó nada enterarse de que su inversión no contaba con ninguna protección, y lo que yo acababa de revelarle le hizo detener sus planes de incrementar la aportación.

La situación se hizo aún más VUCA cuando mis compañeros de equipo pusieron en marcha su plan de toma de control de la empresa mediante una lucha por el poder.

Me vi obligado a tomar posición.

Estaba en juego mi reputación ante aquel inversor y otros amigos y miembros de mi familia que me habían dado su apoyo. Les debía hasta mi último gramo de energía para devolverles la inversión. En mi opinión, para que aquello sucediese, lo mejor era una nueva inyección de capital para ampliar el negocio. Sin embargo, para seguir adelante, tenía que rectificar el error que había cometido en relación con la sociedad inmobiliaria propietaria de las instalaciones. Con aquella idea clara, planté cara a mi miedo a la confrontación y actué siguiendo mi brújula moral. Gané la batalla en el terreno moral, pero con un gran coste personal.

Una buena manera de conseguir reconocimiento por lo que defiendes y por lo que consientes que ocurra en presencia de terceros es observar con detenimiento qué hacen tus compañeros de equipo cuando te has visto llevado al límite. Cuando te des cuenta de que has cruzado una línea roja, podrás identificar las reglas no escritas que marcan por qué lo haces y cómo necesitas que sean las cosas.

Así es como se manifiesta tu integridad cuando estás bajo presión.

Sabes que debes tomar posición; tienes que actuar con valentía. En mi caso, organicé una venta por un valor muy reducido de mis propias acciones y la mayoría de los inversores de CBC, solo que mis socios no quisieron incluir al nuevo inversor por razones que no revelaron. Para mí, aquello implicaba romper el acuerdo, pero el nuevo inversor me convenció de que lo aceptara y no me preocupara por él. Estaba satisfecho con mi decisión de darme al máximo para proteger sus intereses.

De modo que vendí mi parte de CBC a mis cuñados por migajas y me marché lejos, muy lejos. Me alejaba de mi bebé, mi primera aventura empresarial de éxito, la cual ahora vale miles de millones de dólares. Pero tenía que tomar posición y aprender que la fortaleza de carácter y la ausencia de remordimientos valen más que el dinero.

Aunque mis socios hicieron campaña para manchar mi reputación y lo lograron durante un tiempo, mi integridad permaneció intacta. Salí fortalecido porque había aprendido a conectar con mi corazón y hallar la valentía para enfrentarme a un nuevo tipo de riesgo en el mundo empresarial. Aquel enorme fracaso me proporcionó la capacidad para comprender que construir un equipo de élite en el sector de los negocios sería más complicado que lo que había vivido en los SEAL.

Ir con audacia adonde nadie ha ido antes

En mayo de 2019 me invitaron a pronunciar un discurso al equipo de lanzamientos de SpaceX, la empresa encabezada por el brillante y excéntrico empresario del ámbito aeroespacial Elon Musk.

Cuando pienso en SpaceX, la valentía me viene enseguida a la cabeza. Elon y su gente son un equipo de élite desde muchos puntos de vista. Son valientes, saben cómo desenvolverse en un entorno VUCA, y han desarrollado una increíble tolerancia al riesgo. Se entrenan y se ponen a prueba de modo realista y sin descanso, y están dispuestos a asumir fracasos colosales en su camino hacia el éxito.

SpaceX somete a prueba todo lo que construye en cada paso de su desarrollo. Aun así, en sus primeros días experimentaron un fracaso de un 50 % en sus cohetes. Mandaban uno al espacio que luego podía explotar o chocar... Mas ya consideraban un éxito el lanzamiento.

Empresas más grandes lo verían como algo grave, se echarían atrás y volverían a empezar de cero. SpaceX no. Ellos esperan el fracaso desde el principio. Saben que tienen que aprender a hacer las cosas mejor y de manera diferente para tener la más mínima oportunidad de cumplir su misión. Los retos a los que se enfrentan son exageradamente complejos, pero lo único que hace eso es alimentar su pasión y su empuje. Tienen que aceptar retos extraordinarios, formarse sin descanso y mejorar a base de prueba y error, cada vez más deprisa, hasta dar en el clavo. Entonces prosiguen hacia el siguiente objetivo. Han dominado la herramienta militar para maniobrar en VUCA, el bucle OODA.

El bucle OODA es el modo en que los equipos de élite manejan las situaciones complejas. Es el acrónimo de observación, orientación, decisión y acción. He escrito detalladamente sobre este concepto en mi libro *Pensar como los mejores guerreros: el método de los Navy*

SEAL para liderar y vencer. SpaceX lo utiliza llevando a cabo un test y luego observando y midiendo lo que ocurre en todos los sistemas. Después se orientan hacia la nueva realidad que los datos revelen. A continuación, llega un nuevo conjunto de decisiones. Finalmente, emprenden acciones valientes. No necesitan un plan perfecto y no esperan las condiciones perfectas para ejecutarlo. A partir de ahí, repiten el proceso una y otra vez. Si hay un fracaso en un sistema o en una misión, observan y se orientan hacia los nuevos datos sobre lo que no funcionó, crean un nuevo conjunto de decisiones y vuelven a actuar. Vuelta a empezar. El bucle OODA les permite acelerar constantemente sus mejoras de proceso y sus habilidades para la ejecución. El aprendizaje aumenta su velocidad, mientras que la ratio de error se desacelera. Es una combinación ganadora.

¿Significa eso que controlan todos los riesgos? No, en absoluto.

De hecho, el bucle OODA les permite trabajar con un riesgo aún más elevado, pues saben que tienen poco control sobre el riesgo, solo sobre su respuesta a él. Hasta mayo de 2019, han estado lanzando piezas de metal al espacio, pero ahora pretenden llevar a cabo su primer vuelo con humanos. Enviar humanos implica un nivel de riesgo completamente nuevo, y eso provoca una gran inquietud entre muchos de los ingenieros y científicos. Sus lobos del miedo aúllan. Sin embargo, sé que han entrenado su tolerancia al riesgo y que tienen la valentía suficiente como para enviar humanos al espacio.

Han tomado posición y han desarrollado una actitud que dice: «El fracaso no es una opción».

Muchas personas no entienden bien esta frase. Para mí significa que aceptamos el fracaso en nuestro camino hacia el éxito. Cuando hayas caído siete veces, te levantarás a la octava, y lo harás aún con más fuerza. Ello no significa que no puedas tolerar el fracaso. Así es como lo ve también el equipo de SpaceX. No quiere decir que no tengan condicionantes negativos capaces de perjudicar la toma de decisiones de sus líderes. Por eso insisten tanto en el desarrollo del personal y el equipo. Por eso me invitaron a dirigirles unas palabras.

El código de los bomberos paracaidistas de élite que luchan contra incendios forestales dice a los hombres y mujeres de ese equipo: «Hacemos hoy lo que otros no harán, para que mañana podamos hacer lo que otros no pueden».

Mientras escribo esto, ningún Gobierno ni empresa privada puede enviar naves aeroespaciales tripuladas a otro planeta, ya no digamos colonizarlo. Esta, sin embargo, es la misión de SpaceX: convertir a la especie humana en una especie interplanetaria, empezando por Marte. Elon afirmó que le gustaría morir en Marte, solo que «no por haber chocado». Cuando este libro salga publicado, el equipo ya debería estar trabajando en su primer vuelo tripulado; no hay vuelta atrás. Han puesto sus corazones a trabajar porque su posición y su visión son cambiar el curso de la humanidad.

Como ya he confesado, me pidieron dirigir unas palabras al equipo de lanzamiento porque estaban asustados y dispuestos a admitirlo. Eran seres humanos, no actuaban como robots burocráticos. Querían que les enseñase fortaleza mental y habilidades para gestionar las emociones, ya que sabían que ese es mi trabajo con los equipos de élite. A los astronautas les resulta más fácil que a los ingenieros enfrentarse con valentía a la misión. Los astronautas son como los Navy SEAL: se han entrenado sin descanso desde que tenían veinte años en entornos extraordinariamente realistas y de alto riesgo. Esa es su siguiente gran aventura, saben lo que hay en juego y conocen las consecuencias de un fracaso. Así es como lo vería yo. Los astronautas han ido incrementando su tolerancia al riesgo a lo largo de su carrera.

En cambio, los ingenieros que han desarrollado la tecnología y el equipo de lanzamiento que manda los cohetes al espacio no están entrenados de ese modo. Es un momento crucial en el cual un fracaso tendría consecuencias muy graves para las vidas de otros y para su propia reputación. Aunque el riesgo para esa parte del equipo no es mortal, lo perciben casi con tanta intensidad como los astronautas. ¿Cómo lidiarán con ello como equipo?

Hablamos sobre cómo aprender a controlar lo que pueden controlar y cómo entrenar su actitud y su capacidad emocional para gestionar este nuevo estrés, de la manera como lo hacen los miembros de las fuerzas especiales. Para mí fue todo un halago y un honor tener la oportunidad de trabajar con aquel equipo de la quinta meseta.

La valentía es el primer principio. Ha de ser nuestro primer compromiso. Solo la pérdida de confianza es capaz de destruir el comportamiento valiente en un abrir y cerrar de ojos.

En el próximo capítulo nos ocuparemos del siguiente principio: cómo construir dicha confianza.

MALODL: Ejercicio 2
¿QUÉ POSICIÓN DEFIENDES?

Realiza el mismo ejercicio de preparación del capítulo anterior para aclarar tus ideas y acceder a tu corazón. Ahora observa y responde las preguntas siguientes:

1. ¿A qué estoy tan apegado que hace que evite el riesgo y las consecuencias del fracaso? (Por ejemplo: mi reputación, mi empleo, la sensación aparente de tener el control, mi seguridad física).
2. ¿Me entreno de alguna manera para el riesgo?
3. ¿Me entreno para el riesgo de manera realista, incansable y continua?
4. ¿Lo que defiendo es lo mismo que defienden todos los demás o defiendo un nivel de excelencia, de riesgo personal o de valentía fuera de lo común?
5. Crea una declaración para la posición que defiendes que no exceda los cinco puntos. (Ejemplo de posibles puntos: «Defender la libertad, no dejar a nadie atrás, ser un líder valiente, el autocontrol en el servicio a mi equipo y a la misión»).

2.º
PRINCIPIO DE LIDERAZGO

Compromiso con la confianza
¿Miedo al fracaso? ¡Supéralo!

El capitán de fragata William McRaven fue mi oficial al mando en el Equipo SEAL Tres. Había llegado tras graduarse con un máster en la Escuela de Posgrado Naval. Antes de Monterey, estaba en la unidad previamente conocida como Equipo SEAL Seis.

Cuando llegué al Equipo Tres, desempolvé mi copia de la *Teoría de las Operaciones Especiales*. Era el tratado que McRaven había elaborado como resultado de su investigación en el máster y que enseguida se convirtió en una lectura obligada para los líderes de los SEAL. Estudió un gran número de misiones de operaciones especiales desde la Segunda Guerra Mundial hasta las fuerzas especiales modernas de Israel, y extrajo de ellas la teoría de que todas las operaciones con éxito tenían unas cuantas cosas en común. En concreto, un enfoque centrado rabiosamente en la simplicidad, una sólida seguridad operativa, la repetición en la preparación, el elemento sorpresa, la rapidez de la acción y la claridad del propósito; todas ellas cosas buenas que todo líder de un equipo de élite debe tener en cuenta. McRaven ya tenía fama de ser un hombre muy inteligente. De hecho, mucha gente lo consideraba uno de los líderes más inteligentes de los SEAL. Su carrera se había relanzado tras cuestionarse la cultura de su antiguo equipo y considerarla poco profesional, tal vez incluso irresponsable. El mando del equipo era un tipo pendenciero a quien le gustaba deslizarse culebreando con un cuchillo en la boca por una playa enemiga. McRaven era bueno en eso, así como también en la confección y promoción de futuros conceptos para el combate. Es posible que el hombre al mando de su equipo lo viera más como un directivo que como un líder del núcleo duro de los SEAL. En mi opinión, se equivocaba. Pero, en todo caso, McRaven acabó despedido por no ir en consonancia con aquella cultura. Aunque su carrera no tenía buenas perspectivas, en lugar de quedarse tumbado amargándose por su derrota, McRaven escribió el libro sobre el éxito de las misiones de operaciones especiales.

Tuve la fortuna de observar desde cerca y personalmente su liderazgo en el Equipo Tres de los SEAL y más adelante en el Naval Special Warfare Group One. Cuando lo conocí, yo acababa de regresar de un despliegue y tomaba el mando de otro pelotón. Antes de contarte más cosas sobre cómo construyó y reconstruyó confianza entre el equipo, déjame que revise mi lobo del miedo y vea cómo me hizo equivocarme ante McRaven.

Siempre plenamente centrado en las misiones, acostumbraba a trabajar duro, aprender y dejarme la piel entrenando. Aun así, cuando regresaba tras meses de entrenamiento o de un despliegue largo, también me gustaba desahogarme con unas buenas fiestas con los compañeros alistados. Eso suponía un riesgo, pues no estaba bien visto hacerlo siendo un oficial; sin embargo, hasta entonces no había representado ningún problema. Durante mi segundo despliegue con el Equipo SEAL Tres, tuve algunas misiones intensas seguidas de visitas a puertos extranjeros donde mi equipo disfrutaba de los entretenimientos locales. Hacia el final de mis seis meses de despliegue, me sentí al límite debido a la presión intensa del desempeño de la actividad y al exceso de fiestas. La combinación de ambas cosas me había destrozado, y presentía que algo en mí estaba a punto de romperse.

Por aquel entonces, una de mis sombras del lobo del miedo era mi tendencia a consumir alcohol para celebrar, era algo así como si me lo hubiese ganado y mereciese el premio. Confiaba en él para sentirme vivo y, al mismo tiempo, para evitar sentirme incompleto. Claro que en aquella época no sabía nada de eso. ¿Qué estaba evitando? Aunque la parte más elevada de mi ser sabía que me bastaba conmigo mismo y no necesitaba más alcohol, hice caso omiso de aquella voz y seguí adelante. Aquel patrón de comportamiento era profundamente subconsciente, y establecí una relación malsana con el alcohol como parte de la sombra de mi familia, por ambos lados y desde hacía generaciones.

Como era de esperar, al cabo de un mes más o menos del final del despliegue y un par de meses después de que McRaven se hiciera cargo del Equipo SEAL Tres, la cosa explotó. Estaba con los chicos después de una misión, me pasé con la bebida y entablé una pequeña pelea con un residente local. McRaven no tenía muchas opciones y no me conocía de nada, de modo que me despidió. Aunque no me echó del Equipo SEAL Tres, me sacó de mi pelotón y me envió a la oficina de operaciones. Aquello supuso un duro golpe para mi ego. De la noche a la mañana, había pasado de teniente número uno del ranking a apestado. Y aunque muchos mandos fueron a interceder por mí diciéndole al capitán que la reacción era desmesurada y presionando para que me readmitiese, McRaven no dio marcha atrás. Vi con tristeza cómo el teniente Hart (no es su nombre real) se hacía cargo de mi pelotón.

Me sentía muy cerca de mi equipo y tuve la sensación de haberlos decepcionado. Consideré la posibilidad de abandonar la marina, pero me quedaba un año para cumplir mi compromiso. Agaché la cabeza y volví al trabajo. El pelotón aceptó el nuevo mando a regañadientes. Era buen tipo y acabó mostrándose como alguien eficaz, aunque con un estilo muy distinto al mío. El estropicio me causaba un profundo remordimiento, pero al mismo tiempo me obligó a enfrentarme a aquel lobo del miedo, lo cual me ofreció una crucial oportunidad de crecimiento. De hecho, en nueve meses, había pasado de la perspectiva del triunfador a la del ecualizador (en el sentido de las cinco mesetas de las que he hablado antes). Abandoné mis correrías, me casé, empecé una terapia y retomé mi práctica del zen. Me puse a buscar medidas de mi éxito. Metido de nuevo en la meditación y humillado por mi fracaso, mi estilo de liderazgo se volvió más auténtico.

Déjame volver ahora a la primera parte de la historia.

Pasaron varios meses mientras me esforzaba en la oficina de operaciones ayudando en temas logísticos y de planificación. Mi antiguo pelotón, Alpha, se preparaba para las pruebas previas a su despliegue en la costa de Morro Bay. Iba a ser su último examen de preparación antes de desplegarse en el extranjero. La operación tenía por objetivo comprobar que el pelotón estuviese preparado para el combate. McRaven tenía que estar atento para validar de primera mano que así fuese, pero no se iba a entrometer en el trabajo del oficial a cargo del entrenamiento ni en el liderazgo del equipo, de modo que se quedó en tierra mientras el pelotón se hacía a la mar.

El equipo llegó a Morro Bay en una embarcación de pesca para mezclarse con las barcas locales. El plan era lanzar las lanchas neumáticas para penetrar por la playa. Dos exploradores debían nadar para hacer un reconocimiento del oleaje costero y de la playa para los botes. Luego conducirían los botes a través del oleaje hasta la arena. Desde allí, se trataba de efectuar un ataque para destruir unas instalaciones de lanzamiento de misiles.

A los SEAL les gusta decir: «El único día fácil fue ayer».

El dicho quedó demostrado una vez más.

Morro Bay es conocida por su oleaje duro e impredecible en invierno. Las olas pueden ser inocuas a lo largo de la costa, pero a la entrada de la bahía quedan encauzadas y forman ondas gigantescas que pueden alcanzar los 15 metros de altura. La guardia costera tiene un puesto en las cercanías y es allí donde practican cómo superar fuertes oleajes. La noche de aquella operación, Neptuno estaba especialmente enfurecido en la zona. Desde luego, no era un lugar para pequeños botes con comandos preparados para desembarcar... Pero, amigos, eso es lo que hacen los SEAL.

El equipo acudió al punto indicado a medianoche y lanzó las lanchas. El mar estaba en unas condiciones angustiosas. El teniente mandó a sus dos exploradores, cuyos apodos eran Johnny Utah y Dublin, a nadar en aquella oscuridad húmeda y agitada.

Los dos hombres eran fantásticos nadadores y unos combatientes extremadamente competentes. Avanzaron hasta el límite exterior de la zona de oleaje para comprobar si las condiciones permitían que pasaran los botes. En caso afirmativo, continuarían hasta hallar el punto de desembarco marcado para el equipo. Entonces lanzarían una señal desde la playa para que los botes entraran.

No lograron cruzar la zona de oleaje.

Lo que tuvieron fue un rato de auténtica tortura. Estaba claro que aquellas olas lanzarían las lanchas por los aires y podían matar a alguien. Regresaron con el equipo que los esperaba y avisaron al teniente de que no podía hacerse. El teniente Hart, líder del equipo, era muy buen nadador y se moría de ganas de llevar a cabo la operación, pero tenía que confiar en la evaluación de sus compañeros. En el mundo real, lo más probable es que tuviera que tomar la decisión él solo. En aquel ejercicio de entrenamiento, decidió volver hacia el barco de soporte y evaluar la situación con el segundo al mando del Equipo Tres, el XO *(executive officer)*. Tras un buen rato de ir de aquí para allá, acordaron suspender la operación y regresar a la base operativa avanzada. Allí esperarían hasta el día siguiente para ver si las condiciones mejoraban.

Uno de los problemas del lobo del miedo del teniente era que le gustaba ser complaciente. Admiraba a McRaven y no quería decepcionarlo. Tenía la sensación de que eso era lo que sucedería si decidían suspender la misión. No era una decisión errónea, y tenía el apoyo del XO, pero seguía preguntándose si no se estaba comportando como un desertor. Se sentía invadido por la sensación de fracaso y más tarde seguía preguntándose si no habría podido encontrar otra manera de llevar a cabo la operación sin entrar con las lanchas. Tanto él como los demás habían estado tan pendientes de su plan original que ni tan siquiera se habían llegado a plantear otras posibles opciones para cumplir la misión. El líder del equipo se había obcecado con su propio plan inicial. El lobo del miedo anda siempre merodeando en las ocasiones de riesgo, esperando el momento de mordisquear para impedir la acción valerosa.

En efecto, McRaven puso en duda la decisión y el hecho de no haber considerado ningún plan alternativo. Hizo ver al teniente que podría haber analizado más el problema antes de tirar la toalla. Al fin y al cabo, se supone que los SEAL son capaces de trabajar en las condiciones marítimas más adversas. El Equipo Tres tenía que conocer los límites de sus operativos, botes y pilotos en aquel tipo de situaciones en el mar.

En cualquier caso, al día siguiente las condiciones eran igual de terribles y, cuando McRaven pidió al equipo que relanzase la operación, el capitán del barco de pesca se negó a ir. Fue el portazo definitivo. El equipo hizo el equipaje y regresó a casa. Aun así, el examen quedó aprobado por la calidad de la planificación y las valiosas lecciones aprendidas. La patrulla Alpha salió en misión al extranjero poco tiempo después.

Meses más tarde, el oleaje volvía a ser intenso en Morro Bay y otra patrulla, Echo, se alistaba para su examen preparatorio. La situación presentaba a McRaven la oportunidad no prevista de un segundo intento tras su primera experiencia decepcionante en aquel lugar. Fue a acompañar a la patrulla Echo para ver su plan y observar el entrenamiento. Vio que una embarcación de la marina especial de guerra se hallaba en el lugar para dar soporte al pelotón. Aquel tipo de unidades eran una evolución posterior de las legendarias unidades fluviales que habían dado apoyo a los SEAL en el delta del Mekong durante la guerra de Vietnam. Aquella embarcación en particular estaba comandada por un oficial de los SEAL, antiguo compañero de mi equipo en la patrulla Alpha. Era un tipo duro que también quería poner a prueba los límites de sus embarcaciones y su tripulación en aquellas situaciones de oleaje extremas. En esa ocasión iban a atacar las olas con un robusto bote inflable de casco rígido (RHIB).

Elementos de confianza

Me gustaría mencionar tres elementos de confianza que McRaven demostró a lo largo de aquella serie de incidentes: la transparencia, la humildad y el seguimiento. Lleguemos al final de la historia antes de entrar en más detalles.

Los RHIB son lanchas rápidas de 10 metros de largo con casco duro y tubos flotantes de goma inflable en el exterior. Cuentan con motores muy potentes y propulsores externos, y transportan un comando de combatientes armados junto con una tripulación de cuatro personas; en total, once o doce personas. McRaven observaba los ensayos de los SEAL para su misión cuando se fijó en los dos RHIB que deambulaban por el interior de la bahía. Se lanzó con una lancha neumática para ver cómo les iba. Se preguntaba si iban a atacar el oleaje. Ocurría que las condiciones eran más o menos las mismas que cuando el equipo de Hart se había retirado. El joven oficial de los SEAL y jefe de la tripulación del bote contó a McRaven que estaban convencidos de poder cruzar las olas. McRaven no lo estaba, de modo que volvió a preguntar y el oficial le respondió que habían estado entrenando en Alaska y que su tripulación era la mejor que tenían. A bordo, todos estaban de acuerdo.

«Denme un chaleco salvavidas. Voy con ustedes», dijo McRaven.

En pocos instantes se hallaba bien sujeto y los botes encararon el oleaje. Para superar olas tan grandes como aquellas hay que saber aguardar hasta el momento adecuado. Los pilotos de las lanchas tenían que esperar el grupo de olas conveniente. Aquel en concreto consistía en tres olas enormes seguidas de un breve respiro antes del siguiente grupo. Las tres olas llegaron y pasaron, y McRaven se agarró fuerte esperando el acelerón. Sin embargo, el bote no se movió: el piloto esperó un poco más. Luego dio pisó el acelerador hasta el fondo, los motores de la lancha se pusieron en marcha con un rugido y el RHIB se elevó muy arriba para superar la primera inmensa ola. Los propulsores quedaron expuestos al aire. El bote llegó a la cresta y quedó suspendido unos segundos antes de estrellarse entre la primera ola y la segunda. El hombre que iba delante salió disparado hacia el mar al tiempo que la lancha se detenía. El piloto aceleró de nuevo hacia la segunda ola mientras se oían gritos de «¡Hombre al agua!». Sin embargo, no había elección, y la situación volvió a repetirse. Se vieron propulsados por el aire cinco segundos enteros. Debió parecerles una eternidad. A continuación, chocaron con tanta fuerza que el casco se rompió. La tercera ola no tenía ninguna intención de detenerse. Levantó la embarcación y la hizo volcar.

El RHIB y todos sus ocupantes fueron dando tumbos y acabaron bocabajo, mientras las inmensas olas continuaban precipitándose sobre la desventurada tripulación. McRaven y otro miembro del equipo estuvieron a punto de ahogarse, y otros cuatro fueron a parar al hospital con heridas y huesos rotos. Fue un desastre grave, pero podría haber sido mucho peor.

El ejercicio de entrenamiento se convirtió en una operación de rescate en la que todos los hombres en buenas condiciones ayudaban a recuperar a los demás. La patrulla SEAL lanzó una lancha al agua inmediatamente para rescatar al capitán McRaven, mientras que el segundo RHIB se dedicaba al resto. No tardaron en llegar a la playa, agradecidos de seguir todos con vida. Demasiado a menudo, en el mundo de las fuerzas de operaciones especiales en el entorno VUCA, ese tipo de misiones se saldan con las peores consecuencias imaginables, así que se consideraron afortunados al ver que todo el mundo estaba bien.

De regreso al Equipo SEAL Tres, se inició la investigación oficial. Yo no fui el único que se preguntó si el líder de la unidad del bote y mi nuevo jefe al mando sufrirían un duro golpe en su carrera por lo que había sucedido.

No fue así.

McRaven era el oficial de más rango allí, y era impensable que sus superiores pusieran en duda su decisión de permitir que las embarcaciones intentaran cruzar el oleaje… y aún menos la decisión de arriesgar su vida por ir con ellos. McRaven necesitaba ser absolutamente transparente y asumir su papel en la situación. Asumía las consecuencias precisamente porque había estado allí; esa era su carga como líder.

La investigación no acarreó consecuencias para él. Es más, recibió apoyo por no haber rehuido el riesgo.

Los SEAL necesitan continuar llevando más allá los límites para descubrir hasta dónde llegan sus capacidades. Rehuir el riesgo significaría ver morir luego más hombres en combate o poner en peligro las misiones. Perder los 500.000 dólares de una lancha era un precio pequeño.

Pronto me fijé en que McRaven extraía aprendizajes de todo lo que hacía. No quería que los mandos cayeran en el exceso de prevención o en la aversión al riesgo como consecuencia de accidentes como aquel. Con ese liderazgo, el equipo mejoraría en su capacidad de atenuación del peligro y entrenamiento para las operaciones de alto riesgo. El incidente le proporcionó información sobre cómo los SEAL podían cruzar oleaje en condiciones como aquellas en territorio enemigo, lo cual, a su vez, condujo a la implantación de innovaciones como el uso de motos de agua silenciosas.

Más importante aún fue que el incidente contribuyó a la creación del extraordinario entrenamiento con pequeños botes especiales de guerra que se instauró pocos años más tarde. En la época del incidente del Equipo SEAL Tres, los SEAL no tenían ningún entrenamiento de selección dedicado a aquellos botes de pequeño tamaño. Los SEAL llevaban sus propias lanchas neumáticas mientras que las unidades de botes especiales suministraban pilotos cuando se llevaban a cabo tareas de soporte con sus RHIB o con sus barcas fluviales. Se puso en marcha un nuevo destacamento en el BUD/S para un entrenamiento especial de lo que ahora se denomina Special Warfare Combatant Craft Crewman o SWCC. Quienes lo superan son especialistas en el manejo de sus embarcaciones, expertos en la navegación por mar; pilotan los botes en territorios enemigos de alto riesgo y llevan a los SEAL a sus objetivos marítimos.

McRaven fue absolutamente transparente y preciso en la investigación. No echó la culpa al oficial a cargo del bote; al contrario, asumió su parte y no intentó atenuar la responsabilidad que su presencia como oficial al mando acarreaba. No dijo cosas como «Lo único que quería era ver cómo actuaba la tripulación. No estaba interfiriendo en su misión de entrenamiento». Muchos en su lugar habrían permitido que sus lobos del miedo les salvaran el trasero. Él no. Él asumía su parte.

La transparencia de los hechos y la aceptación de los resultados, sobre todo en el fracaso, son cruciales para desarrollar la confianza. Renegar de la responsabilidad, rehuir la asunción de las consecuencias y no ser transparente son los modos más rápidos de destruirla.

Luego está el seguimiento.

McRaven continuó para asegurarse de que todo el mundo se recuperaría y volvería a estar disponible cuanto antes. También se aseguró de que a ninguna familia le faltase de nada. Luego hizo que su equipo examinara cómo podía mejorar la gestión del riesgo para aquel tipo de operaciones. Todo lo que dijo que haría, en todos los casos que pude observar, lo hizo. Era incansable con el seguimiento.

Lo último que quieres de un equipo de alto rendimiento es quitar el pie del acelerador después de un fracaso. Sin embargo, es una reacción frecuente en el mundo de la empresa. Al mismo tiempo, tampoco quieres que el equipo continúe acelerando sin que se detenga el tiempo justo para aprender de la situación. En los SEAL, el ritmo de las operaciones es incansable, igual que en todos los negocios. Habría sido fácil dejar que aquel incidente quedara atrás sin extraer de él ningún aprendizaje.

McRaven halló el tiempo para detenerse y aprender. Puso a su equipo en el punto intermedio entre la cobardía y la temeridad, tal como decía Aristóteles. Animó al equipo a tolerar el riesgo y a aprender de él, pero no a rehuirlo, aunque las cosas no salieran como estaba previsto. Construyó una enorme confianza en su liderazgo. Mientras estuvo en el Equipo SEAL Tres y más allá, continuó apoyando la evolución de los entrenamientos de alto riesgo, interviniendo personalmente en ellos y aprendiendo de los errores. Asumir el incidente de Morro Bay no le hizo disminuir su afán por el riesgo, y era enormemente importante que su equipo lo viera.

Los fracasos debidos a un riesgo aceptable no debían tomarse como fracasos personales ni debía permitirse que redujesen el nivel del equipo.

Muchos dirigentes temen la transparencia en sus fracasos personales, los ocultan convenientemente tras el silencio o la inacción. Mira de frente a tu lobo del miedo, admite los errores enseguida y no digas que vas a hacer algo a no ser que tengas la intención de terminar lo que has empezado. Si por alguna razón no consigues hacerlo, entonces más vale que tengas un muy buen motivo y que lo comuniques con claridad. Cumple tu palabra y mantén un nivel infatigable de transparencia.

TRAGARSE EL ORGULLO

La humildad se forja mediante el riesgo, el fracaso y el aprendizaje, como en el incidente de Morro Bay. La mejor manera de cultivar esa humildad es el entrenamiento, más que esperar que un incidente del mundo real te estalle en la cara. Te recomiendo que permitas a tu equipo fracasar y cultivar la humildad arriesgándose frente a esos fracasos. La humildad se consigue cuando dejas de pretender ser perfecto, mejor, más listo o más competente que otros. No temas al fracaso, porque es tu mejor oportunidad de crecimiento. En los SEAL, alguien puede morir en una operación de entrenamiento arriesgada igual que puede morir en combate. Es un riesgo necesario. Tu nivel de riesgo puede ser más bajo, pero la cuestión es que, al cometer errores en el entrenamiento, reduces las posibilidades de que se produzcan en la vida real, y así consigues mejores resultados.

Para McRaven, el incidente fue solo uno de los muchos momentos de aprendizaje sobre el riesgo. Lo empleó para examinar sus propios patrones de toma de decisiones, y el resultado fue que creció en su camino por ser un auténtico líder.

No pretendía ser perfecto, más listo o más competente que otros, ni al mando ni fuera de él. A ojos del equipo, arriesgarse al fracaso y ser humilde cuando se producía lo hacía más humano. Ese es el aspecto de la autenticidad: ser real y capaz de conectar con el compañero de equipo normal y corriente; la autenticidad alimenta la confianza. El equipo se dio cuenta de que aquel líder no esperaba que todos asumieran riesgos salvo él mismo. Además, no permitía que el riesgo institucional los impidiera aprender y crecer, lo que habría tenido un impacto negativo en sus carreras.

Fíjate en que no he utilizado la palabra «vulnerable» para describir ni a Olson ni a McRaven. El concepto de vulnerabilidad lo ha popularizado la talentosa Brené Brown. Se ha convertido en una expresión en boga en la formación de empresa últimamente. Ahora bien, decir que un miembro de los SEAL o de cualquier estamento militar es vulnerable equivale a aconsejarle que le dé la espalda al enemigo. Para mí, tiene mucho más sentido que las personas en posición de liderazgo sean auténticas, que estén abiertas a la posibilidad de estar equivocadas, a las ideas y a las perspectivas de otras personas; que sean valientes para conectar con su corazón y con sus compañeros de equipo al nivel del corazón.

Podría ser que se trate de un tema semántico, pero, desde mi punto de vista, ser vulnerable implica estar expuesto al ataque, lo cual hace que disminuya la confianza cuando otros lo perciben. Los combatientes y los líderes necesitan hoy cerrar esas exposiciones al ataque y, en cambio, abrir sus corazones para tomar decisiones más acertadas. Ello no significa que deban desnudarse emocionalmente; significa que sus debilidades no deben quedar a merced de que otros puedan aprovecharse de ellas.

Por ejemplo, ya he dicho antes que una de mis vulnerabilidades condicionadas es la codependencia que mi familia alimentó en mis años de formación. Esto me deja expuesto fácilmente a narcisistas y personas con trastornos límite de la personalidad, que de alguna manera perciben esta vulnerabilidad desde un kilómetro de distancia. De modo que he trabajado para cerrar esa exposición, lo cual me ha permitido ser más auténtico en lo que soy, incluyendo mis muchas imperfecciones. Del mismo modo, McRaven no era vulnerable con sus hombres, sino que era más auténtico. Con tu equipo inmediato, las personas que trabajan contigo directamente, debes abrir el corazón para que existan una comprensión y una conexión más profundas.

Eso implica valentía y genera una gran confianza.

TRANSPARENCIA

Cada uno de los tres elementos de la confianza —la transparencia, el seguimiento y la humildad— tiene unos ejercicios de comportamiento que desarrollarán aún más la habilidad.

Cuando hablamos de transparencia, es clave que dejes tu ego en la puerta antes de entrar. No debes pretender ante tu equipo que tienes todas las respuestas. Debes estar preparado para admitir enseguida tus errores y airear tus trapos sucios con tu equipo, porque de todos modos se darán cuenta: siempre te están observando. Si intentas ocultar tus debilidades o pretendes hacer ver que eres perfecto y ellos no, perderás credibilidad. Airea los trapos sucios hasta convertirlo en una práctica. Las discusiones formales son útiles para ello.

Es frecuente que los líderes se acobarden cuando tienen un fracaso. Se identificarán personalmente con él y, como consecuencia, arrastrarán a todo su equipo. No te identifiques con tus errores. Elimina todo apego que tengas con los resultados esperados y aléjate rápidamente de los errores que te impidieron conseguir el éxito. Admite que no eres perfecto y que vas a meter la pata. Y cuando suceda, acéptalo, aprende de ello… y sigue adelante. Muchas de las esperanzas, de los resultados y de los errores que he dejado atrás están llenos de cicatrices, pero al menos ya no me agarro a ellos. Esto incluye mi fiasco en el Equipo SEAL Tres. Los auténticos líderes están dispuestos a admitir sus errores de inmediato y a apartar los remordimientos con facilidad.

SEGUIMIENTO

Un líder de élite y un equipo de élite harán seguimiento de forma incansable.

El día típico de un líder está lleno de centenares de decisiones, compromisos y ofertas aparentemente intrascendentes… y unas cuantas con consecuencias importantes. Es fácil considerar que las pequeñas son eso, pequeñeces. Podemos meternos en la cabeza que hemos manejado bien los grandes temas, o sea, que ya podemos seguir adelante. Y, de todos modos, somos demasiado importantes para gastar mucha energía en minucias. A menudo decimos que sí a demasiadas cosas y luego nos arrepentimos de habernos comprometido tanto, y entonces preferimos no hacerlo inmediatamente.

O nunca. Saltarse los asuntos menores y no cumplir los compromisos cuando lo hemos prometido erosionará la confianza.

Por mucho que estés enfrascado en alguna tarea grande o proyecto importante que tienes que cumplir, puedes perder toda la confianza si no sigues los asuntos menores a los que también te has comprometido. La clave está en los detalles, en aquellas decisiones y compromisos aparentemente intrascendentes. Los grandes logros se consiguen con la acumulación de muchas pequeñas victorias mediante un seguimiento infatigable. Los grandes fracasos llegan como consecuencia de olvidar, dejar de lado o simplemente no seguir los pequeños compromisos porque estás demasiado ocupado o eres demasiado importante como para prestarles toda tu atención.

Desarrolla el músculo de comprometerte solo en las acciones más importantes, y luego síguelas sin descanso.

HUMILDAD

Como he dicho antes, puedes practicar la humildad mediante la «voluntad» de cometer errores. Intenta siempre algo nuevo que sabes que va a costar o haz algo que conoces bien, pero hazlo con más exigencia que la última vez. Basta con que pruebes con un solo grado más de dificultad y con acordarte de vaciarte del ego a medida que penetras en el nuevo territorio. La humildad significa arriesgarse al fracaso, aceptar lo que ocurra y no tomarlo como algo personal. De esta manera, la humildad y la transparencia son primas hermanas; ambas cultivan la autenticidad.

Por cierto, es bien sabido que abrir el corazón a tu equipo es algo que a los hombres nos cuesta mucho. Ahora bien, no ser capaz de hacerlo nos vuelve vulnerables; esta propia incapacidad para conectar es una debilidad en sí misma. Recuerda que para ser auténtico debes cerrar la exposición de tus debilidades. Eso se consigue entrenando tu corazón para conectar profundamente con los miembros de tu equipo; para experimentar más confianza y comprensión mutuas.

Creo que la humildad tiene que ser una práctica diaria. Un ejemplo concreto de esto es otorgar reconocimiento a los demás, incluso por tus propios éxitos. Cuando el equipo vence, incluso en el caso de que tú tengas la principal responsabilidad en el resultado, otorga siempre reconocimiento al equipo. McRaven era especialmente hábil en ello. Y no parecía que fuese una táctica de liderazgo; creía en lo que decía. También puedes practicar evitando frases donde dices mucho «yo» y empezando a usar el «nosotros». En nuestro entrenamiento en Unbeatable Mind, decimos: quítate la mirada de encima y ponla en tu equipo. Y cuando las cosas se estropeen, asume la responsabilidad, aunque no sea culpa tuya.

También se profundiza en la humildad mediante la práctica diaria de respiración y meditación. Te recomiendo que lo instaures como práctica diaria, y lo ideal es que lo hagas con tu equipo. Llevo enseñando estas valiosas habilidades a los SEAL y a otros clientes desde 2007, y todos han comprobado de primera mano su impacto sobre la humildad. La razón es que te ayuda a desvincularte de las historias conducidas por tu ego. Conectarás con tu centro espiritual, y eso es pura humildad.

Respiración del cuadrilátero

La respiración del cuadrilátero o *Box Breathing* es una práctica simple que consiste en controlar el ritmo de tu respiración inhalando profundamente con el diafragma y luego conteniendo la respiración tras cada inhalación y exhalación. Si lo haces a diario, te ayudará a reducir el estrés, contribuirá a que te mantengas centrado, aumentará tu nivel de concentración y elevará tu desempeño general en todas las áreas de la vida. Te recomiendo que la pongas en práctica veinte minutos cada mañana al levantarte.

1. Siéntate en posición erguida en una silla o en tu banqueta o almohada de meditación, y exhala lentamente por la boca.

2. Inhala poco a poco y profundamente por la nariz mientras cuentas hasta cuatro o cinco. Relaja el vientre, y usa el diafragma y todos los músculos que se emplean para respirar. Siente como el aire te llena los pulmones completamente, pero sin exagerar.

3. Aguanta la respiración tras la inhalación y cuenta hasta cuatro o cinco. Intenta no ejercer presión hacia abajo mientras aguantas la respiración. Debes sentir ligereza, como si todavía estuvieras inhalando.

4. Exhala por la nariz mientras cuentas de nuevo hasta cuatro o cinco. Debes expeler el aire desde los pulmones y hacer presión desde el ombligo hacia la espina dorsal.

5. Vuelve a aguantar la respiración tras exhalar mientras cuentas hasta cuatro o cinco. Repítelo durante el tiempo que hayas decidido dedicar al ejercicio.

Esto puede convertirse en un ejercicio constante para controlar la agitación (gestión del estrés) y la atención (concentración). Mientras practicas, centra la atención en el patrón respiratorio. Puedes hacer esto contando internamente o visualizando los números o la forma de un cuadrado. Entonces, cuando notes que tu mente se ha alejado de ese objeto de concentración (cosa que sucederá), redirígela hacia él. Con el tiempo desarrollarás un mayor poder para quedarte centrado en el objeto y distraerte menos.

La práctica de estar ahí sentados, con los ojos cerrados, y respirar juntos como un equipo es una experiencia especial; la mayoría de las personas lo encuentra extraño e incómodo al principio. Sin embargo, no tardará en crear una gran intimidad y una gran humildad. Los equipos que respiran y meditan juntos desarrollan una confianza más grande entre sí. Créeme: esta simple práctica ha transformado el desempeño y la profundidad de la conexión de mis propios equipos.

Es importante aprender a utilizar con destreza las herramientas de meditación. Están destinadas a hacer evolucionar tu carácter: serás más pacífico, conectado, íntegro, intuitivo y perspicaz. Si empleas esas herramientas de modo inapropiado, puedes acabar obsesionándote con ciertos patrones de pensamiento negativos o fantasiosos. Además, podrías confundir un momento de éxtasis con un cambio real o, peor aún, grabar con más intensidad un patrón psicológico.

En resumen, encontraremos muchos baches en el camino si la formación no se hace con destreza. Uno de mis profesores de meditación solía decir: «Si eres un imbécil y meditas durante 30 años, lo más probable es que te conviertas en un capullo más concentrado».

De modo que, cuando tu equipo y tú inicien su trabajo de meditación, procura no perder de vista el hecho de que el tipo de práctica es tan importante como el modo en que la practicas. Primero comprende por qué quieres hacer el trabajo, por ejemplo, para hacer evolucionar la autenticidad de tu carácter y tu profundidad emocional, y después piensa qué herramientas son las apropiadas. Emplea ejercicios de meditación para adquirir autoconciencia, mejorar e impulsar una mayor humildad; no para cosechar más éxitos económicos ni para convertirte en un imbécil más concentrado.

La respiración del cuadrilátero es un punto de partida excelente, y nuestro entrenamiento para lograr una mente imbatible (Unbeatable Training, www.unbeatablemind.com) podría ser un recurso.

Confianza en el campus de Harvard

Gracias a un alumno mío, el doctor Rodolfo Alcedo Guardia, tuve la oportunidad única de visitar al personal médico del departamento de neurocirugía de la Harvard Medical School y de hablar con aquellas personas.

El doctor Alcedo Guardia había descubierto mi sistema de entrenamiento hacía algún tiempo, y en 2016 acudió al evento de SEALFIT llamado 20X. El nombre hace referencia a nuestra creencia de que puedes entrenarte a ti mismo para conseguir veinte veces más de lo que crees. El evento consiste en doce horas de intenso entrenamiento físico, mental y emocional. La idea principal es obligar a los equipos a abrir sus corazones y enseñarles cómo desarrollar mayor confianza y valentía.

En mayo de 2017, mi alumno me invitó a Harvard para que hablase al equipo médico y al profesorado del departamento de neurocirugía. Mientras estuve allí, me permitieron observar una de sus sesiones clínicas, en las que una vez por semana hacían una revisión conjunta de los casos más difíciles. Se trataba de una discusión sin limitaciones en la que se ponían sobre la mesa lo bueno, lo malo y lo peor de los casos discutidos. La persona que presentaba el caso había sido seleccionada no solo porque había llevado a cabo recientemente una operación complicada, sino porque las decisiones tomadas podían ponerse en duda. En otras palabras, el doctor en cuestión podía haber cometido un error.

Era evidente que el equipo no tenía claro si el doctor al que yo observaba había tomado la decisión correcta en relación con el cuidado del paciente. Aquel doctor estaba en el punto de mira y lo estaban acribillando a preguntas, pero no se lo tomaba como algo personal. Enseguida recordé nuestras sesiones de debate en los SEAL, las cuales seguían el mismo patrón. El ejercicio era fascinante, sin duda estaba viendo a un equipo de élite en acción. Eran personas en lo más alto de su campo profesional, comprometidas para salvar vidas, y quienes exhibían una transparencia absoluta en sus decisiones con un gran riesgo personal. Practicaban la humildad y no se ocultaban nada los unos a los otros, al menos según lo que pude ver.

No habría tenido ningún sentido hacerlo. Los riesgos eran demasiado grandes, desde el punto de vista del cuidado del paciente y en términos económicos y de responsabilidad. Como equipo, tenían que ponerlo todo encima de la mesa y recibir con una honestidad sin cortapisas los comentarios y las evaluaciones de los demás, con el fin de que todo el mundo pudiese aprender de la experiencia y crecer. El estilo de comunicación era más bien directo y prosaico. Nadie se ponía a la defensiva sobre las decisiones que había tomado. La presentación era abierta y clara, y el doctor podía responder preguntas incisivas, todo en un espíritu de aprendizaje y mejora.

Ese nivel de transparencia era el puntal de la confianza que tenían los unos en los otros.

En cuanto a la humildad, el doctor Alcedo Guardia es un ciudadano modelo. Era y sigue siendo un apasionado de la mejora personal. Eso es lo que lo llevó a enfrentarse al lobo del miedo en el entrenamiento 20X. Todo en él es servicio, y, la última vez que tuve contacto con él, estaba trabajando en Puerto Rico para ofrecer servicios de medicina después de que la mayoría del personal médico se hubiese ido a causa del reciente huracán. Antes pasaba el 20 % de su tiempo trabajando en Puerto Rico y el resto en Harvard, mientras que en ese momento era al revés. Su gente lo necesitaba, y él estaba dispuesto a rebajar sus propias necesidades para darles su apoyo.

Otro médico que conocí en Harvard fue el doctor Mohammad Ali Aziz-Sultan. Aquel caballero pasó varias horas conmigo durante los momentos más atareados de su día. El doctor Aziz-Sultan es una de las personas más interesantes y humildes que he tenido jamás el placer de conocer. Está claro que la humildad empieza desde arriba en Harvard.

El doctor Aziz-Sultan es un refugiado afgano que huyó de su país cuando los muyahidines tomaron las riendas. Llegó a Europa sin un centavo en el bolsillo, luego partió hacia Canadá y finalmente acabó en los Estados Unidos. Encontró el modo de pagar sus estudios universitarios de Medicina, y la Universidad de Harvard lo contrató en 2013. Durante una de nuestras conversaciones, me dijo: «Mark, estamos en lo más alto, aquí. Ganamos un montón de dinero y tenemos un enorme prestigio, pero estamos agotados. Lo damos todo».

El equipo lleva a cabo operaciones quirúrgicas que a menudo duran diez o doce horas y exigen una intensa concentración. Pueden trabajar jornadas de doce o catorce horas una semana tras otra sin fin. No están solos en eso: muchos equipos de alto rendimiento, como los SEAL, astronautas o neurocirujanos, tienen que aprender a manejar el impacto negativo del estrés y la falta de sueño. El doctor Aziz-Sultan tuvo la humildad de preguntarme cómo podía hallar más equilibrio y energía para ser más eficaz en su trabajo. Igual que el equipo de SpaceX, el doctor Aziz-Sultan y sus líderes creían que siempre podrían aprender algo nuevo, y no les daba miedo pedir ayuda. No creían que por ser los mejores en su campo ya lo habían descubierto todo.

Su seguimiento como equipo era tan de élite como uno pueda imaginar; la atención al detalle era impresionante. Los propios procedimientos quirúrgicos, la preparación, el seguimiento del paciente y el aprendizaje... Todo ello exige el compromiso de hacer exactamente lo que han dicho que harán; si no, puede morir gente, en sentido literal.

Los cirujanos y las cirujanas de Harvard plantan cara al lobo como equipo, se enfrentan juntos a todo condicionante negativo que pudiese resultar un lastre o provocar víctimas. Demuestran una gran confianza en ellos mismos y en sus habilidades, no en el sentido ególatra de ser mejor que otros, sino desde la humildad, la transparencia y el seguimiento a que se comprometen a diario.

Fracaso en la transparencia

Después de irme de la Coronado Brewing Company, pasé algunos años como emprendedor de varios proyectos, y cada vez tuve más éxito. En un caso, me contrataron como consultor con funciones temporales de CEO. Funcionó bien, hasta que los inversores ficharon a un CEO «más cualificado» que pronto dejó sin fondos a la compañía. Más adelante inicié una consultoría por mi cuenta para asesorar a otros emprendedores. Durante aquel período también me contrataron como profesor adjunto de liderazgo en la Universidad de San Diego, donde trabajé para obtener un doctorado. Estaba claro que buscaba la inspiración, un suelo firme para mi vida posterior al servicio activo como miembro de los SEAL. Pero fue mi siguiente intento el que suministró a mi lobo del miedo un jugoso bocado y me enseñó lo efímera que puede ser la confianza.

Dos compañeros de los SEAL habían iniciado una empresa de formación llamada Arena Adventures y me pidieron que fuera su CEO. Arena quería ofrecer a las empresas ejercicios de team building mediante acciones de aventura al aire libre. Hice unas cuantas actividades con ellos para tantear de qué iba el negocio y luego me subí al carro.

Pasaron tres meses hasta que estuvimos preparados para ampliar el equipo con el fin de cumplir nuestra misión. Habíamos identificado a dos expertos en formación en liderazgo mediante aventuras, con pericia en temas que nos parecían importantes y que no podían subcontratarse fácilmente. Decidimos incorporarlos al equipo en igualdad de condiciones que el resto. Esperábamos que con la suma de aquellos dos miembros se crearía un equipo más equilibrado y más experimentado.

Al cabo de más o menos un mes de su incorporación, los dos recién llegados vinieron a verme para decirme que tenían dificultades con la personalidad de uno de los cofundadores. Era un mensaje del tipo «él o nosotros», de modo que querían que lo echáramos. Sostenían que, puesto que yo era el CEO, era cosa mía despedirlo. Mi mente me decía: «¿Por qué no hablan con él ustedes mismos?», pero mi lobo del miedo no quería agitar las aguas y me empujaba, sin ningún entusiasmo, a darles la razón. Me sentía muy extraño en aquella reunión, porque, en fin, ¡era extraña! Además, no estaba preparado para prescindir de alguien.

De modo que no hice nada.

Está claro que no estaba siendo transparente con los cofundadores en aquella situación; la incertidumbre y la complejidad eran los motivos exactos por los que no ofrecía transparencia. Todavía no había desarrollado la valentía emocional que predico en estas páginas. De modo que, al no ser transparente hasta que fue demasiado tarde, rompí el compromiso con la confianza. Este tipo de cosas se mantienen en secreto solo un cierto tiempo. La verdad acaba saliendo a la luz. Al final, llegó a oídos del cofundador que nos habíamos reunido los tres en secreto para tratar del tema de su despido. La situación explotó, como era de esperar.

La necesidad de ser transparente no era importante para mí por aquel entonces.

Ahora sí.

Para intentar salvar la situación, le dije que entonces había cometido un error y que debía haber ido a verlo en aquel momento. Luego dejé el cargo. Me daba cuenta, en retrospectiva, de que mi intuición me estaba avisando de lo mal que iba todo y de que tendría que haber hecho algo, pero me había quedado paralizado. Rehuir la transparencia había empeorado todavía más las cosas. Tendría que haber aireado los trapos sucios y apartado mi ego para resolver el asunto en el acto. No hacerlo había destruido la confianza que el equipo tenía en mí y que tenían entre ellos. Llegados a ese punto, lo correcto era dimitir. El negocio no acabó de arrancar después de aquello y cada uno siguió con su propia aventura.

Engrasa las ruedas

Tres meses después de relevarme en el cargo de líder de mi pelotón, McRaven me dio una segunda oportunidad. Me ofreció el liderazgo de un nuevo pelotón que se dirigía a Oriente Próximo, junto con formación en lengua árabe. También me ofreció limpiar mi expediente de cualquier mancha para poderme ascender a teniente de navío (cosa que hicieron; me retiré quince años más tarde con el grado de capitán de fragata). Admitió que, al echar ahora la vista atrás, se daba cuenta de que los hechos se habían exagerado y de que él había respondido con la misma exageración. Quería corregirlo, pero yo ya había aceptado nuevas órdenes del equipo SEAL Delivery Vehicle (SDV) en Hawái, y Sandy, que pronto sería mi esposa, estaba entusiasmada con la idea de ir a vivir allí. De modo que rechacé el ofrecimiento, aunque le agradecí el gesto enormemente.

La confianza es como el pegamento que une y sella al equipo. Si hay confianza, el equipo puede actuar sin preocuparse de que haya traiciones, se retiren apoyos o se recriminen cuando algo salga mal.

Si la confianza es el pegamento, el respeto es el lubricante que elimina el chirrido de las interacciones y la comunicación imperfectas. Todo funciona con más suavidad cuando hay respeto.

En el próximo capítulo, hablaremos de cómo construir y mantener el compromiso con el respeto.

MALODL: Ejercicio 3
TRANSPARENCIA, HUMILDAD Y SEGUIMIENTO

Ya sabes cómo funciona: prepara tu mente para ser verdaderamente honesto contigo y con tu equipo. Luego medita y evalúa lo siguiente:

1. ¿Ocultas información importante a tu equipo o a algún compañero de equipo?
2. ¿Cuándo fue la última vez que fuiste completamente transparente con tu equipo?
3. ¿Has asumido toda la responsabilidad por tus fracasos, o has dejado a alguien tirado para que lo pisoteen los demás?
4. ¿Te consideras humilde? Si es así, ¿qué haces a diario para cultivar la humildad?
5. ¿Sigues incansablemente tus compromisos hasta cumplirlos... incluso los menores?
6. ¿Qué o a quién estás dejando de lado ahora mismo? Comprométete a prestar atención a los detalles sin dejar de avanzar de manera infatigable hacia la consecución de las grandes iniciativas.

3.er
PRINCIPIO DE LIDERAZGO

Compromiso con el respeto
¿Miedo a las críticas? ¡Supéralo!

Los aforismos de los SEAL son legendarios y numerosos. Esos dichos eran la manera en que transmitíamos el aprendizaje y creábamos cultura mucho antes de que nuestros verdaderos valores éticos quedasen por escrito. Uno que me gustaba especialmente decía: «En caso de guerra, rompa el cristal».

Asociado a esta frase iba un dibujo de una rana dentro de un bote de cristal, ataviada con una cartuchera llena de munición, uniforme de combate, granadas y armas automáticas. Los miembros de los SEAL también son conocidos como hombres rana, o simplemente ranas, en reconocimiento a las raíces de nuestro Equipo de Demolición Subacuática. El sentido está claro: las ranas tienen que estar encerradas detrás del cristal hasta que estalle la guerra. Era demasiado peligroso que anduviesen deambulando por las calles y amenazando a la población local (en particular, eran las chicas locales las que tenían que estar atentas). Los SEAL están hechos a medida para la guerra.

La primera vez que vi la imagen en una camiseta, estaba en un entrenamiento BUD/S. Me parecía bastante divertida, jugaba con la idea de que podría haber unos cuantos tipos del SEAL encerrados de verdad en algún lugar esperando que alguien rompiera el cristal. Luego constaté que el dibujo no andaba tan desencaminado. De hecho, hay algunos tipos duros de los SEAL cuyos mandos han roto el cristal y los han enviado a operaciones encubiertas o a misiones especiales.

Tal como podrías esperar, los tipos que hay detrás del cristal no buscan ni la gloria, ni la fama ni la riqueza. Son profesionales más bien tranquilos, maestros disciplinados de su oficio. Y ponen el listón del…

Respeto.

El capitán de navío Jim O'Connell era el segundo al mando del Naval Special Warfare Development Group (DEVGRU), la unidad contraterrorista de élite del SEAL, cuando decidió poner fin a su carrera estando como estaba en lo más alto. Ya eran 24 años de servicio activo, y la mayor parte de ese tiempo la había pasado en destinos alejados mientras su mujer y su familia permanecían en casa. Sus superiores intentaron convencerlo de que se quedase con ellos para pasar a los grados más altos de almirante, pero él había prometido a su mujer que, puesto que los primeros 24 años los había dedicado a sí mismo y a su carrera, los 24 siguientes serían para los dos.

Funcionó bien… hasta el 11-S.

De repente, ya no se trataba de él. El país lo necesitaba. La marina anuló su plan de jubilación y dos años más tarde, tras la invasión de Irak, le dieron el mando de las unidades de los SEAL que continuaban en la zona de conflicto.

En caso de guerra, rompa el cristal.

La marina sacó a O'Connell del bote y lo mandó a la línea de fuego porque era el mejor líder que tenían para ese trabajo. Era respetado y apolítico, y obtenía resultados. Le importaba más la victoria que su reputación o su carrera. Como nuevo jefe al mando del Naval Special Warfare Group One, tuvo que hacer pasar a los SEAL de combatir contra un enemigo conocido (para echar a un dictador malvado) a enfrentarse a una insurgencia desconocida y compleja.

Ahí es donde entré yo en juego.

A principios de 2004 estaba en la Universidad de San Diego trabajando en mi doctorado en liderazgo y practicando la enseñanza como profesor adjunto. La docencia era a tiempo parcial, de modo que también pude empezar a construir mi siguiente empresa, NavySEALS.com. Tampoco tenía previsto ir a la guerra… es decir, no estaba en mis planes hasta que O'Connell me llamó.

Me pidió regresar al servicio activo para ayudar a mi país. Yo no podía decepcionar a aquel tipo.

Podría haber ido a combatir varios años antes, pero no lo había hecho porque debía quedarme en casa a causa de mi empresa, mi trabajo, mi familia y la docencia. Sin embargo, sabía que algún día me volverían a llamar, y nunca es buen día para ir a la guerra. Tuve que romper mi propio cristal, y lo acepté de buen grado por el capitán y la misión.

El equipo de O'Connell creía que yo era la persona adecuada para encabezar un proyecto de investigación para el que se necesitaba un oficial de los SEAL que supiera combatir (o conseguir, al menos, que no lo matasen) y que, al mismo tiempo, entendiese métodos cualitativos de investigación.

El proyecto era en parte de investigación y en parte de acción de guerra, y me tenía intrigado. Poco después del 11-S, los marines supieron que aquella nueva guerra sería dirigida por el Special Operations Command (SOCOM). Estaban inquietos, porque temían que los dejaran a un lado. Se estaban destinando grandes cantidades de dinero y nuevas tecnologías a los equipos de operaciones especiales, y los marines quedaban desamparados. Querían entrar, pero el secretario de Defensa Donald Rumsfeld no iba a regalarles nada. Tendrían que luchar por ello, y los marines son buenos luchando. El concepto debía estudiarse con detenimiento para ver si sus miembros tenían la mentalidad específica para trabajar en el nebuloso mundo de las operaciones especiales.

Los marines forman parte del ejército de la marina y, como tales, Rumsfeld dio órdenes a la marina de llevar a cabo un estudio para validar dicho concepto. Las fuerzas navales se dirigieron a los SEAL y les dijeron: «Es cosa suya». Los marines formaron una unidad de 100 soldados conocida como Marine Special Operations Command Detachment One, o SOCOM Det 1, y los asignaron al Equipo SEAL Uno, el cual estaba bajo el mando de O'Connell. Y él me llamó para que los estudiase.

Mi primera labor consistió en dirigir un complicado ejercicio de cualificación para preparar al equipo combinado para la guerra.

Tenía que llevar a cabo el ejercicio y simultáneamente estudiar la eficacia de los marines. Fueron días llenos de dinamismo durante los cuales los SEAL, con los marines emparejados a ellos, demostrarían que eran capaces de trabajar juntos en un combate simulado de contrainsurgencia. Mi estudio debía empezar ahí y luego continuar mientras yo los seguía a Irak y a la Fuerza Conjunta de Operaciones Especiales en Bagdad. Nos desplegamos 30 días después del entrenamiento.

Tal vez te preguntes qué tiene que ver todo esto con el respeto.

A eso voy. Estaba claro desde el principio que todo aquel proyecto era una papa caliente política. A la jerarquía de los SEAL no le hacía ninguna gracia la idea de que los marines se metieran en su terreno. Existía la legítima preocupación de que los marines se llevaran dinero y misiones de los SEAL, puesto que ambas serían fuerzas navales especiales dentro de la familia del SOCOM.

Un buen número de altos oficiales de los SEAL y algunos de los altos mandos de la marina acudieron a O'Connell para que echase a perder la iniciativa e hiciera imposible que los marines triunfaran. Tuve la ocasión de presenciar cómo O'Connell manejaba aquella delicada situación. Lo que vi fue que el respeto juega un papel crucial en el auténtico liderazgo.

O'Connell era un líder de verdad con una visión amplia. Era humilde, valiente y de fiar, y además tenía increíblemente claro cuál era su deber. No hacía juego político, y no percibí en él ninguna intencionalidad personal que no fuera alinearse al 100 % con lo que le convenía al país. La prueba de idoneidad del SOCOM Det 1 demostró su enorme sentido de la justicia. O'Connell sabía que dependía de los marines demostrarse a sí mismos de lo que eran capaces, y no iba a permitir que su equipo les pusiera palos en las ruedas.

Pocos meses antes de que me enviaran al frente con el equipo combinado, el presidente George W. Bush declaró la victoria y en Occidente mucha gente consideró que la guerra había terminado. Los SEAL y los marines iban a atar los cabos sueltos y a entrenar a las fuerzas de operaciones especiales iraquís. Luego regresaríamos a casa a reunirnos con nuestras familias.

Ni por asomo.

Las cosas empezaron a torcerse rápidamente tras nuestra llegada a Bagdad. Las tropas se enfrentaban a una amenaza creciente de artefactos explosivos improvisados (IED), suicidas ataviados con cinturones explosivos, ataques con mortero en las bases operativas avanzadas y emboscadas en las calles y carreteras. Los militares se encontraron envueltos en una nueva guerra que se desarrollaba a partir de la original. Era la situación más VUCA que habían experimentado desde Mogadiscio o Vietnam.

Iba a exigir una revisión completa de cómo luchar y vencer.

Mientras tanto, el destacamento de la marina estaba convencido y preparado para entrar en combate. La movilidad por tierra suponía un gran problema para las operaciones especiales de la marina en aquel entorno. En el pasado, los SEAL habrían ido adonde fuese necesario, a pie, en barco, en submarino o en paracaídas. Esta vez no era lo mismo, de modo que utilizaron la mejor movilidad terrestre que pudieron concebir. Inspirándose en el famoso Grupo de Largo Alcance del Desierto del ejército británico de la Segunda Guerra Mundial, los marines adquirieron unos vehículos adaptados al desierto iraquí llamados Mercedes IFAV.

Por desgracia, aquella no fue una buena elección.

El combate se concentraba ahora en las áreas urbanas, mientras que los IFAV estaban fabricados para operaciones remotas en el desierto, en el desierto de verdad, y eran de chapa delgada. Sus carrocerías ligeras los hacían perfectos para largos recorridos por arenas cambiantes. Sin embargo, en Bagdad no había mucha arena. Los camiones y sus ocupantes podían ser destruidos a la primera emboscada. El hecho de que los vehículos resultasen inútiles desde el primer día puso en riesgo toda la misión de los marines. Necesitarían meses para conseguir vehículos nuevos y hacerlos llegar desde los Estados Unidos. La prueba de idoneidad ya habría acabado para entonces, y los marines estarían en una situación espantosa.

Eso habría sucedido, al menos, de no haber sido por el capitán O'Connell.

Reconoció que aquellos hombres habían cometido un error típico de un novato. Necesitaban un trato justo y él se lo daría. Ordenó al Equipo SEAL Uno que no parase hasta encontrar Humvees locales para los marines. En pocos días, llegaron doce Humvees a las instalaciones conjuntas de los SEAL y los marines. Los equipos no tardaron en acorazar los nuevos camiones y dejarlos preparados para su nueva misión.

Debido, en buena medida, al respeto de O'Connell hacia el equipo de verdad, es decir, los Estados Unidos de América, los marines pasaron la prueba de idoneidad. Sus acciones les hicieron ganarse el respeto de los combatientes. Los había sacado de un buen apuro sin pedir nada a cambio. Era lo que había que hacer.

Este tipo de respeto se construye sobre la base de tres rasgos del carácter: la integridad, la autenticidad y la claridad.

Veamos los tres con más detalle.

Integridad

O'Connell sabía cuál era la misión del equipo y que su visión personal no debía interferir. Era un combatiente y un hombre muy íntegro. Quería que los marines tuvieran una oportunidad en las condiciones más justas, de modo que removió cielo y tierra para garantizar que contaran con las herramientas necesarias para el éxito. El resto dependía de ellos. La integridad conduce a la claridad en la intención y la comunicación.

La integridad es el elemento más crucial del respeto y requiere una gran disciplina y una fuerte base moral que sirva de brújula. La falta de cualquiera de esas dos cualidades puede erosionar el respeto de forma fugaz. Algo es íntegro cuando es consistente e indivisible internamente. Alguien podría argumentar que Adolf Hitler era un hombre íntegro porque era consistente internamente en cuanto a lo que pensaba, decía y hacía. En mi opinión, esa definición de integridad es incompleta, porque le falta la noción de una brújula moral positiva.

Para mí, la integridad es ser honesto e internamente consistente y, al mismo tiempo, sustentar esas dos fortalezas en la rectitud moral. Se necesita disciplina para pensar, hablar y actuar con bondad de carácter. Esa brújula moral te impulsa a hacer el bien y lo que es correcto, al mismo tiempo que garantiza que se produzca el menor daño para ti mismo y para los que se alinean con tus acciones.

Para desplegar tal nivel de disciplinada integridad, es necesario que tú mismo seas íntegro, es decir, que estés dispuesto a defender lo que es correcto por encima de lo que es oportuno o bueno para tu carrera o para lo que te han ordenado hacer o te han presionado para que hagas. Si te ves implicado en algo que percibes como moralmente equivocado, no dudarás en comunicarlo. Y esa comunicación irá seguida de la acción. Entonces te sustentarás en tus palabras y en tus hechos.

Esto es lo que vi en O'Connell, y también es la razón por la que era tan respetado.

Los métodos de comunicación de un líder con ese nivel de integridad son diferentes de los de otros. Sus palabras, y el modo de expresarlas, cuentan con la mayor claridad y precisión posibles. Esa persona se responsabiliza de sus propias afirmaciones y declaraciones sobre el pasado, el presente y el futuro, diciendo cosas como «Este es mi punto de vista sobre lo sucedido», «Así es como veo las cosas ahora» o «Así es como quiero que sean las cosas». Una afirmación refleja la visión personal de los hechos. Una declaración refleja una posición personal o un deseo de lo que debe ser el resultado final. Ambas cosas exigen una abundante autoconciencia y un gran cuidado en la elección de las palabras.

O'Connell era claro y preciso en su comunicación. Se aseguraba de que lo que afirmaba o declaraba era tan verídico como fuese posible. Lo que decía no solo se consideraba preciso, sino también útil, específico y factible.

Sencillamente, nunca eran bobadas.

El principio de comunicar integridad proporciona a quien lo hace un gran respeto por parte de su equipo. ¿Por qué? Sin duda, porque los miembros de su equipo son las personas en quienes sus palabras van a tener más impacto. Pueden valorar la profundidad y el rigor de lo que se les dice porque sus vidas y sus carreras están en juego. Plantarle cara al lobo significa liberarte de carga emocional para comunicarte de manera veraz y precisa mediante declaraciones, afirmaciones, exigencias, promesas y ofrecimientos que sean útiles, específicos y factibles. Esto exige una gran capacidad de discernimiento. Sin embargo, existe otro elemento importante.

Lo que dices también tiene que ser positivo.

Comunicar con energía negativa desalienta al equipo. No puedes ser tú la manzana podrida. La negatividad destruye la motivación y el desempeño. Además, te debilita como individuo. Tus palabras no pueden ser pasivo-agresivas, y tampoco puedes soltarlas de modo irrespetuoso. La comunicación ha de ser totalmente positiva y fluir desde el corazón abierto, incluso si no te sientes feliz. Fijarte cada día en el impacto que generan tu energía y tus palabras en el equipo es un gran ejercicio de autoconciencia. Profundizará tu conexión con tu equipo y mejorará su fiabilidad general. También dejará al descubierto cualquier condicionante de otros compañeros de equipo que esté haciendo disminuir el respeto. El equipo ganará en claridad y en comprensión, porque escuchará de verdad lo que dices, en lugar de evaluar mentalmente o esperar un nuevo elemento de negatividad. En el código ético de los SEAL aparece la frase: «Gánate el tridente cada día», y en él se hace asimismo referencia a cómo te comunicas con tu equipo.

El tridente aparece en la insignia de los Navy SEAL, y esa insignia tienes que ganártela día a día. Una de las maneras de conseguirlo, y como lo conseguirás tú también, es pensando, hablando y actuando en positivo y con una integridad disciplinada.

Autenticidad

Hemos visto que la integridad está en relación con el desarrollo de la disciplina para hablar y actuar con una brújula moral, y que exige autoconciencia y control. De modo que, ¿qué significa ser auténtico? La autenticidad está presente cuando los líderes se comunican con veracidad con sus equipos: no van a nadie, ni a ellos mismos, con embustes. Así como la integridad está relacionada con la comunicación, el desempeño y los hechos, la autenticidad tiene que ver con estar disponible emocionalmente, en una relación «yo-nosotros» y no «para mí-para ellos».

La autenticidad libera al líder de la carga de llevar puesta una máscara por miedo a las críticas de los demás.

Cuando quienes lideran son inconsistentes en el modo de comunicarse o de manejar situaciones o personas diversas, tenemos un problema grave. Llevar una máscara en un grupo de personas y otra distinta en otro grupo no funciona. Ser auténtico significa ser consistente sin importar delante de quién estás ni en qué situación te encuentras. Si pretendo ser auténtico con mi equipo, pero actúo como un arribista con los que están por encima de mí en la jerarquía, mi equipo no tardará en ver lo que hay detrás de la máscara. Pondrán en duda mis intenciones y mi integridad. Entonces, cuando actúe en conexión personal con ellos, creerán que es otra máscara. Esto destruye el poder positivo de nuestro trabajo.

Cuando temes que te critiquen, te niegas el respeto.

Construir equipos sobre la base del respeto es un trabajo arduo, pero vale la pena.

En el ejército he visto a muchos líderes que abrazaban la integridad, pero actuaban de una forma con sus iguales y de otra distinta con sus subordinados; o mostraban un rostro a sus superiores y otro a sus inferiores en la jerarquía; o se comportaban de una manera con sus compañeros de equipo y de otra completamente distinta cuando estaban en casa con la familia. La verdadera autenticidad, la que proporciona un respeto profundo, no necesita máscaras para representar ningún papel.

He trabajado arduamente para ser íntegro con mis compañeros de equipo, mis jefes, mi esposa, mi hijo, etc. Ello me exige prestar mucha atención a los patrones del lobo del miedo que me habían obligado a llevar máscara. Aquel lobo del miedo que me había hecho caer en la marina cuando creía que, para ser auténtico con los compañeros a quienes lideraba, tenía que salir de fiesta con ellos. No era cierto, y por eso me echaron. Las falsas identidades (que hunden sus raíces profundamente en la niñez) nos obligan a enmascarar nuestra autenticidad.

Quitarse la máscara para siempre nos libera.

Para hacerlo, se antoja necesaria una sana contemplación de uno mismo, algo que muchas personas no perciben. En mi trabajo con ejecutivos y profesionales de todas las clases y condiciones, he visto a menudo cómo se caían bloqueados por sentimientos subconscientes de vergüenza, culpa y falta de merecimiento. Son personas de éxito desde el punto de vista profesional y económico, pero no son felices. Los sentimientos de baja autoestima son el resultado de haber sido tratados de manera dañina por parte de los padres, los compañeros y otras personas con poder en los primeros años de sus vidas. Esto conduce a traumas emocionales y a que esas personas tengan la sensación de falta de merecimientos, de no ser dignas de ser amadas, en un profundo nivel subconsciente.

Estas son cosas de las que, por lo general, no se habla ni en las oficinas ni en las salas de reuniones. En mi trabajo de desarrollo del liderazgo, sin embargo, he visto a muchos líderes y equipos abrir sus corazones los unos a los otros, y muchas de esas personas comparten historias parecidas. Así es como empieza la curación. Observar cómo se transforman es bastante extraordinario.

Nadie es inmune a los traumas. Un buen amigo mío, Josh Mantz, fue miembro del consejo de nuestra Courage Foundation, que da apoyo a veteranos de guerra con estrés postraumático. Josh murió en combate. Sí, murió de verdad, y luego resucitó de manera sorprendente tras recibir el cuidado de su equipo médico... y tras pasar quince minutos con el electrocardiograma plano. Le gusta decir que el trauma no discrimina y que el peor proviene de su niñez, no de haber muerto en combate. Es un testimonio de una gran fuerza.

El Proceso Hoffman es un programa de desarrollo emocional de fama mundial. El fundador, el desaparecido Bob Hoffman, creía que la mayor parte de la sombra emocional es resultado de traumas de la infancia, lo que llamamos síndrome del amor negativo. Hoffman sugería que la ausencia de amor debida a abuso emocional, chantaje emocional, ausencia, adicción u otras limitaciones parentales conduce al trauma en niños y niñas indiferenciados y absolutamente vulnerables. Es común que luego aquellos niños y niñas repriman, adopten o se rebelen contra el comportamiento del «amor negativo». A medida que el niño se hace mayor, desarrolla patrones automáticos negativos en forma de aspectos de sombra de su personalidad. Nadie, ni siquiera un miembro de los SEAL, el CEO con más preparación ni el propio presidente de los Estados Unidos, puede proclamarse inmune al síndrome del amor negativo. La parte positiva es que es posible superar estas sombras con conciencia y esfuerzo.

Pero lo cierto es que la mayoría no lo hace.

Cuanto antes reconozcas tus propias limitaciones y seas consciente de tu sombra, antes empezarás el camino de la integridad y te harás más auténtico y más libre.

Uno de los resultados de nuestro trabajo emocional en este nivel es el respeto profundo por nuestras propias limitaciones, y no obstante bondades, como seres humanos. No puedes respetar a otras personas si no te respetas primero a ti mismo. La conciencia y la curación se logran a través de la meditación, de un terapeuta competente o de un programa de desarrollo emocional como el Proceso Hoffman (www.hoffmaninstitute.org) o el Proceso Q (www.theQEffect.com). Para el trabajo de sombra como práctica personal se puede emplear la terapia EMDR (desensibilización y reprocesamiento por medio de movimientos oculares), la cual tiene éxito en la curación de veteranos con traumas de guerra (véase el libro *Supera tu pasado* de Francine Shapiro, la creadora del EMDR). Recomiendo encarecidamente combinar un taller de trabajo intensivo, una terapia y el cuidado de uno mismo. Puedes cuidar de ti mismo practicando a diario la meditación y la contemplación.

Estas prácticas te ayudan a reintegrar las partes de tu personalidad que se habían escindido durante la niñez, cuando no se contaba ni con los recursos ni con la conciencia que tenemos ahora.

La autenticidad nos hace comportarnos de una manera que nos proporciona respeto. Una persona no auténtica esperará que otras vivan con una alta exigencia, pero, en cambio, utilizará un montón de excusas para no ser tan exigente consigo misma. Dirá que está agotada, que trabaja demasiado, que eso ya lo ha hecho, que merece algo mejor, que no se lo merece... Pon tu excusa aquí. Presta atención a lo que te irrita de tu equipo o de tus jefes. Tal como dicen los expertos, «lo que ves en los demás es lo que tienes tú». Ser respetable exige llevar a cabo el trabajo de conciencia emocional y reintegración, sin juzgar ni comparar tus esfuerzos o tus resultados con los de los demás. Y debes dejar de autoflagelarte cuando tropieces; este trabajo requiere paciencia y repetición.

La autenticidad exige también que mantengas el equilibrio interno. No es fácil concentrarse en el desarrollo emocional cuando estás desequilibrado, en baja forma y estresado. Enfrentarse al lobo te obliga a estar físicamente bien, en sintonía con tus necesidades nutricionales. Debes tener siete u ocho horas de sueño reparador y dominar la respiración para manejar el estrés. Mantener de esta manera el control de tu entorno interior te permite responder en positivo, más que reaccionar en negativo, a las interminables presiones de la vida. Te ayuda a quitarte las máscaras y guardarlas bajo llave.

La autenticidad también se expresa mostrando el carácter de modo genuino.

¿Te preocupas de verdad por tus compañeros de equipo? En el capitán O'Connell había algo que te hacía, sencillamente, percibirlo como una persona justa. Con él tenías la impresión de que era cierto que se preocupaba por ti. Yo notaba que sí que hablaba con el corazón, y que no eludía ni oscurecía la verdad de ningún modo. No tenía planes personales, ni siquiera cuando se veía obligado a repartir castigos. McRaven también tenía esa cualidad; yo también tenía la sensación de que se preocupaba de verdad por mí, incluso cuando me echó de una patada en el culo.

La puerta de O'Connell siempre estaba abierta, y él dejaría cualquier cosa que estuviese haciendo para atender a quien lo visitara, allí mismo. Daba igual el rango o el papel que tuviese; O'Connell trataba a todo el mundo por igual y con respeto. Se sentía tan cómodo con los reclutas de menos rango de los SEAL como con el almirante. Mostrarse genuino es una cualidad poderosa para la autenticidad.

La autenticidad también significa estar abierto a ideas de otras personas, aceptar que ellas pueden tener razón y tú no. Los líderes de mentalidad abierta dejan de lado su necesidad de tener siempre razón. La arrogancia, ese decir siempre la última palabra o hacer caso omiso de las ideas de otros, mata el respeto. Tener una mentalidad abierta significa reconocer que hay otras ideas que se han de considerar con calma y que conducen a otras ópticas y a mejores decisiones para el equipo.

Finalmente, la autenticidad no es una manera rígida de ser. La flexibilidad, la voluntad de evolucionar a medida que cambias, que tu equipo cambia y que el mundo cambia, es importante. Los auténticos líderes saben que el cambio es constante y no se quedan estancados en sus decisiones ni plantados en sus comportamientos del pasado.

Entusiásmate con el cambio.

Claridad

La claridad es un factor clave para comunicar con integridad. La claridad surge de un análisis riguroso de tus intenciones, tanto explícitas como implícitas. Cuando a un líder le falta claridad en los aspectos importantes de una misión, es posible que se consiga «algo», pero no necesariamente lo que se esperaba. Un líder debe ser claro al comunicar cuáles son sus intenciones, incluyéndose aquí qué resultados son deseables o incluso aceptables. Al analizar las intenciones, sé consciente de que muchas de ellas se hallan ocultas en el terreno del lobo del miedo, también esos inoportunos sesgos que infestan nuestros pensamientos. Una vez los has extirpado, los resultados implícitos y deseados, pero no expresados, pasan a ser explícitos y expresados. O también igualmente posible es que las expectativas indeseadas queden al descubierto para así evitar las consecuencias negativas.

En el caso de O'Connell, dejó claro que una de sus misiones era ser el anfitrión de la prueba de idoneidad del SOCOM Det 1. Eso quedó definido de manera explícita. Aun así, había intenciones implícitas de sus jefes que no se mencionaron y no se acordaron. De modo que tuvo cuidado y trató de hacer aflorar tantas como pudo desvelar. Así, su equipo y él tuvieron clara la misión real e hicieron todo cuanto pudieron para que los marines dispusiesen de las herramientas que necesitaban.

El capitán O'Connell entendió los planes ocultos y mantuvo el respeto mientras maniobraba entre ellos.

Es importante asegurarse del aspecto que tendrá la victoria final. El equipo necesitará entender cuál será la recompensa y dónde se sitúan los límites en relación con los resultados reales esperados. Ese tipo de cosas marcará su comportamiento. Cuando O'Connell dijo a su equipo: «Haced lo que sea necesario» dentro de los límites de la legalidad para conseguir los vehículos apropiados para los marines, marcó el límite aceptable. Su prueba para definir los límites la denominó «la prueba del *New York Times*». Preguntaba: «¿Quiero salir en el *New York Times*?».

Yo uso ahora la misma prueba. Gracias, señor.

También tienes que ser claro sobre qué aspecto tiene el fracaso. Aunque tu equipo tenga clara la intención, los objetivos y los límites aceptables, tal vez no sepa qué pasa cuando la misión fracasa. Los líderes que ofrecen esa claridad a su equipo tienden a obtener un mayor respeto, puesto que hace falta un profundo nivel de introspección y de humildad para tener en cuenta por anticipado el fracaso.

Finalmente, el respeto exige que seas claro sobre tu poder y los límites de tu propio papel de líder, la influencia que ejerces sobre otros, la enorme energía que tu presencia consume y las perspectivas que tienes que adoptar para ser eficaz. He visto un buen número de personas en posición de liderazgo que perdieron el respeto de sus equipos porque no gestionaron bien el poder que conllevaba. Una lo ejercía en exceso, otra era débil y permitía o provocaba que otras asumieran el liderazgo. Esos líderes no demostraban conciencia de su poder o habilidad para usarlo. Solo podían ver las cosas desde su propio punto de vista, y no desde el de alguien más.

Carrera hacia la muerte

Conocí a Joe De Sena a finales de 2014. Me invitó a observar su nuevo proyecto de carrera de resistencia, un área en la que yo era experto.

Joe era un gran amante de las actividades largas y arduas. Sentía pasión por la autoconfianza y el crecimiento que genera el sufrimiento en los entrenos. Decidió invitar a otros chiflados como él a su granja para una «carrera mortal». Duraría cuatro días; mejor dicho, duraría hasta que finalizase. Avisó a los participantes: «Les recomiendo que no hagan esta carrera. Podrían morir».

Nadie murió, y hasta querían más.

La carrera mortal tenía lugar en la enormemente exitosa empresa de carreras de obstáculos Spartan, que hoy dirige Joe. Inventó un nuevo deporte a partir de su pasión, que luego completó con su propio campeonato mundial televisado. En su intención de ampliar el negocio, tuvo la idea de contar con entrenadores certificados por él. Contrató a unas cuantas personas para coordinar una actividad que debía tener lugar en su granja de Vermont. Junto con aquellas personas, me invitó a mí y a unos cuantos expertos más que habían creado sistemas de entrenamiento particulares en línea con su filosofía. Joe quería que lo ayudáramos a validar su idea de entrenamiento; deseaba que fuéramos su «consejo de asesores» para las certificaciones.

Me pareció evidente que tenía clara su misión. El objetivo explícito era expedir certificaciones para ayudar al negocio. Sin embargo, también dejó claras muchas motivaciones implícitas que apoyaban esa misión. La mayor de todas era que la calidad era más importante que la cantidad. No era necesario certificar a ninguno de aquellos recios guerreros que habían aceptado su invitación. Había doce candidatos, y todos ellos esperaban recibir la certificación aquel fin de semana. Joe dejó bien claro que era perfectamente posible que se marchasen con las manos vacías.

Presentó los modelos de excelencia. Fue claro sobre el nivel de desafío que los participantes debían esperar. Pasarían 48 horas entrenando sin descanso, sin tiempo para dormir. Se moverían constantemente, llevarían a cabo tareas difíciles y demostrarían sus habilidades tanto para hacer las cosas como para enseñarlas. En ningún momento sabrían el plan para la hora siguiente. El foco no se ponía tanto en sus conocimientos como en la fortaleza de su carácter. Eso iba mucho conmigo, y se parecía a nuestro entrenamiento de SEALFIT de 50 horas llamado Kokoro.

Fui testigo de la integridad, la claridad y la autenticidad de Joe durante la actividad. Tenía un equipo que se hacía cargo de su desarrollo, y le habría sido fácil irse a casa cuando estuviese cansado, para reposar un poco y pasar un rato con la familia. No lo hizo. Se quedó despierto con nosotros y participó en todas las idas y venidas con los alumnos. Sé por experiencia que la mayoría de las personas en posición de liderazgo no lo habrían hecho.

Disfrutamos haciendo excursiones por senderos interminables, lanzando piedras enormes, escalando empinadas montañas, cortando leña para el fuego e incluso haciendo dos horas al día de bikram yoga. A lo largo de toda esta actividad, observábamos a los alumnos desde cerca.

En ningún momento se colocó él mismo en lo alto de un pedestal ni se separó para distinguirse como el eminente fundador de la Spartan Race. Fue genuino y mostró un gran respeto por todos los participantes y el personal de su empresa. Siempre dispuesto a hacer exactamente lo que pedía a su equipo y a los alumnos, despertó en todos ellos un afecto evidente. Su equipo lo apreciaba.

Exhaustos y eufóricos, nos sentamos en unos troncos al final de la actividad. Nos preguntábamos si también tendríamos que cortarlos. Entonces, después de entrevistar con detenimiento a cada uno de los estudiantes, Joe les pidió que nos dejaran solos y nos solicitó nuestra opinión.

Le dije que yo no certificaría a ninguno de ellos... todavía. No pensaba que estuviesen preparados para ser sus entrenadores de vanguardia. Y aunque la experiencia había servido para comprobar que aquellos alumnos tenían agallas, le faltaba una estructura cohesiva para que pudiera utilizarse como herramienta de certificación de un modelo de entrenamiento, si lo que se quería era que los entrenadores enseñaran a otros el estilo de vida que Joe promovía. Algunos de los expertos estuvieron de acuerdo conmigo, mientras que otros no dijeron nada.

Joe no certificó a ninguno de los candidatos.

No le habría costado mucho darles un premio de consolación por el esfuerzo de realizar la prueba, pero aquello habría supuesto la ruptura de su integridad. No habría actuado con autenticidad. Ya había sido claro en cuanto a la posibilidad de no conceder la certificación, y cumplió lo que había dicho una vez se produjeron los resultados. No cedió al impulso de la codependencia para no herir sus sentimientos. También incorporó nuestras opiniones sobre el programa y reemprendió el asunto más adelante con un nuevo enfoque. El programa de certificación de entrenadores va viento en popa hasta ahora, y Joe continúa gozando de un gran respeto dentro de su organización.

Seguir jodido sin remisión

Si echamos la vista atrás para observar cómo progresó mi recorrido, uno pensaría que hoy día he tenido éxito en la creación de mis propios equipos de élite en el mundo de la empresa.

No tanto. Como solíamos decir en los SEAL, más bien me veía «jodido sin remisión».

Antes de que el capitán O'Connell me movilizase para el servicio activo, estaba montando otra empresa llamada NavySEALS.com. No me sentía lo suficientemente seguro como para llevar yo solo las cuestiones técnicas y el marketing al mismo tiempo, de modo que me asocié con una empresa para que me hiciesen el sitio web y consiguiesen los resultados esperados de la venta online. Básicamente, lo que hacía era externalizar el comercio electrónico del negocio, lo que significaba prácticamente todo el volumen en aquella época. No investigué mucho sobre la empresa, porque estaba trabajando en otro empleo con la mujer del fundador y me fiaba de ella. La compañía tenía experiencia en las operaciones online y la venta por internet, que por aquel entonces era un campo nuevo en el mundo de los negocios. La verdad es que yo estaba alimentando mi lobo del miedo porque me sentía incompetente con la nueva tecnología de internet. Este patrón de inseguridad en mí mismo era una sombra personal. Cierto que no sabía nada de comercio electrónico y que necesitaba ayuda para crear la plataforma, pero también es verdad que ni siquiera intenté investigar ni dar a otros la opción de hacerlo. En cambio, confié en la experiencia y capacidad de aquella empresa y firmé un contrato, sin asesoramiento legal, para externalizar la mayoría de las funciones operativas.

Los socios empezaron a invertir tiempo y dinero para hacer fructífero el negocio, pero, al cabo de pocos meses, empecé a tener la sensación de que aquella colaboración no funcionaría. No parecía que compartiéramos valores; me di cuenta por las dificultades que tenía para comunicarme con ellos y entender sus informes. Distraído como estuve por el ataque del 11-S y mis compromisos crecientes con la reserva de los SEAL, pasé por alto detalles importantes. Sin embargo, mi intuición me decía que tenía un problema. Al final, me armé de valor y decidí mantener una conversación directa y franca con ellos sobre los supuestos explícitos e implícitos de nuestro acuerdo.

La clave no está solo en los detalles; a veces se encuentra en el espacio en blanco entre los detalles. Les había cedido demasiado control y tenía la sensación de que estaban tomando las riendas de mi negocio pedazo a pedazo. Hice intervenir a un experto en finanzas para que me ayudara a resolver las cosas con ellos, pero el asunto acabó como el de la lancha en Morro Bay.

La intervención se convirtió en una pelea para ver quién tenía más bemoles, y a los pocos días recibí una llamada de la empresa de hosting para informarme que el socio se había puesto en contacto con ellos para pedirles que les transfiriese el dominio NavySEALS.com, que era de mi propiedad.

Por lo visto, mis socios creían que los derechos del dominio eran suyos como parte de nuestra relación. Yo no lo veía así, y no tenía ninguna intención de renunciar a la propiedad de un activo tan valioso.

Para mí, sabían que quería romper el acuerdo, de modo que intentaban tomar el control del dominio para proteger su inversión.

Rescindí inmediatamente el contrato y, por supuesto, ellos contrataron abogados. Al final tuve que pagarles para romper la relación, lo que me sentó como un puñetazo en el estómago.

Un mes más tarde, habían recreado el negocio con un nuevo nombre de dominio. La nueva empresa era idéntica a la mía. Lo único que tuvieron que hacer fue cambiar el nombre del dominio y modificar un poco el sitio web. Se apropiaron de la idea y luego me pisotearon ampliando mi pequeño negocio mientras yo iba a la guerra.

Otra vez había sido culpa mía. Me había faltado claridad sobre mis intenciones y no había validado la integridad.

Para empezar, no tenía claro para qué necesitaba asociarme. No fui claro al comunicar los límites de la propiedad del nombre del dominio. Incluso me faltó claridad sobre la visión del negocio. Estaba intentando ser auténtico, pero aquello no bastó. Y me estalló todo en la cara. Generé un lío legal y me creé un competidor por falta de claridad.

Se perdió el respeto por todas partes.

Fracasé en el compromiso con la valentía en la empresa de cerveza artesana. Fallé en mi compromiso con la confianza en la empresa de aventuras para team building. Y me cargué el compromiso con el respeto en esta última experiencia empresarial. ¿Conseguiría algún día crear un equipo de élite en el mundo de la empresa? Supongo que seguía necesitando crecer y limpiar más a fondo.

A pesar de los fracasos, todas aquellas experiencias me enseñaron la importancia de concentrarme con rigor en el propio crecimiento, así como que el trabajo con los equipos representa la mayor oportunidad para ello.

Vamos a descubrir cómo impulsar al equipo para acelerar el crecimiento.

MALODL: Ejercicio 4
INTEGRIDAD, AUTENTICIDAD Y CLARIDAD

Ve a buscar tu diario y prepara tu mente igual que en los ejercicios anteriores. Cuando estés listo, haz lo siguiente:

PASO 1. Visualiza una experiencia del pasado en la cual tu comportamiento te hizo perder el respeto. ¿Qué decisiones tomaste y cuáles fueron las reacciones condicionadas que te causaron daño a ti mismo y a los demás? Recrea mentalmente la situación, luego apunta tus impresiones en el diario y responde las preguntas que planteo y, por último, añade cualquier otra impresión que te venga a la cabeza.

¿Cómo te sientes?
¿Qué aprendiste?
¿Se ha repetido la situación más de una vez? Es decir, ¿se trata de un patrón?
¿Qué máscara llevabas puesta? Por ejemplo, ¿llevabas una máscara porque temías las críticas de los demás o porque temías ser incompetente?
¿Cómo fallaste en integridad, autenticidad o claridad?

PASO 2. Visualízate a ti mismo en tu estado físico, mental y emocional ideal. Observa cómo actúas de manera creativa y receptiva con disciplinada integridad moral, profunda autenticidad (sin máscaras) y claridad absoluta en tu comunicación. Observa cómo tu equipo y tu familia te responden con gran respeto. Obsérvate a ti mismo como líder respetable que se expresa con fuerza de pensamiento, palabra y actos.

¿Cómo te sientes?
¿Qué has aprendido? ¿Dónde están las diferencias entre el antiguo tú y el tú ideal?
¿Cómo puedes mejorar en integridad, autenticidad y claridad?

4.º
PRINCIPIO DE LIDERAZGO

Compromiso con el crecimiento
¿Miedo a la inquietud? ¡Supéralo!

Estamos en junio de 1990 y esto es un infierno. El entrenamiento de los SEAL son nueve meses: seis de BUD/S y tres de SQT. Mientras dura esto, también hay que ir a las escuelas de liderazgo, supervivencia, evasión, resistencia y fuga (SERE), y paracaidismo. Quienes aguantan todo eso con valentía y se granjean la confianza y el respeto de sus compañeros se ganan el derecho a llevar el tridente. Entonces se presentan a su unidad para reiniciar el entrenamiento con un nuevo equipo. Ser miembro de los SEAL supone un proceso largo e interminable de entrenamiento y crecimiento, interrumpido por períodos de misiones intensas y brutales.

Hay varios modelos de entrenamiento en el BUD/S. Su propósito es desarrollar las habilidades y el carácter de los nuevos reclutas para que se conviertan en miembros de las fuerzas especiales de élite. Las habilidades básicas consisten en correr, saltar, escalar, nadar o luchar, y se trabajan juntamente con habilidades tácticas de equipo como disparar, moverse, comunicarse, bucear, manejar explosivos y botes pequeños, y más cosas. Estas las denomino habilidades horizontales, en el sentido de que te hacen mejorar en tu trabajo, pero que no necesariamente te cambian el carácter, quién eres como persona.

El entrenamiento del carácter no se mide mediante la acumulación de tales habilidades horizontales. Más bien se consigue poniendo a prueba la calidad del pensamiento, la brújula moral, la compasión y las perspectivas del alumno. Los expertos instructores de los SEAL crean situaciones e incidentes que ponen a prueba los procesos de decisión bajo presión extrema y en una oscuridad moral. El ejemplo más famoso de este modelo, que se lleva a cabo en un período muy largo y duro de seis días, se llama la «Semana Infernal».

El crisol es un recipiente en el cual los metales son sometidos a una temperatura extremadamente elevada para que adquieran una nueva forma. También se emplea el término para indicar una prueba muy dura en la cual varios elementos interactúan para crear algo nuevo, como una relación forjada en el crisol de la guerra. Esta definición encaja en la Semana Infernal. Es un recipiente en el que calentar a los alumnos hasta el punto de transformarlos, una dura prueba en la que se introducen nuevos elementos capaces de forjar el carácter de los alumnos para convertirlos en algo nuevo.

Los seis días y cinco noches sin interrupción liquidan la debilidad y el miedo, y forjan un vínculo en el equipo difícil de obtener de cualquier otra manera.

De los 185 entusiastas alumnos que empezamos en mi clase de BUD/S, solo unos 70 llegamos al inicio de la Semana Infernal. Durante esa semana, perdimos otros 40 y, tal como he mencionado antes, solo diecinueve logramos la titulación. De los 166 que fracasaron, a algunos les faltaba resiliencia, otros sufrieron heridas, pero la mayoría falló en algo peor: no pudieron soportar el dolor transitorio de la inquietud extrema que su transformación exigía. Los que fracasaron probablemente estarían de acuerdo conmigo en que «el dolor transitorio de la transformación es mucho mejor que el dolor del remordimiento a largo plazo».

La Semana Infernal es, sin duda alguna, uno de los programas más especiales de entrenamiento para la transformación, y muchos civiles han querido experimentar su potencia mediante minisemanas infernales como el crisol de 50 horas Kokoro, de SEALFIT.

Tras dos días sin dormir, los alumnos que han dejado abierta una puerta trasera subconsciente empiezan a preguntarse por qué motivo están ahí. Los que llegaron al BUD/S para demostrar que se cuentan entre los tipos más duros del mundo se dan cuenta de repente de que ahora ya no les importa demasiado. Un buen número de ellos sencillamente ni se acuerda de qué es lo que los llevó a estar ahí. Así que muchos abandonan y se privan ellos mismos del impacto transformador del crisol.

Para superar la prueba, los alumnos tienen que ser capaces de soportar la inquietud y de observar en su propio interior para confirmar que «estoy hecho para esto; soy digno de ello». Necesitan una mentalidad de «no abandonar» que los lleve al infierno y los saque de él. Ese nivel de compromiso y de valentía para soportar la experiencia puede dar como resultado el desarrollo de su carácter. Los alumnos empiezan la Semana Infernal a un nivel y salen convertidos en personas diferentes: más fuertes, más conscientes y mejores compañeros de equipo.

Entramos en mi historia del Horra.

Había muchos tipos en mi clase que, al principio, pensé que eran capaces de soportar el estrés y el caos, pero a quienes les faltaban otras cualidades difíciles de definir. Uno de ellos se apodaba «el Horra» en referencia a la película *Apocalypse Now*. En la película, Marlon Brando hace el papel de un oficial de las fuerzas especiales del ejército que aparentemente ha perdido el juicio. En una escena, se le oye cantar: «El horror, el horror». La cuestión es que el Horra tenía un nombre que sonaba parecido y, como verás al final de esta historia, también pareció perder el juicio, al menos temporalmente.

El Horra estaba en buena forma física y tenía las condiciones básicas para convertirse en un SEAL, pero, desde mi punto de vista, parecía avanzar por el entrenamiento un poco aturdido. Era como si se las arreglase para superar cada evolución pasando del todo desapercibido para el instructor al mando. Yo no creía que fuese a superar la Semana Infernal.

La Semana Infernal empieza un domingo y acaba en algún momento del viernes siguiente. No te dicen exactamente cuándo va a comenzar o a terminar, pero puedes estar seguro de que no te pasará por alto. Una cascada repentina de disparos, granadas de humo, explosiones de bombas, sirenas y mangueras es el preludio de un caos absoluto que dura horas. Hay retos incesantes, y los instructores buscan la manera de dejarte agotado cuanto antes mejor.

Abajo. Arriba. Abajo. Date la vuelta. Arrástrate por la playa. Métete en las olas. Gatea marcha atrás. Haz flexiones. Muchas, inacabables flexiones con el agua en la cara todo el rato.

Y entonces llega el momento de la verdad.

Tras dos días y noches sin dormir, mi clase se introdujo en una nueva normalidad que consistía en una presión constante por el desempeño, un agotamiento intenso e ir arrastrándote hasta la siguiente comida. Yo confiaba al 100 % en las habilidades mentales que había aprendido con el zen: el uso del control de la respiración y el diálogo interior positivo, la visualización del éxito y el mantenimiento de la presencia. Y comprimía el tiempo para concentrarme en los microobjetivos, tal como los instructores nos habían aconsejado. Aquellas habilidades eran imprescindibles, y muchos estudiantes no las poseían.

Alrededor de las once de la mañana del jueves, a la clase ya no le quedaba ni un ápice de capacidad para divertirse. La noche había consistido en una larga sesión de remo alucinatoria alrededor de la isla de Coronado, con infinitos simulacros en las dunas de arena de Imperial Beach. Las frías aguas del Pacífico, las heridas abiertas y la arena en lugares que no sabíamos que existiesen eran nuestras constantes compañeras. Los instructores nos dijeron que habíamos hecho un buen trabajo y que nos recompensarían con una ducha de agua caliente y cuatro horas de sueño. Parecía toda una vida, pero antes teníamos que escribir una carta a mamá. Todos nos inclinamos sobre unas mesas de despacho vestidos con uniformes secos y templados, en un aula con el aire demasiado caliente, y nos pusimos a escribir. A los pocos instantes, lo único que se oía era zzz.

Justo entonces se desató de nuevo el infierno.

Nos habían engañado, claro está. Cuarenta minutos era el tiempo preciso para que cayéramos en la fase REM del sueño tras cinco días despiertos. No era ninguna novatada. La Semana Infernal, al tiempo que pone a prueba tu fortaleza mental y física, está diseñada para simular las condiciones que un SEAL hallará en combate. Allí no sabes cuándo volverás a comer ni cuándo tendrás la siguiente oportunidad de dormir, porque estás expuesto al caos constante. No controlas nada salvo tu propia capacidad para responder a las situaciones tal como se presenten, y privarte del sueño puede dejarte sin esa capacidad.

Caí en un profundo sueño, creyendo que estaría a salvo cuatro horas, cuando la VUCA nos asaltó de nuevo; sonido de metralletas, granadas de humo y gritos de los instructores. Tuve que aclararme las ideas rápidamente mientras todos nos metíamos en el oleaje, pasando de dormir como troncos a las gélidas aguas del océano en un minuto. Me uní a la tripulación de mi bote y, mientras avanzaba, vi al Horra, más aturdido y desconcertado todavía de lo que era habitual. Alguien lo había levantado de la silla y puesto en pie, pero apenas estaba presente. Parecía que estuviese en algún lugar lejano, y se puso a andar contra las paredes y a rebotar contra ellas como un zombi hasta que alguien lo arrastró afuera. Una vez allí, se puso a deambular por todas partes mientras el resto nos dirigíamos hacia el agua. El Horra no se recuperaba, y los instructores empezaron a meterse con él diciéndole a gritos que moviera el culo. Ni siquiera se percató de ello. Por lo visto, era como si no estuviese.

Los médicos lo hicieron subir a la furgoneta y lo llevaron al hospital. Allí lo examinarían y lo apartarían del entrenamiento por baja médica. Había demostrado que, si aquello hubiese sido una situación de combate, habría puesto en peligro la misión y al equipo, tal vez incluso lo habrían matado. Algo dentro del cerebro a medio funcionar del Horra debió de ser consciente de la realidad, porque se despertó de repente y vio el techo de la furgoneta. Entonces se dio cuenta de dónde estaba y de qué significaba, y mientras el vehículo seguía la marcha, abrió la puerta, saltó rodando a la perfección por el asfalto y arrancó a correr para regresar a la base.

El camino de vuelta lo llevó de regreso a las instalaciones del BUD/S y directamente al agua junto con sus compañeros de tripulación. Los instructores lo miraban y se miraban los unos a los otros, como preguntándose si tenían que detener al loco. El jefe de instructores se limitó a sonreír y se encogió de hombros, y lo dejaron meterse en el agua. Los instructores de los SEAL siempre están atentos a situaciones inusuales, estudiantes que rompen las normas sin hacerse daño a ellos mismos ni quebrantar la ley.

Era lo que acababan de ver.

El Horra había despertado de su siesta en sentido literal, y había despertado en sentido aún más profundo a su propósito. Se había dado cuenta de que su mente confusa había estado a punto de dejarlo sin la posibilidad de convertirse en miembro de los SEAL. Era listo, pero aún no había desarrollado la disciplina para controlar su entorno interior. Sin embargo, algo había encendido la mecha de una transformación en aquel momento, de modo parecido a lo que ocurre cuando la gente se enfrenta a una crisis grave. Pueden despertar a una realidad aún mayor, una fuente oculta de poder, y experimentar un cambio instantáneo.

Dicho de otra manera, crecer realmente deprisa.

Tal como hizo el Horra. Finalizó la Semana Infernal con la clase y mejoró en todos los demás aspectos durante el resto del entrenamiento. Se convirtió en un líder de verdad y fue uno de los diecinueve que se ganó el tridente de la clase 170.

Volveremos más adelante con su historia, en este mismo capítulo. Ahora quiero hablar de los elementos clave del crecimiento para líderes y equipos. Estos elementos son el reto, la variedad y los mentores.

El reto

No es necesario que hagamos la Semana Infernal, pero, para crecer hasta nuestra máxima capacidad como líderes, tenemos que cambiar de verdad. Ahora bien, no es cuestión de ir tropezando con cualquier reto. Los tipos de reto que asumimos, y nuestra manera de enfocarlos, también son importantes. Es clave asumir retos significativos con buen ánimo, es decir, mostrándonos a los demás y trabajando duro para convertirnos en la mejor versión de nosotros mismos mediante el sufrimiento. Esto implica salir de nuestra zona de confort y aceptar la inquietud que comporta romper el marco establecido que nos tiene atados a nuestros patrones de debilidad.

Aprendí a amar los retos, en primer lugar, mediante agotadores deportes de resistencia como el remo o el triatlón. Luego apareció la práctica diaria de las artes marciales. Lo siguiente fue acudir a la escuela militar más dura del mundo. Hoy, los ejercicios funcionales duros, como el aikido y el yoga —con períodos en los que pongo a prueba mis agallas—, son procedimientos operativos habituales.

Poner retos a la comodidad es un modo de vida.

Este modo de vida es inspirador y ha atraído a otras personas que quieren ponerse a prueba ellas mismas entrenando conmigo. A su vez, estos compañeros de equipo me empujan y estimulan mi crecimiento cada día. Muchos miembros del ejército sufren cuando se alejan de sus equipos porque ya no tienen a nadie que les ponga retos. A través de la Courage Foundation, ayudamos a veteranos de guerra a ver que pueden volver a formar parte de un equipo comprometido con el crecimiento y en el que unos sirven a otros. Pueden enfrentarse juntos a retos para volver a dar lo mejor de sí mismos.

Es difícil explicar con palabras el desarrollo que consigues poniéndote a prueba a ti mismo de esta manera. Tiene impacto en todos tus aspectos como líder. Se logra una mayor integración, conexión y desarrollo en pos de grados más elevados de conciencia.

Preparar el camino para un desarrollo acelerado mediante los retos es uno de los atributos de los equipos de élite.

Retar a un individuo como tal y en su totalidad conduce a lo que llamaremos «desarrollo vertical», al contrario del «desarrollo horizontal» al que me he referido antes. Este es un crecimiento personal que hace que uno se vuelva más compasivo, consciente y capaz. Es el tipo de desarrollo del carácter que conduce a una perspectiva más amplia y a una toma de decisiones más rica en matices.

El desarrollo vertical también nos lleva a volvernos más inclusivos y más sensibles a los demás.

No es lo mismo que conseguir nuevas habilidades o hacer algo mejor que antes. Este crecimiento horizontal es útil para una ejecución más eficaz y eficiente. El crecimiento horizontal no te hace evolucionar como persona. Piensa en el crecimiento vertical como una escalera por la que asciendes a cotas cada vez más altas de conciencia, perspectiva y sentido de ti mismo.

Tal como he comentado en la introducción, todas las personas tenemos capacidad para experimentar tres grandes fases de desarrollo vertical: la egocéntrica, la etnocéntrica y la centrada en el mundo. En última instancia, el crecimiento vertical es moverse permanentemente hacia la fase centrada en el mundo, la de la atención y el cuidado: la quinta meseta. Muchas personas se quedan clavadas en las fases del egocentrismo y el etnocentrismo, que abarcan la primera, segunda y tercera mesetas (aunque muchas de la tercera pueden estar centradas en el mundo también, porque los negocios son globales). Creo que este liderazgo centrado en el mundo es inevitable mediante el desarrollo acelerado, cuando aprovechamos todo nuestro potencial, tal como propongo en este libro. Es un paso evolutivo natural.

Pero necesitaremos al equipo para llegar hasta ahí.

Podríamos pensar que ya estamos preparados y que trabajamos con todo nuestro potencial, pero esa manera de pensar no es realista. Para liberarnos de los patrones que se encierran en nuestra «historia de siempre» y limitan nuestro potencial, debemos poner retos a todo lo que pensamos que sabemos de nosotros mismos. Puedes hacer eso con la ayuda de tu equipo. El equipo puede establecer las condiciones para generar una mayor autenticidad entre sus miembros. Esto se consigue entrenando el desarrollo vertical.

Así es como evolucionó el Horra, y así es como tu equipo y tú lo harán también.

Déjame explicar la diferencia entre ascender a una nueva fase de desarrollo y experimentar un estado temporal que lo parezca. Los SEAL están acostumbrados a acceder a estados mentales de flujo y cumbre. Dichos estados se producen durante experiencias intensas que exigen que el cuerpo, la mente y las emociones estén en completa sintonía, al tiempo que la atención se dirige a una tarea compleja. En un cierto punto, el tiempo parece desacelerarse o acelerarse, y las acciones fluyen sin esfuerzo. Sigue un estado de conciencia aguda del entorno, junto con la sensación de estar profundamente conectado con otras personas, con la naturaleza y con el propio universo. El estado temporal cambia de manera que puede potenciar nuestro rendimiento, al tiempo que deja un «indicador de ruta» para señalarnos el camino a una fase más alta de nuestra evolución personal.

Me ha ocurrido en muchas ocasiones, tanto en la época de los SEAL como después. No me ha ocurrido porque sea alguien especial. Me ha ocurrido porque el entrenamiento me ha preparado para ello, y la situación exigía que me hiciese presente con todo mi ser concentrado en una tarea singular especialmente retadora. Pero estas experiencias de estado mental de flujo son temporales, y las proporciona el manejo experto de habilidades horizontales. No es lo mismo que un cambio de fase en un desarrollo vertical. Este cambio de meseta me exigió desarrollar más conciencia, conexión con el corazón y toma de decisiones complejas basada en un nuevo mapa interno de realidad. Y el crecimiento vertical no iba acompañado de un estado de flujo ni se experimentaba como un estallido de felicidad. De hecho, puede ser un poco inquietante a medida que vas despojándote de tus viejas creencias y patrones. Sin embargo, esta inquietud temporal es necesaria para desarrollarte moral, emocional y espiritualmente.

Mudar de piel conlleva dolor.

Es imprescindible retarte a ti mismo a experimentar el crecimiento vertical conjuntamente con tu equipo. En el último siglo, el mundo de la empresa ha estado desprovisto de desarrollo vertical y de toda formación corazón-mente. Sin embargo, hoy día es importante contar con una perspectiva centrada en el mundo, y estar atento y preocuparte por todos, desde el consejo de administración y la junta de accionistas hasta las personas que gestionan el correo o barren el suelo. Todo el mundo es importante, todo el mundo está conectado y todo el mundo cumple una misión primordial. Solo poniéndote como reto el crecimiento vertical incorporarás esos atributos.

Desarrolla tu capacidad para ser mejor con el fin de hacer el bien; y desarrolla tu capacidad para hacer mejor las cosas.

La mayoría de las personas en posición de liderazgo procuran contratar carácter y formar en habilidades. Esto significa que quieren contratar potencial y formar para el rendimiento: contratar a personas que ya están comprometidas con el crecimiento y entonces proporcionar formación horizontal para que aquellos a quienes han contratado adquieran destreza en el manejo de las herramientas de su sector.

Es un plan consistente, pero lo puedes mejorar: contratar carácter, y luego formar tanto en carácter como en habilidades.

COMPUESTO Y PROGRESIÓN

Un profesor de yoga con mucho talento me dijo una vez: «Si no te entrenas en el borde de la esterilla, ocupas demasiado espacio».

Sin duda esto es aplicable al desarrollo del liderazgo y de la capacidad para crear equipo. Oblígate a trabajar al límite para mejorar al menos un 1 % cada día. Procura mejorar cada tarea que emprendes y la calidad de cada interacción un 1 %. No es mucho, pero, con el tiempo, el impacto será inmenso. Entrena tu mente para concentrarte intensamente y estar más presente y más comprometido. Domina las herramientas de desarrollo vertical del control de la respiración, la concentración, la meditación y la visualización mediante el aprendizaje, la acción y la enseñanza; utiliza para ello todo tu ser. Con cada repetición puedes incrementar un poco el nivel del reto. Este enfoque permite liberar la capacidad de crecer de modo compuesto.

Tu crecimiento compuesto funciona de una manera parecida a la del interés compuesto en el ámbito financiero. Verás un alto índice de retorno de tu inversión en crecimiento si te autoimpones un reto un poco mayor cada día. No tardarás en descubrir que posees bastante más habilidad en el liderazgo y en el trabajo de equipo, y en el éxito en general.

El crecimiento vertical del liderazgo también ayuda a la fortaleza de tu proyecto, de una manera similar a la del efecto dominó, en que pequeñas piezas pueden llegar a derribar otras mucho más grandes debido a la inercia. Permíteme que use la formación en el manejo de armamento para describir la progresión de poder. Te han dado un arma que no sabes emplear; de hecho, tal vez te asusta.

Sin embargo, tienes un monitor que te enseña a hacerlo y, con el tiempo, consigues dar en el blanco a 20 metros; lo siguiente que compruebas es que todas las balas van al centro de la diana a 100 metros; más adelante, lo haces mientras caminas o corres. El crecimiento compuesto de las habilidades se logra mientras progresas cada vez en poder. Lo único que necesitas es hacer caer la primera pieza; luego, esa primera pieza derribará la siguiente sin ningún esfuerzo por tu parte, y así sucesivamente. Pronto habrán caído la cadena de piezas entera y el mayor de los obstáculos, más grande de lo que habrías podido imaginar cuando empezaste. ¡Imagina el resultado de la combinación del crecimiento compuesto y la progresión en tus objetivos personales de mejora!

NO OLVIDES LO BÁSICO

En la idea del reto para el crecimiento, es imprescindible asegurarse de regresar a menudo a los fundamentos, sea cual sea el grado de avance que hayas logrado en tus habilidades. En ambas habilidades, es decir, las horizontales y las verticales, tienes que seguir trabajando con tus bases fundamentales. Si utilizamos de nuevo el ejemplo de los ejercicios de tiro, los elementos básicos son el agarre, la postura, la respiración y el control del gatillo. A medida que avanzas en todos los demás aspectos, debes continuar practicando estos elementos básicos; de lo contrario, podrías no progresar como quieres.

Con las habilidades verticales, como la conciencia emocional y la atención plena, muchas personas tienden a dejar de lado lo básico cuando se sienten atraídas por nuevos y relucientes métodos de entrenamientos o aficiones. Entonces, los fundamentos se caen a trozos. Debes examinar los elementos básicos que necesitas, y entonces mantenerte con un sencillo conjunto de herramientas para desarrollarlos.

Por ejemplo, tendrá un profundo impacto practicar de manera consistente los fundamentos de las herramientas que empleé a lo largo de la Semana Infernal y que enseño en Unbeatable Mind. Son estos:

Habilidad 1. **RESPIRACIÓN DEL CUADRILÁTERO** o *Box Breathing*. Te devolverá el equilibrio para que puedas controlar el estrés y calmar la mente.

Habilidad 2. **POSITIVIDAD.** Te ayudará a mantener un estado mental y emocional positivos y alimentar siempre al lobo de la valentía. Esto tiene un impacto tremendamente positivo en tu paz mental, tu autoestima y tu capacidad para trabajar en equipo.

Habilidad 3. **VISUALIZACIÓN DE TU FUTURO.** Lo convertirá en destino en lugar de deseo, al tiempo que visualizar el pasado te ayudará a erradicar los remordimientos.

Habilidad 4. **CONCENTRACIÓN EN LA MIRADA FRONTAL.** Se trata de concentrarte en tus objetivos más cruciales, con microobjetivos conectados a tu visión y tu misión, lo que hará que tu rendimiento y tus logros se disparen.

Vigila que tu ego no juegue contigo y te haga creer que «lo has conseguido» y que no hace falta que prosigas con tu entrenamiento. El ego será el principal obstáculo que tendrás que salvar. Vale la pena recordar, tal como hizo Gertrude Stein, que «allí no hay ningún allí»; siempre estás en proceso de transformación. La pregunta es: ¿te estás transformando en completo e integrado como líder centrado en el mundo, o te estás convirtiendo en algo menos porque crees que ya no necesitas entrenarte o ponerte retos?

COMPROMISO CON EL RETO

¿Hay una práctica adecuada en concreto para ponerte retos cada día? ¿Por dónde empiezas? ¿Por qué no empiezas examinando las zonas de confort en las que te encuentras ahora y los senderos marcados que sigues actualmente?

¡Fíjate como reto salir de ellos!

Haz que tu equipo o tu mentor o entrenador te ayude a identificar esos senderos marcados. Entre las áreas donde mis clientes han identificado que podrían poner en marcha de modo inmediato estrategias de mejora, se encuentran:

1. Gastar una cantidad insensata de tiempo en redes sociales.
2. Decir sí demasiadas veces.
3. Mantener malos hábitos en la alimentación, el sueño y el ejercicio.
4. No hacer la respiración del cuadrilátero para eliminar el estrés.
5. Tener pensamientos automáticos negativos o patrones emocionales que interrumpen las conversaciones y perjudican las relaciones.
6. Bajar a una meseta inferior al enfrentarse a un conflicto.
7. No saber lo que se quiere o tener dificultades para expresarlo.

¡Hay tantas oportunidades para hacer frente al lobo y crecer poniendo retos a los senderos marcados, los sesgos y los patrones condicionados! Usa el principio de gatear-andar-correr y empieza por un solo patrón.

Así te pones el reto de hacer exactamente lo contrario y superarlo.

Aquí tienes un sencillo ejemplo. Superé poco a poco mi tendencia a decir que sí a todo mediante la práctica de decir «No» o «Déjame que lo piense» a todo lo que me pedían. ¡Todo! Eso me dio la libertad para tomar decisiones más racionales y con mayor base emocional. Cuando me tomaba un tiempo para descargarme de la presión de una situación en la que alguien me pedía algo, mientras mi primera reacción era decir que sí, podía ver con más claridad qué me convenía, en lugar de intentar complacerlo o actuar desde un temor oculto. Mediante esta sencilla práctica, me centré aún más y tuve más tiempo para las cosas que me interesaban. De regalo, me encontré con que no tenía que cumplir promesas que no tendría que haber hecho.

Recuerda: los patrones que responden a senderos marcados y a sesgos son profundos y te harán tropezar hasta que los superes. Céntrate primero en romper los patrones que más tiempo y energía devoran. De este modo observarás progresos importantes y tendrás aún más motivación para tu formación en desarrollo vertical.

Llega a un acuerdo con tus compañeros de equipo para que te reten a diario en las rutinas que más quieres superar. Pon esto en práctica y quedarás sorprendido con la rapidez de la evolución.

Variedad

Cuando haces las mismas tareas un día tras otro, experimentas poca variedad o ninguna. Lo único que cambia cuando consigues un ascenso es el nivel de dificultad de la tarea. Por supuesto, también puedes encontrarte con que sufres más presión.

La falta de variedad te bloqueará.

El Horra creció mediante el doble reto de los SEAL y una variedad extraordinariamente amplia de habilidades y empleos. Observé esto enseguida en cuanto dejé la marina y convertí la variedad en una práctica de crecimiento. Tienes que tener variedad tanto en lo personal como en lo profesional. Saldrás muy beneficiado de la exposición constante a cosas nuevas, lugares nuevos, personas nuevas e ideas nuevas. Entre los elementos que introducen variedad en nuestra vida se hallan, por ejemplo, las aficiones, los cursos académicos, los viajes, las aventuras y los trabajos nuevos. Te ayudan a ampliar tus horizontes y te tienen desarrollando nuevos caminos de neuroplasticidad en el cerebro. Si esta variedad también representa un reto para que te enfrentes a tus miedos, por ejemplo, el paracaidismo, la escalada en roca o hacer de actor, entonces también te ayudará a ganar confianza.

He hecho que mis clientes asuman un nuevo reto cada tres meses y que se responsabilicen los unos de los otros. Algunos hicieron recientemente clases de improvisación de ocho semanas; se morían de miedo. Cuando terminaron, aquellas mismas personas estaban entusiasmadas con la experiencia, todas superaban el miedo y crecían de manera importante. Desde el punto de vista del desarrollo vertical, la variedad desarrolla nuevas habilidades que no te habías dado cuenta de que te beneficiarían, y la exposición a nuevas ideas y culturas proporciona una conciencia ampliada tanto en el campo profesional como en el personal.

Puedes cambiar las cosas con frecuencia… pero con una advertencia: cuando se trata de una variedad de experiencias profesionales, más vale que no te quedes en la superficie, siempre experimentando cosas nuevas a costa de no profundizar en lo que el equipo o la organización necesita. He visto a clientes pasar de una cosa nueva a otra solo para encontrarse luego en desventaja en la oficina. Es mejor profundizar en algo nuevo cada año o dos que intentarlo cada mes.

Siempre te estás entrenando, incluso si es de modo no intencionado. Las personas con quienes pasas el tiempo también te forman.

Si no estás entrenando de manera proactiva en un nuevo patrón de pensamiento y de ser, entonces te entrenas para mejorar los viejos patrones desgastados. Y pasar el tiempo siempre con las mismas personas te entrena para mantenerte pensando siempre de la misma manera. La variedad estimula el crecimiento porque te obliga a cambiar con quién trabajas y, por consiguiente, en qué te entrenas. Cuando buscas nuevas oportunidades de aprendizaje, tienes que tratar con nuevos grupos de personas en diversas fases de desarrollo y con una variedad de puntos de vista sobre el mundo. Se convierten en una extensión de tu tribu: practicarás tus nuevas habilidades verticales con ellas. Esto mantiene tu agudeza al tiempo que pules tu estilo y aprendes nuevas perspectivas para encajar. Seamos realistas: si hoy siguiese entrenándome con los mismos siete tipos con los que hice el BUD/S, haciendo las mismas cosas, estaría más aburrido que una ostra (no se lo tomen a mal, chicos) y ya hace tiempo que habría dejado de crecer.

La variedad en el desarrollo de habilidades también es importante. A menudo, las empresas repiten la misma formación una y otra vez y esperan resultados distintos. Volvamos al ejemplo de las prácticas de tiro. Empezamos con lo básico: respiración, agarre, postura. Luego practicamos el tiro en seco, más adelante con fuego real, incrementando la distancia al objetivo. A continuación, añadimos objetivos en movimiento, y luego éramos nosotros quienes nos movíamos mientras el objetivo se movía también para simular un tiroteo real. La variedad siempre estaba presente en las habilidades para llegar a formar parte de los SEAL.

La variedad también significa cambiar las condiciones en las que te entrenas. Un ejemplo sería aprender a disparar a primera hora de la mañana, cuando el sol está bajo; en pleno día, cuando hace calor; cuando llueve a cántaros; y en geografías y climas diversos. Se trata de cambiar la situación en la que aplicas tus habilidades, de modo que las condiciones disten mucho de ser las ideales. ¿Qué ocurre al emplear tus habilidades verticales cuando todo se desmorona a tu alrededor? Es entonces cuando cobras buenos dividendos.

Otro modo de experimentar la variedad como líder es no liderar. Buscar activamente situaciones en las cuales puedas dar un paso atrás y ser un seguidor. La mayoría de nosotros estamos concentrados en ser líderes, pero ser seguidores es igual de valioso. Líderes y seguidores son el yin y el yang de un equipo. Sí, eres un líder de líderes, pero esto puede significar un montón de líderes esforzándose por tomar el mando. En los equipos de élite, todo el mundo es líder y seguidor, y los roles cambian con frecuencia y sin interrupción.

Esfuérzate en ser liderado tan a menudo como lideras.

Si no hay seguidores, no hay nadie que lidere. Ser un buen seguidor implica dejar el ego a un lado constantemente y dejar de empeñarte en tener razón o tomar el mando. Dejarás de juzgar la efectividad del liderazgo de otros, porque no querrás que lo hagan contigo. En lugar de eso, cada ocasión de liderazgo, esté quien esté al mando, se convierte en una oportunidad para mejorar la eficacia del equipo entero. Ser buen compañero de equipo mejorará también tus habilidades como mentor y entrenador. Este enfoque dual líder-seguidor para tus roles contribuye a observar todas las perspectivas; un atributo del liderazgo de la quinta meseta.

Los equipos que asumen la variedad crecen más deprisa juntos. El equipo puede facilitar el crecimiento introduciendo más retos y variedad en su trabajo, tanto si es en el aprendizaje de nuevas habilidades como adquiriendo roles adicionales o nuevos, o introduciendo entrenamiento físico, meditación y ejercicios de respiración, y expertos externos.

Mentores

En mi época de auditor público de cuentas en Nueva York, antes de unirme a los SEAL, no tenía absolutamente ningún mentor profesional. Me sentía perdido y vergonzosamente incompetente. Entonces conocí al maestro zen Tadashi Nakamura en Seido Karate, en la calle Veintitrés. Su orientación no perseguía hacer mejor las cosas. Más bien empezó enseñándome cómo ser mejor persona. Mediante mi formación zen, me dejó entrever mis propios patrones de senderos marcados. Fue mediante aquellas experiencias, y poniéndome a prueba con una variedad de nuevas prácticas de entrenamiento, como fui capaz de concebir la posibilidad de convertirme en un oficial de las SEAL.

Este es el poder de un buen mentor.

Un mentor es alguien que ha recorrido antes el mismo trayecto que tú. Estas personas ofrecen orientación ante una necesidad personal o profesional, y sin esperar nada a cambio.

Sin embargo, he aprendido que se necesita un equipo de mentores. Cuando me uní a los SEAL, encontré a un compañero mentor en el Equipo SEAL Tres llamado Mark Crampton. Era nuestro suboficial y se convirtió en un amigo íntimo. Mark me enseñó a ser un buen líder: cómo cuidar de la tropa, cómo ser auténtico y accesible, y cómo tener siempre su apoyo. Era un gran compañero mentor.

Mientras tenía a Mark como mentor, también tuve de mentor al capitán McRaven. Era mi jefe, pero nuestras interacciones hicieron de él un mentor para mí. Consideraba que hacer de mentor de jóvenes oficiales era un aspecto importante de su trabajo. Era un gran ejemplo de jefe mentor.

Jerry Peterson, que desarrolló y dirigió el curso de 300 horas en el que me convertí en instructor en el combate cuerpo a cuerpo, me enseñó a luchar con eficacia, y también fue mi mentor para desarrollar una actitud ofensiva y una espontaneidad intuitiva. Jerry fue un gran ejemplo como profesor mentor.

Cuando dejé los SEAL y abrí la Coronado Brewing Company, me encontré de nuevo sin mentores; eso significaba que estaba a punto de experimentar de nuevo aquella vergonzosa incompetencia. Cada vez que he intentado «ponerme por mi cuenta» sin mentores, pensando que lo tenía todo claro, me he llevado una buena lección. Supe de organizaciones de mentores profesionales como la Young Presidents' Organization (YPO) y la Entrepreneurs' Organization (EO). Conseguí un equipo de mentores mediante la experiencia de sus foros, donde me encontraba una vez al mes con ocho personas fuertemente comprometidas en prestarse apoyo mutuo. Cuando CBC se convirtió en un caos, aquel equipo me proporcionó el espejo que me ayudaba a ver las cosas con más claridad y me permitió tomar mejores decisiones y desenvolverme en aquel desorden.

Pude contrastar aquellas experiencias, tanto antes como después de los SEAL, y me di cuenta de lo importante que es para el crecimiento la orientación mediante mentores. Por eso me he comprometido a mantener siempre, desde entonces, un equipo de mentores. También cuento con un par de otros expertos con los que tengo contacto periódico para el coaching, tal como explico más abajo.

La relación con los mentores no es unidireccional. La persona que hace de mentora debería recibir de la relación tanto valor como el que tú recibes.

Considera la posibilidad de hacer tú también de mentor; verás que compensa mucho. Personalmente ofrezco este mismo tipo de relación sin esperar nada a cambio. Me hace sentir bien ayudar a otros tal como otros me ayudaron a mí.

Coaching

Todo líder necesita también un coach, y más de uno es buena idea. Un coach tiene las habilidades específicas para ayudarte en tu crecimiento y en el logro de tus objetivos, normalmente a cambio de una remuneración. El coaching eficaz exige dedicación en la formación, y el mundo está lleno de coaches mediocres. Al fin y al cabo, hay más de 500 programas de certificación de coaches. Los hay para el entrenamiento físico, la nutrición, el desarrollo emocional (también conocidos como terapeutas), el desarrollo del liderazgo, y para la vida misma.

Busca un coach basado en tus necesidades específicas de desarrollo. El coach puede proporcionarte un espejo hecho a medida para ti. En ese espejo puedes ver cómo apareces ahora en esa área de desarrollo y también cómo vas apareciendo en el tiempo. Te ayudará a ver cualidades que te conviene obtener, pero que aún no has incorporado plenamente, u otras que te gustaría erradicar del todo.

Un análisis concienzudo de tus cualidades sacará a la luz necesidades de desarrollo vertical —necesidades de entrenamiento para el crecimiento físico, emocional y espiritual—, así como también cualquier habilidad horizontal que te sirva para potenciar tu carrera o para cambiar. En todos los casos, te convendrá trabajar con las personas con quienes congenias, siempre que te asegures de que están cualificadas y tienen las capacidades que necesitas. Incluso aunque las hayas contratado, la relación no debe parecer transaccional. Tienes que ser auténtico con tu coach y abrirle tu corazón y tus deseos. La confidencialidad es crucial. Necesitas que se preocupen de verdad por tu desarrollo.

Puedes encontrar profesionales del coaching mediante las organizaciones que les proporcionan la titulación y las asociaciones de su ramo. Ahora bien, ¿cómo encontrar uno bueno? El mejor lugar es tu lugar de trabajo, en forma de alguien a quien respetas. Pregúntale con quién practica el coaching. También puedes hallarlo mediante organizaciones profesionales que suministran servicios de desarrollo, como Scaling up, Strategic Coach o Unbeatable Mind. He pedido a mis amigos y socios referencias sobre los mejores coaches con quienes han trabajado. También puedes hallarlos a través de profesores con quienes has hecho seminarios u otros tipos de formación, como un maestro de artes marciales o un profesor de yoga, por ejemplo.

Además de ayudarte a identificar tus necesidades para el desarrollo y de darte apoyo, los buenos profesionales del coaching te responsabilizarán de tus decisiones y te hablarán sin tapujos. Te ayudarán a elevar tu nivel más allá de lo que podrías obtener tú solo. Deberían tener en mente tu mejor interés y ser capaces de ver la mejor versión de ti, incluso cuando tú no puedes verla. No viven con tu carga de creencias limitadoras y deberían poder ver tu potencial mejor que tú mismo. Es así como te ayudarán a elevar tu nivel. Cuando tropiezas o sientes que no puedes dar un paso más, tu coach te proporciona el apoyo necesario para que te levantes y continúes avanzando.

Tus coaches también deberían demostrar excelencia con sus propios actos. Si no lo hacen, cámbiate. Deberían mostrarte cómo funciona el desempeño al nivel de élite en su ámbito de experiencia, para que puedas aprender con el ejemplo. Esto te da una perspectiva que tal vez no habías tenido en cuenta. Son entrenadores y profesores al mismo tiempo.

Los líderes también tienen que hacer de coach de sus equipos. Esa es la razón por la que el coaching es una herramienta valiosa para un líder y que, por tanto, vale la pena que desarrolles. Las siete habilidades que enseñamos a nuestros coaches en Unbeatable Mind son las que citaré a continuación. Fíjate en lo valiosas que son para cualquier líder.

1. Control de la atención

2. Asunción del compromiso

3. Profundidad de las preguntas

4. Generación de conciencia

5. Comunicación directa

6. Diseño y puesta en práctica de las acciones

7. Gestión del progreso

Aventuras épicas

En 2019, un miembro de la Entrepreneurs' Organization (EO), Sheldon Wolitski, me invitó a participar en su foro de discusión. Sheldon es el fundador y CEO de una gran empresa de selección de personal, y yo tenía mucho interés en ver cómo usa sus principios de crecimiento.

Cada año organiza una aventura épica para sus compañeros de equipo con mejor desempeño. Aporta varios retos de modelos de entrenamiento, por ejemplo, el SEALFIT y el método Wim Hof, para poner a prueba a su equipo con experiencias radicalmente distintas de las que encuentran en sus lugares de trabajo. Ese año llevó a cabo la actividad al aire libre en Colorado, en pleno invierno, donde comprobaron cómo los ejercicios de respiración de Wim Hof ayudan a generar el suficiente calor corporal como para mantener una buena temperatura en condiciones de frío glacial. De todos modos, aquel ejercicio no se llevaba a cabo solamente para comprobar su utilidad. Aprendían nuevas herramientas y rompían viejos patrones, ambas cosas importantes para el desarrollo vertical del carácter, tal como hemos mencionado. También compartían una experiencia única y asumían riesgos conjuntamente, lo que conduce al equipo a una gran convergencia. Tal vez pienses que estas actividades son un poco rebuscadas, pero un equipo con la actitud correcta tiene una participación explosiva en ellas.

Mientras Sheldon pone retos a su equipo para el crecimiento, él continúa el suyo propio con un equipo de mentores y coaches.

Pertenece tanto a la EO como a la Young Presidents' Organization, y está metido en un coach ejecutivo de alto nivel. Recibe mentoring informal por parte de pares y expertos con los que ha desarrollado networking. Sheldon es el vivo ejemplo de los tres aspectos tratados en este capítulo: el reto, la variedad y los mentores.

El crecimiento del Horra

En un viaje a Florencia en 2014, Sandy y yo visitamos la Galería de los Uffizi para ver las obras de artistas italianos como Rafael, Miguel Ángel y Leonardo da Vinci. Mientras caminábamos por el museo, oí una voz que me gritaba: «¡Ciborg!» (mi apodo en los SEAL). Hacía tiempo que no lo oía.

Me di la vuelta y me quedé asombrado al ver al Horra detrás de mí. Me pregunté por el porcentaje de probabilidad de toparme con él de esa manera.

Veinticuatro años después de verlo en el entrenamiento BUD/S, ahora tenía el grado más elevado de suboficial dentro de los SEAL. Su mirada era inusualmente clara y profunda. Parecía muy sereno. En nuestra breve conversación, me di cuenta de que su mente, su conciencia, su curiosidad y su intelecto habían avanzado; era más agudo. Conversamos sobre arte, sobre la situación de los SEAL y sobre muchos acontecimientos del momento. Al término de la conversación, nos despedimos y nos fuimos cada uno por su lado.

No lo he vuelto a ver desde entonces, pero pienso en él a menudo.

Me recuerdo allí, de pie, asombrado por unos instantes por el contraste entre el Horra que había conocido en los entrenamientos de los SEAL, el zombi a quien había visto a punto de quedarse fuera de la Semana Infernal y el hombre con quien acababa de hablar. Estaba en una forma extraordinaria, y su apariencia física contradecía su edad. Desde el despertar en aquella furgoneta médica, mediante los viajes por el mundo enfrentándose a retos, la variedad y la mentoría de élite de los Navy SEAL, había experimentado un desarrollo vertical acelerado del tipo por el que abogo.

Había crecido hasta convertirse en un líder auténtico, integrado y centrado en el mundo; proyectaba una excelencia total. Verlo era fuente de inspiración.

La excelencia es el próximo compromiso para líderes y equipos de élite. Hablaremos de cómo la curiosidad, la innovación y la simplicidad contribuyen a desarrollar y desplegar un nuevo nivel de excelencia cada día.

MALODL: Ejercicio 5
RETO, VARIEDAD Y MENTORES

Toma tu diario y prepara tu mente igual que en los ejercicios anteriores. Cuando estés preparado, responde las preguntas siguientes y reflexiona sobre cómo cerrar los espacios vacíos:

¿Qué retos te pones que te generen inquietud?

¿Hay variedad en tu vida personal y profesional? ¿Cómo puedes añadir más?

¿Tienes un mentor o equipo de mentores en quienes confías? ¿Personas que te ayudan a orientar tu carrera?

¿Hay alguna laguna de conocimiento que puedas contribuir a cerrar con tu mentor?

¿Tienes alguna laguna en tu rendimiento? ¿Sería beneficiosa la intervención de algún coach en rendimiento o liderazgo?

¿Cómo estás de forma física? ¿Te iría bien un coach especializado en forma física? ¿Y uno en nutrición?

¿Quién te presta apoyo en tu desarrollo emocional? ¿Tienes un coach emocional o un terapeuta para que te oriente cuando te enfrentes al lobo del miedo?

¿Cómo va tu espiritualidad y cómo estás de alineado con tus metas en la vida? ¿Te convendría un coach espiritual o vivencial?

Condensa todo esto en un plan factible y comprométete a buscar un nuevo mentor o coach.

5.º
PRINCIPIO DE LIDERAZGO

Compromiso con la excelencia
¿Miedo a ser especial? ¡Supéralo!

Hoy día, la mayoría de la gente en los Estados Unidos ha oído hablar del Equipo SEAL Seis. Hay libros y programas de televisión sobre aquella unidad legendaria, pero oficialmente disuelta. En la vida real no fue así: le cambiaron el nombre, pero la unidad permanece. Es especial porque fue y sigue siendo una demostración absolutamente única y especial de excelencia dentro de una organización más grande que se distingue por su excelencia. En mi opinión, creo que la marina debería admitir que no engaña a nadie y devolverle el nombre de Equipo SEAL Seis. La historia de cómo se llegó a formar aquel equipo extraordinario, y de los hombres que hay detrás de ello, enmarca el principio que exploraremos en este capítulo.

Los Equipos SEAL fueron creados por una orden ejecutiva formalizada por John F. Kennedy en 1962. La orden creó el Equipo SEAL Uno, con base en Coronado, California, y el Dos, en Little Creek, Virginia. La demanda nació a partir de la naturaleza no convencional de la guerra de poder que se estaba produciendo entre los Estados Unidos y la Unión Soviética. Los Estados Unidos temían que se creara un efecto dominó y que regímenes cercanos a nuestra esfera se alinearan con los soviéticos. Aquel temor llegó a su punto crítico con la crisis de los misiles en Cuba, en la que los SEAL intervinieron.

Ambos equipos SEAL se formaron a partir de los legendarios Equipos de Demolición Submarina (UDT). Eran unidades que habían intervenido valerosamente en la Segunda Guerra Mundial, en la guerra de Corea, en innumerables operaciones secretas de inteligencia contra los soviéticos e incluso en las misiones espaciales Géminis y Apolo. Un día, un pequeño contingente de los UDT se presentó y recibió nuevas órdenes. Al día siguiente estaban formando parte del nuevo y flamante Equipo SEAL, como por arte de magia. Los dos equipos fueron a buscar nuevas tácticas de entrenamiento, nuevos procedimientos y el armamento conveniente para su nueva misión. El objetivo era ser muy creativos, porque la naturaleza de la guerra cambiaba con rapidez.

Desde el principio, los SEAL han sido un grupo reservado. No se sienten cómodos con la publicidad que les cae encima con sus éxitos (y fracasos) recientemente. No es nada fácil borrar este tipo de cosas de la opinión pública una vez han aparecido. Escribí mucho sobre la historia de los SEAL cuando arranqué NavySEALs.com en 1997. Tras adquirir el dominio por 35 dólares, monté el sitio web, que no tardó en convertirse en una fuente extraoficial de reclutamiento y en un archivo histórico. Esta misión la cumple hoy extraordinariamente bien el Navy SEAL Museum and Foundation.

La comunidad en servicio activo no estuvo muy entusiasmada con NavySEALs.com. Preferían quedar fuera de la vista del público, y ese nuevo dominio de internet era un problema. A mi parecer, alguien iba a hacerlo, y era mejor que fuera un SEAL. Tenía razón, y ahora hay muchos sitios web SEAL en manos de personas que nunca han estado en el ejército y que a veces ni siquiera son de los Estados Unidos (ya has leído cómo contribuí a que se creara uno de ellos sin saberlo). La marina investigó de qué manera podía arrebatármelo, a pesar de que otros dominios militares de gran importancia, como Army.com, también eran propiedad de civiles por aquel entonces. Me ofrecí a vendérselo directamente a ellos, pero lo rechazaron, y en cambio se opusieron a mis intentos de registrar la marca del sitio. Al final me cansé de no sacar nada de dinero de aquello y me puse a entrenar candidatos a operaciones especiales mediante SEALFIT. La marina me dejó en paz.

En el foro de Navy SEALS.com me encontré metido en ridículas discusiones con tipos muy pesados que creían tener una exclusiva.

Los tres asuntos que aparecían con más frecuencia eran:

1. Todo lo que tuviera que ver con el Equipo SEAL Seis.

2. Si Jesse Ventura era un impostor y si los UDT eran SEAL.

3. Auténticos impostores que decían ser SEAL.

Déjame decir públicamente que, mientras que a los que se hacen pasar por SEAL, sin serlo, deberían multarlos o meterlos en la cárcel, Jesse Ventura no es ningún impostor. Era de los UDT, y los SEAL consideran que los UDT son SEAL, de modo que Jesse era un SEAL. Y el Equipo SEAL Seis era, y es, la unidad de operaciones especiales más fantástica que ha existido jamás.

Muy bien, ya basta. Y ahora, ¿por dónde iba?

Ah, sí. Cuando se formaron los SEAL, en 1962, había menos de 200 pioneros, huesos duros de roer. Uno de ellos era un tipo feroz llamado Richard Marcinko, en el Equipo Uno. Se convirtió en la cara visible de la nueva fuerza cuando su imagen apareció en el *Navy Times*, la primera historia pública sobre la nueva unidad secreta. En la foto aparecía en la selva, con el rostro pintado de camuflaje y la cabeza cubierta con una gorra con rayas atigradas. El título del artículo llamaba la atención: «El hombre del rostro verde».

En la foto, Marcinko tenía la cara pintada de verde camuflaje y presentaba un aspecto terrorífico. Lo apodaban Demo Dick por su considerable talento a la hora de demoler todo lo que encontraba. Era respetado entre sus compañeros de equipo como uno de los soldados más eficaces de la guerra de Vietnam. Ese era su terreno, donde dominaba su arte y hallaba maneras innovadoras de destruir al enemigo.

La misión de los nuevos y relucientes SEAL en Vietnam era interrumpir las líneas de suministro y desmantelar la iniciativa del Viet Cong. Los equipos operaban en pequeñas patrullas de cuatro, seis y ocho miembros, y únicamente de noche. Desarrollaron métodos no convencionales para infiltrarse en territorio enemigo sin ser vistos. Sus herramientas eran la rapidez de movimientos, las emboscadas, el silencio total, el camuflaje, el subterfugio y el engaño. Se deshacían de los equipos que les habían suministrado, y obtenían o modificaban equipamiento y armamento para trabajar en el entorno húmedo de la selva.

El Viet Cong sabía de Demo Dick. Estaban aterrorizados con aquella nueva amenaza fantasma, hasta el punto de que pusieron precio a su cabeza. Llamaban a los SEAL los Diablos de cara verde (tal vez estaban suscritos al *New York Times*). Los miembros del Viet Cong que tenían la mala suerte de toparse con aquella fuerza de la naturaleza contaban historias de diablos que aparecían de la nada para destruir unidades enteras, y luego desaparecían en la oscuridad. Así eran los SEAL de furtivos, sorpresivos y silenciosos en sus eficaces ataques. Marcinko había encontrado su vocación y había construido su primer equipo de élite: el Equipo SEAL Uno.

Después de Vietnam, Marcinko fue a la universidad y obtuvo el grado de oficial. Pasaron los años y tuvo una carrera distinguida que lo llevó al codiciado cargo de capitán en el Equipo SEAL Dos. Mientras llevaba a cabo operaciones secretas contra los soviéticos, Marcinko también observó con preocupación el alza de la amenaza terrorista.

Los miembros de su Equipo SEAL Dos visitaban todo tipo de unidades y bases militares alrededor del mundo. En sus viajes, se fijó en que parecían cada vez más relajados en lo referente a la gestión de la seguridad de activos estratégicos. La idea de excelencia que tenían otros no encajaba con la suya, y llegó a la conclusión de que existía un riesgo de actos terroristas contra el ejército de los Estados Unidos, tanto en territorio nacional como en el extranjero.

Los SEAL son capaces de penetrar furtivamente en las defensas mejor diseñadas. Dedujeron que un enemigo determinado podría ser capaz de hacer lo mismo que nosotros. Marcinko decidió contraatacar aquella amenaza: en concreto, desplegar sus tácticas ofensivas para mejorar la defensa de la marina de los Estados Unidos y de todo el ejército en general.

Se organizó un Equipo Dos, equipo rojo, para poner a prueba la seguridad de las instalaciones militares. Al fin y al cabo, la mejor defensa es un buen ataque y, una vez salieran a la luz los fallos de seguridad, los militares se pondrían a la obra de buen grado.

Era una visión utópica.

El pequeño equipo de Marcinko se introdujo en una variedad de bases y activos, a menudo sin contar con la cooperación o el conocimiento de los mandos locales, aunque el Departamento de Defensa estaba totalmente al corriente de aquellos ejercicios. Los ataques enemigos con éxito contra activos estadounidenses tanto en el extranjero como en el propio país demostraron que su iniciativa había sido profética, aunque avanzada a su tiempo.

Marcinko estaba comprometido con la excelencia, pero la burocracia estaba comprometida con la preservación del *statu quo*. Fue criticado por emplear tácticas no convencionales, a pesar de que había explicitado que esos eran los métodos para obtener el resultado. Por ejemplo, sus hombres se vestían como miembros de las fuerzas de seguridad de la base y socializaban fácilmente con los miembros de esas fuerzas en los barcos, y de ese modo entraban en ellos. A veces organizaban distracciones y accedían vestidos de agentes de policía o bomberos. Falsificaban documentos de identidad para utilizarlos si los interceptaban después de haber entrado. Marcinko enviaba a sus hombres a «secuestrar» altos mandos delante de las propias narices de sus fuerzas de seguridad.

No hace falta decir que Demo Dick molestó a un montón de gente.

No obstante, eso no detuvo a su equipo, porque, a medida que descubrían fallos flagrantes en las fuerzas de seguridad, estaban demostrando de lo que eran verdaderamente capaces como equipo. Era un modo de mantener al equipo despierto durante la Guerra Fría, cuando las operaciones en el mundo real eran escasas. «¿Por qué no practicar con nuestras propias fuerzas?», pensaban. Este paradigma continúa a día de hoy: los tipos buenos de los equipos azul y verde están sistemáticamente preparados para enfrentarse a los malos del equipo rojo en un combate simulado.

Marcinko tenía una enorme curiosidad por conocer técnicas y tecnologías que su equipo pudiera desarrollar para su trabajo.

Los impulsaba a adaptarse siempre y a improvisar para hacer mejor las cosas. Nunca estaba satisfecho con cómo eran las cosas en un momento dado, su equipo procuraba responder la pregunta de qué más exigiría la siguiente operación, la siguiente guerra. Mientras los demás equipos continuaban entrenando las tácticas de la época de Vietnam, él y su gente investigaban el trabajo de otras fuerzas de operaciones especiales, tanto las de los Estados Unidos como las de sus aliados y, además, las de sus enemigos. Ponían a prueba sus nuevas herramientas y los métodos de introducción y extracción.

Marcinko era un innovador impenitente, rasgo que es sello distintivo de excelencia.

La iniciativa del Equipo Rojo tuvo tal éxito —y dio tanto que hablar, aunque despertó gran polémica— que dejó de ser adecuada para el Equipo SEAL Dos. Empezaba a exigir su propia estructura de mando, de modo que Demo Dick hizo presión para tener su propio equipo rojo de seis miembros, apodado Mob Seis, con el fin de que este se separase y formase el núcleo de una nueva unidad de misiones especiales. No dista mucho de una empresa emergente creada a partir de una empresa más grande. El precedente había sido la creación de los SEAL desde el UDT. Marcinko no quería crear un nuevo cuerpo de operaciones especiales en la marina, sino una unidad especial dentro de los SEAL, con el objeto de llevar a un nuevo nivel lo que habían creado hasta entonces.

Vio el futuro… y estaba decidido a crearlo.

Tal como cuenta en sus memorias, tituladas *Rogue Warrior*, Marcinko pudo recurrir a varios contactos para que les otorgasen fondos de un avión que la marina iba a comprar y utilizarlos, en cambio, para formar su nuevo equipo. De este modo, el Mob Seis se convirtió en el Equipo SEAL Seis, con Marcinko como capitán de fragata.

El Equipo SEAL Seis quería ser el mejor y reclutar solo a los mejores entre los mejores.

El nuevo equipo tenía una misión importante: contraatacar al terrorismo y la proliferación de armas de destrucción masiva. Marcinko se deshizo de su antiguo manual y desarrolló un riguroso proceso de selección para las nuevas incorporaciones. No podías conseguir que te asignaran así como así al equipo, cosa que exasperaba a los trepadores que se imaginaban sirviendo allí. Marcinko quería elegir a los miembros personalmente en función de su talento y que entonces pasaran otros seis meses de entrenamiento en el llamado Equipo Verde. Nuevas incorporaciones, que habían pasado ya cinco años o más en el SEAL, aún no tenían la mentalidad que se necesitaba para aquel nuevo equipo. No todos los SEAL consiguen triunfar en el Equipo Verde.

Demo Dick se dio cuenta de que la tecnología estaba empequeñeciendo el mundo. Sus hombres necesitaban nuevos modos de clandestinidad para meterse en los países enemigos. Tendrían que ser aún más astutos. Mantuvieron la tradición de los pioneros de los Equipos SEAL Uno y Dos e inventaron procedimientos operativos estándar para un tipo de guerra nuevo.

El equipo desarrolló todo tipo de innovaciones durante aquel período, tácticas que ahora son comunes a todas las fuerzas de operaciones especiales. Un ejemplo es la táctica paracaidista gran altitud, alta apertura que se emplea para penetrar en lugares de difícil acceso. Camuflaban un avión militar para que pareciese de una línea aérea comercial y saltaban desde la altitud de crucero, 11.000 metros. Efectuar aquel tipo de salto implicaba que los SEAL desplegasen el paracaídas a esa misma altitud y volasen por un recorrido establecido, lo que significaba a cualquier lugar hasta 100 kilómetros en territorio enemigo, antes de tocar tierra. Lo hacían así porque los radares pueden detectar la estructura metálica de un avión, pero no a un paracaidista.

Los SEAL de élite también aprendieron a conducir, volar y navegar con prácticamente cualquier cosa que tuviese un motor. Se convirtieron en pilotos, manejaban trineos submarinos, hacían volar drones con control remoto y pilotaban barcos e incluso maquinaria de construcción de grandes dimensiones. Aprendieron por su cuenta a utilizar todo tipo de equipamiento con el fin de que, si alguna vez accedían a instalaciones enemigas, pudiesen utilizar cualquier material disponible, de modo parecido a las disparatadas soluciones de la serie de televisión *MacGyver*. De hecho, el personaje de MacGyver está basado en Marcinko: un individuo capaz de hacer de todo con goma de mascar, cinta americana y una navaja suiza.

El auténtico enemigo ataca

Mientras los éxitos de Marcinko se hacían legendarios de nuevo, sus enemigos internos afilaban las espadas.

Los innovadores irritan a los protectores del marco establecido de la segunda meseta. Ponen en jaque la visión del mundo de los protectores, y eso hace que estos redoblen los esfuerzos para proteger su territorio. Los conformistas suelen confundir la excelencia con el elitismo, y los guardianes del poder establecido bloquean la entrada. Temen a la innovación.

A Marcinko no le daba miedo ser excepcional. Quería romper el marco establecido.

Necesitaba la última tecnología disponible cuanto antes. No podía redactar propuestas que un sistema de abastecimiento corrupto desarrollaría ocho años más tarde. Para entonces ya sería completamente inútil. Por ejemplo, los SEAL pidieron un sumergible capaz de operaciones más largas que el SDV de la época. El contrato para construir lo que iba a llamarse ASDS o Advanced SEAL Delivery System fue adjudicado a Northrop Grumman, un fabricante de aeronaves. Tiene todo el sentido. Después de una misión, las baterías estallaron y el fiasco de mil millones de dólares se dio por concluido. Marcinko quería evitar aquel tipo de barbaridades y pagó un alto coste personal por ello.

Hizo que su equipo se proveyera de material disponible en las tiendas. Sin embargo, la marina, con sus estrictos protocolos de abastecimiento, no contaba con un proceso financiero para hacerlo. La misión era crítica, de modo que Demo Dick pensó que tenía derecho a utilizar las tarjetas de crédito que le correspondían como alto mando, un método de creatividad financiera. En su cabeza era por el bien del combate, los oficinistas ya encontrarían la manera de cuadrar los números. Con ese proceder, cruzó las líneas legales burocráticas y dio a sus enemigos la munición necesaria para darle caza.

Y lo cazaron.

Marcinko fue investigado y acusado de conspiración para cometer fraude. Fue degradado y lo enviaron a la cárcel. Y ese fue, de alguna manera, el fin del Equipo SEAL Seis. Cambiaron el nombre a la unidad y pusieron al mando a un reformador para «poner orden». Los miembros del Mob Seis dejaron el servicio o fueron enviados a equipos SEAL normales para que difundieran sus conocimientos.

En prisión, Demo Dick dejó de ser el silencioso profesional que había sido. Escribió *Rogue Warrior* y luego un buen número de otros superventas. Son tremendamente entretenidos (aunque me pregunto si nuestro superhéroe no adornó unos cuantos detalles, como eso de que todos los miembros de su equipo podían levantar 230 kilos de pesas en press de banca). La verdad es que metes la pata una sola vez y te cargas mil acciones bien hechas.

Creo que ese soldado no está suficientemente bien valorado hoy día en los SEAL por su contribución a la comunidad y al país. Su legado, en cambio, sí. El antiguo Equipo SEAL Seis ha producido resultados asombrosos desde que él se fue, incluyéndose operaciones célebres como el rescate del capitán Richard Phillips y la ejecución de Osama bin Laden. La cultura que Demo Dick impulsó, con su intenso foco en la curiosidad, la innovación y la simplicidad, no ha dejado de crecer desde aquellos inicios desfavorables. El equipo pugna en pos de la excelencia cada maldito día. Veamos cómo lo hacen.

Curiosidad

Tal como he dicho en el caso de Demo Dick, la excelencia se origina en una profunda curiosidad que conduce a uno a poner a prueba continuamente el marco establecido. Los líderes que porfían en pos de la excelencia son exactamente opuestos a los que están mentalmente organizados para proteger o sacar provecho de ese marco establecido. En el Equipo SEAL Seis siempre hay fricción entre los protectores y los curiosos. Eso no significa que los protectores sean malos. Al fin y al cabo, la curiosidad puede provocar fuegos incontrolados si no va aparejada con la disciplina y la gestión del riesgo. Esos fuegos incontrolados lo abrasan todo a su paso si no se les pone freno. Reinarían la irresponsabilidad y la anarquía. La línea entre la innovación y la insensatez era lo que preocupaba a McRaven cuando estaba al mando. La excelencia se genera al calor de la fricción que causan estos dos tipos de individuos; como cuando se hace un fuego controlado para renovar un bosque.

Este equilibrio es necesario. De hecho, si no se mantiene y la curiosidad se agarrota, el negocio se estancará. La creatividad debe promoverse, pero, igual que ocurre al reparar un avión en vuelo, tienes que hacer que las cosas continúen funcionando mientras los curiosos juguetean.

Las personas con curiosidad nunca estarán satisfechas y siempre formularán versiones de cuatro preguntas clave:

- ¿Por qué se hace esto de esta manera?
- ¿Qué debería hacerse en lugar de esto?
- ¿Cómo podemos hacerlo mejor?
- ¿Quién es la persona o el equipo ideal para hacerlo?

El porqué es la intención, el qué es la estrategia, el cómo son las tácticas que hay que emplear, y el quiénes son las personas encargadas de hacerlo. Ser una persona curiosa significa plantearse esas cuatro preguntas siempre respecto a todo lo que es importante o necesita mejorar.

Es perfectamente posible, sobre todo si ha pasado mucho tiempo, que, cuando se trate de responder por qué algo se hace de una manera determinada, la gente haya olvidado el motivo. El porqué ya no es relevante. ¿Qué hay que hacer en ese caso? A veces, nada. Otras veces, algo. A menudo, lo que hoy se hace está basado en un porqué antiguo y no es lo que se necesita hacer para el nuevo porqué. Muchos equipos se pierden cuando cambia su porqué, pero no el cómo ni el quién.

Las personas curiosas tampoco quedan satisfechas con sus logros de ayer. Raramente bajan la guardia, porque en la búsqueda de la excelencia no hay vacaciones para la innovación. Los equipos de élite no se duermen en los laureles tras obtener un gran éxito. Disfrutarán de una breve celebración, aprenderán de la experiencia y, acto seguido, se pondrán en marcha hacia la siguiente misión. Mi cartel favorito en la pista de entrenamiento de los SEAL (llamada la trituradora, porque es donde tu carácter queda triturado para ser rehecho) dice: «El único día fácil fue ayer».

Ayer fue increíble. ¡Fantástico! Ahora déjalo atrás y ponte a trabajar.

Sigue adelante, porque hoy es otro día. La actitud más común es pasar días y días celebrando las victorias e incluso resistirse a volver al trabajo con intensidad, porque… ¿cómo podría ir todavía mejor? Se tuvo que trabajar mucho para conseguir ese logro, de modo que seguro que un descanso estará más que merecido. La excelencia significa luchar siempre, siempre, para el siguiente gran objetivo; crecer siempre y explorar siempre.

Las personas curiosas estudian el pasado buscando rastros de aprendizajes no utilizados. Este es un método muy poderoso para mejorar en conocimientos. Marcinko era profundamente consciente de que lo que había triunfado en Vietnam no funcionaría igual contra los terroristas. Eso no significa que arrojase a la basura las antiguas tácticas en su totalidad. Al contrario, lo que hizo fue empeñarse en mejorarlas con nuevas tecnologías y procedimientos de operaciones especiales.

Hay un aforismo quc suele atribuirse a Mark Twain y que es aplicable a este caso: «La historia no se repite, pero rima». La persona curiosa asume esta noción y la incorpora. No pretendas tener todas las respuestas. Observa el pasado para ver cómo se hizo algo determinado y luego aplica un contexto moderno (equipamiento moderno y pensamiento moderno) y comprueba qué resultado da.

No hace falta que inventes siempre la rueda. En ocasiones es mejor añadir o quitar para cambiar el diseño.

Durante el cambio de siglo, la empresa de mi bisabuelo fabricaba ruedas acolchadas con tela, que eran ruedas metálicas forradas de tela por la parte exterior. Recibían violentas sacudidas, pero el forro absorbía parte del impacto. Una rueda metálica acababa rompiéndose, pero una con tela podía durar décadas. Henry Ford era cliente suyo, y las utilizó para sus primeros automóviles. Iban muy bien para trayectos llenos de baches.

Los científicos de DuPont aparecieron cargados de curiosidad y cambiaron la tela por goma. Cuando Ford compró los neumáticos de DuPont, benefició a los propietarios de coches, pero perjudicó a Divine Brothers. Es asombroso, ruedas acolchadas con tela de comienzos del siglo XX se siguen usando hoy día en algunos ascensores Otis. Ciertas cosas están hechas para durar.

Innovación

La curiosidad está relacionada con la exploración y la ampliación de las propias perspectivas, y la innovación trata del uso de nuevas perspectivas para emprender acciones decididas y crear algo nuevo. Esto significa ampliar tu visión sobre lo que es posible y tener la valentía de usar ese conocimiento. En este sentido, el conocimiento es una actitud: desear el cambio y hacer cosas de una manera distinta. No es asumir que ya lo sabes todo, o que tus técnicas, herramientas y procedimientos siempre funcionarán.

La innovación sucede de manera natural con todas las personas que no pueden evitar juguetear con las cosas. Una persona innovadora piensa: «Creo que voy a desmontar esto y montarlo mejor». Combina lo viejo con lo nuevo mediante el arte de la emulación, la adición y la sustracción.

Por ejemplo, los SEAL emulaban a los antiguos espartanos, pero modificaban ciertos elementos. No en el sentido de emplear armaduras, espadas y lanzas mientras el enemigo te dispara con un rifle de precisión. Lo que sí empleaban era métodos de entrenamiento y filosofías, por ejemplo, la lucha libre para entrenar la valentía y comprender el miedo, las técnicas de respiración para desarrollar el control de la respuesta al estrés (correr 800 metros con todo el equipamiento de guerra, con un sorbo de agua), y marchas de larga distancia cargando un gran peso para desarrollar la resistencia. Estos métodos de entrenamiento no los inventaron los SEAL, sino que fueron adaptaciones de los que utilizaban los guerreros antiguos.

Los SEAL también incorporan ideas de la industria civil que pueden mejorar el modo de enfrentarse al enemigo. Hay ejemplos como la adquisición de la tecnología disponible en el mercado utilizada para la visión nocturna y de linternas de gran potencia para cegar al enemigo al entrar en espacios oscuros. Los SEAL aprendieron los matices de la escalada en roca de los escaladores pioneros como Mark Twight. Adoptaron innovaciones del buceo comercial de leyendas como Jacques Cousteau. Entre las otras grandes ideas que incorporaron están el salto con traje aéreo, los vehículos submarinos de control remoto (ROV), las motos de agua y los *buggies* para recorrer dunas. Cuando los SEAL no podían comprar algo que necesitaban, lo pedían prestado o lo construían ellos mismos. El sector entero de las mochilas tácticas lo empezó mi compañero en el Equipo SEAL Tres Mike Noel. Mike era un montador de paracaídas que fabricaba sus propias mochilas; entonces otros chicos empezaron a pedirle que las hiciera para ellos también. Pronto montó una empresa, Blackhawk, la cual obtuvo un gran éxito en el ámbito del material para deportes de aventura.

La innovación exige que intentes ver siempre las cosas desde distintos ángulos. Toma un problema y obsérvalo del derecho y del revés, o haz ingeniería inversa. Observa un reto desde su estado final y trabaja hacia atrás, o empieza por la mitad y amplíalo en ambas direcciones. Mira si puedes ponerlo bocabajo o bien, como McRaven haría, despedázalo hasta que queden separadas las partes más pequeñas que tengan sentido y entonces trabaja con ellas de manera separada y secuencial.

Pregunta siempre: ¿qué otras maneras hay de resolver este problema?

Es importante recordar que la innovación puede tener forma de revisión total o bien puede actuar de forma incremental, como en una mejora del 10 %. A menudo es ambas cosas a la vez. Buscarás un cambio total y hallarás una mejora de solo el 10 %. En otras ocasiones, tal vez andarás buscando solamente un cambio incremental y te darás cuenta de que la modificación ha sido total.

La estructura organizativa de tu empresa puede tener un gran impacto sobre el hecho de que tengas o no una cultura de innovación. Una organización centralizada y burocrática no innovará tan bien como una descentralizada y más ágil. Cuando trabajas en una empresa muy centralizada y pretendes innovar, casi siempre tienes que intentar el enfoque del 10 %, porque es demasiado difícil conseguir un cambio total en una gran organización que tenga una mentalidad rígida y presupuestos significativos en riesgo. En todo caso, depende de la naturaleza de la organización y del tipo de innovación que busques. Algunas organizaciones de grandes dimensiones han conseguido progresar creando culturas de innovación protegidas en proyectos separados del resto que escapan al control burocrático general. El gigante japonés de la electrónica Fujitsu utiliza para ello la Open Innovation Gateway, de la que hablaremos más adelante en este mismo capítulo.

Es frecuente que la innovación sea el resultado de una crisis, cuando haya una presión existencial. Twitter se estaba quedando sin dinero y necesitaba ideas nuevas. El CEO asignó a cada uno un pequeño presupuesto para que intentaran presentar algo nuevo. Uno de los ingenieros tuvo la idea de crear una plataforma de microblogueo. Parecía lo bastante buena como para ponerla en marcha, y así se hizo. Aquella innovación condujo a un cambio total en la cultura y la estructura de la compañía. Si hubieran buscado solo una solución del 10 %, probablemente ya no existirían como empresa. Evalúa si estás en una situación desesperada y necesitas innovar un segmento de mercado del todo nuevo, o si sencillamente estás intentando mejorar el funcionamiento del negocio.

Si no tienes claro el estado final, puedes perder un montón de tiempo en innovación. Tienes que implementar un modelo para filtrar ideas que no encajan. Si no lo haces, pasarás la vida entera buscando la siguiente buena idea en un agujero negro. En *Pensar como los mejores guerreros* introduje un modelo simple para ayudar a filtrar nuevos proyectos, llamado Modelo FITS *(fit, importance, timing, simplicity)*.

Toma una idea sobre innovación que estés considerando aplicar, pásala por el siguiente filtro y responde estas preguntas:

- **ENCAJE:** ¿Encaja la innovación ahora mismo en el equipo desde el punto de vista de la necesidad de la misión, las capacidades y el carácter del equipo y la energía disponible para concentrarse en ella? ¿Es aceptable el riesgo?

- **IMPORTANCIA:** ¿Cuál es la importancia de esta idea? Cuando la comparas con otras iniciativas de innovación, ¿se halla entre las tres primeras? ¿Cuál es el retorno potencial de la inversión? ¿Valen la pena el tiempo, la energía y los recursos que necesitará? ¿Cuáles serán las consecuencias si no pones en marcha el proyecto?

- **TEMPORALIDAD:** ¿Es el momento adecuado para esta innovación? A menudo nos viene a la cabeza algo atractivo, pero llegamos demasiado pronto o demasiado tarde. Puede ser demasiado tarde en el sentido de que la innovación ahora es irrelevante y se necesita otra cosa, o es demasiado temprano en el sentido de que bien la tecnología, bien tu equipo, no están preparados para desarrollarla o sacarle provecho.

- **SIMPLICIDAD:** ¿Podemos hacerlo de manera sencilla o se convertirá en otro monstruo marino de siete cabezas? Si no puedes encontrar una solución sencilla, piensa en la posibilidad de empezar otra vez desde cero.

Los equipos de élite saben que el secreto radica en el «in» de innovación. Lo que quiero decir con ello es que son conscientes de que la innovación está dentro del trabajo (*in*, en inglés), de que las mejores ideas provienen del conocimiento espontáneo, la expresión creativa, la reflexión, la contemplación e incluso la meditación. No siempre se trata solo de investigar y apuntar cosas en un papel. Hay mucho con qué jugar con la intuición.

Las personas innovadoras suelen tener un lugar especial al que van a desarrollar su pensamiento creativo. Se trata de un espacio privado, un lugar tranquilo donde pueden visualizar, cavilar, reflexionar. Puede ser que cuenten con un espacio mental al que ir (yo lo llamo «gimnasio mental»), una visualización interna donde desarrollan su trabajo creativo más profundo.

Otro método para estimular las energías creativas es cultivar la pasión por la lectura y el estudio de muchos y diversos temas. En mi caso, procuro leer un libro a la semana como mínimo. Esta práctica se sobrealimenta si, al mismo tiempo, mantienes un diario o escribes sobre temas de tu interés. Con el tiempo, este conocimiento pasa a formar parte de tu «acervo de obviedades» y se relacionará espontáneamente con otras ideas en tus sesiones creativas. Me gusta apuntar ideas cada mañana en mi diario; simplemente escribo mi monólogo interior. ¿Qué conocimientos tengo? ¿Qué puedo mejorar o crear? ¿Cómo puedo concebir que estas cosas se hagan?

Finalmente, dibujar es otro excelente catalizador para la creatividad. Tendemos a pensar de manera diferente con dibujos, los cuales, por descontado, valen más que mil palabras. Si puedes, dibuja, puede ser sorprendentemente útil. No hace falta que seas un artista; ponte a dibujar y ya está. Crea una imagen en tu mente, dibújala tan bien como sepas, luego escribe en los márgenes unas cuantas palabras o frases de detalle. Mantén un diario de la innovación. Considera la posibilidad de apuntarte a clases de dibujo para abrir tu mente creativa. Recomiendo el libro *Aprender a dibujar con el lado derecho del cerebro*, de Betty Edwards, así como los talleres basados en dicho libro. Sé Leonardo y usa esos dibujos para que el inventor que llevas dentro se exprese.

Simplicidad

Menos es más. Te conviene hacer que las cosas sean lo más sencillas posible, pero sabes que simple y fácil no son lo mismo. De hecho, lograr la simplicidad es lo contrario de fácil. Nuestros cerebros tienden a complicar las cosas. Podemos quedar encallados en nuestras propias ideas brillantes y creer que, cuantas más características, mejor. Si puedes concentrar mil palabras en un párrafo corto y claro, eso es señal de maestría. Alcanzar la simplicidad exige paciencia y práctica.

Marcinko entendía la simplicidad. Reconocía que, para disfrutar de un verdadero éxito en su mundo, tenía que estrechar el foco del equipo y especializarlo. No quería que los SEAL bajo su mando se entrenaran para hacer todo lo habido y por haber, como otros equipos hacían. Identificó un estrecho rango de habilidades que tendrían que dominar. Entonces se pusieron a entrenar sin descanso aquellas tácticas, como la introducción y la extracción desde varias plataformas, incluyendo el paracaidismo, el buceo y la movilidad. También se entrenaron para ser los mejores tiradores del mundo, especialmente en combates frente a frente.

También simplificó el ritmo operativo del equipo. En otros equipos SEAL, sus miembros se entrenaban doce meses o más, y luego los desplegaban seis meses. Eso le parecía engorroso, porque alejaba a los hombres de las familias demasiado tiempo. De modo que creó el ciclo «cuatro sí, cuatro no». Pasarían cuatro meses desplegados y luego cuatro más en modo de entrenamiento, operando desde su base en la Costa Este. Eso les proporcionaba más tiempo para estar con la familia, proseguir la formación y seguir con otros intereses, como las artes marciales. Aquel modelo contribuía a que la fuerza estuviera más sana, más equilibrada y más concentrada en el trabajo. Estaba más que avanzado a su tiempo en la comprensión de qué hacía que sus hombres fueran eficaces de cuerpo, mente y espíritu. En cualquier caso, incluso cuando estaban en casa, las unidades tenían que estar preparadas para partir en cualquier instante. Se les exigía tener el equipaje a mano y llevar siempre un víper; tenían que estar a punto para embarcarse en el helicóptero como máximo seis horas después de que el víper emitiese la señal.

EL SENTIDO DE LA VIDA ES SIMPLE

Me gustaría contarte una historia divertida sobre la simplicidad. Érase una vez un gobernante benévolo que quería saber si la vida tenía algún sentido que él no comprendiese, de modo que envió a sus sabios a estudiar todo el conocimiento del mundo, y les dio un año para cumplir aquella inmensa tarea. Al término de aquel año, volvieron triunfantes con diecisiete volúmenes que contenían todo el conocimiento de la humanidad. En aquellos volúmenes se hallaba el secreto.

El rey se sintió satisfecho, pero les dijo: «Está bien, chicos, pero la verdad es que no tengo tiempo de leerlo todo. ¿Pueden reducirlo a un solo volumen?».

Los sabios lo advirtieron de que, por supuesto, era imposible. Había demasiada sabiduría.

«Entonces, les cortaré la cabeza», respondió el rey. Al oír esto, los sabios no tardaron en decidir reducirlo a un solo volumen. El rey les dio seis meses.

Medio año más tarde, los hombres regresaron y le contaron que, tras mucho rascarse la cabeza y rechinar de dientes, habían condensado el conocimiento en un único volumen. Se lo dieron al rey, que estuvo satisfecho.

«Está muy bien. De hecho, es demasiado valioso para que solo lo conozcamos nosotros», dijo. «Los demás mandatarios del reino necesitan este conocimiento y me temo que, tal como está ahora, los superaría. ¡Hay que reducirlo a un solo capítulo!».

Los sabios se llevaron las manos a la cabeza con desesperación. El rey les recordó que sus vidas dependían del cumplimiento de aquella tarea. Esta vez les concedió tres meses para simplificar lo complejo.

Contra todo pronóstico, los hombres consiguieron de nuevo lo imposible. Pasaron el resultado al rey. Él lo aprobó y ordenó que se distribuyera entre los mandatarios del reino. Estos respondieron que la información era, efectivamente, extraordinaria, y que deseaban compartirla con las personas bajo su mando.

El rey pidió que se redujera de nuevo, esta vez a un único párrafo.

Los hombres, exhaustos, lo lograron otra vez. Los súbditos cultos del reino leyeron el párrafo y declararon en voz bien alta que todo el mundo necesitaba estar en posesión de aquel conocimiento, de modo que el rey lo hizo reducir a una sola frase.

«Ya está», proclamó al fin. «Lo han conseguido. ¡Anúncienlo a voz en grito desde lo alto de las murallas! Todo el mundo en el reino debe conocer el sentido de la vida».

¿Qué decía aquel pedazo de papel? Contengan la respiración, porque podría cambiar sus vidas.

El papel decía... Redoble de tambor, por favor... «La comida gratis no existe».

Esta historia es una manera divertida de exponer cuánto trabajo hay que aplicar para obtener simplicidad. Sin embargo, es posible, y desde luego vale la pena. Imagina la dificultad de reducir diecisiete volúmenes de texto a una sola frase. Es casi como tomar todos los botones y las características de un teléfono y condensarlas en un solo botón de inicio.

Te suena, ¿verdad?

Pregúntate: ¿Puedo describir lo que haré en un breve párrafo, o incluso en una sola frase? Si no puedes, entonces tienes mucho trabajo por delante. Determina siempre qué puedes quitar.

Para pensar con simplicidad, tienes que empezar por vivir con simplicidad. A alguien con una vida complicada le costará mucho hacerlo. Los miembros del Equipo SEAL Seis eran minimalistas. No poseían muchas cosas materiales. Estaban dispuestos a dejarlo todo atrás en cuanto los llamasen; y sucedía a menudo.

Yo también lo hice en numerosas ocasiones: agarrar mi equipaje y partir para mi siguiente aventura. Ahora, con una familia detrás, es más difícil de hacer. Cuando dejé Nueva York para unirme a los SEAL, lo único que llevaba era mi ropa a la espalda y el arma de entrenamiento en artes marciales llamada bo, una herramienta que no era muy útil en mi nuevo oficio. De hecho, cuando bajé del autobús delante de la Escuela de Candidatos a Oficiales con una vara larga en la mano, el rostro del instructor, debajo de la gorra, se iluminó como si supiera exactamente dónde podría yo metérmela. Más adelante, cuando dejé el Equipo SEAL Tres para incorporarme al Delivery Vehicle Team Uno de los SEAL en Hawái, la marina me envió todas mis pertenencias. No era gran cosa. Ya había vendido la casa y la moto, y dejé gran parte del mobiliario detrás. Mi nuevo apartamento en Hawái era tan pequeño que no había espacio ni para la mitad de lo que había mandado para allá, así que di la mayoría a los empleados de mudanzas allí mismo. Estaba practicando una regla importante de la simplicidad: ve ligero de equipaje y no te apegues a tus pertenencias. La verdad es que fue bastante liberador deshacerse de todo aquello.

Pregúntate siempre de qué puedes deshacerte, tanto de posesiones materiales como de proyectos o compromisos que has asumido. Esto liberará espacio mental para tu musculatura de la innovación. Estructura esto preguntándote qué puedes quitarte de encima para que todo sea más simple. La pregunta sirve de filtro para disponer de tiempo y energía para la innovación.

La simplicidad implica autodisciplina para evitar ladrones de tiempo y distracciones sin fin. Una de las razones por las que no voy a la oficina más de dos veces a la semana es porque me veo arrastrado a conversaciones a diestra y siniestra. No digo que tener esas discusiones sea algo negativo —tengo que estar en el terreno, tal como veremos más tarde con el principio de convergencia—, pero también es fácil ver cómo se te escapa una hora o más de tu día sin que te des cuenta. Socializar con tu equipo es importante, pero puede interponerse en tu camino cuando necesitas trabajo creativo intenso.

Se ha escrito mucho sobre la pérdida de tiempo que provoca el uso indisciplinado de dispositivos digitales y redes sociales. El libro de Cal Newport *Minimalismo digital* describe modos de eliminar el poder de estas distracciones. Saltar de una afición a otra para intentar aprovechar al máximo tu vida también puede ser un ladrón de tiempo. Ninguna dieta de moda, ninguna reciente app de entrenamiento mental o nueva técnica de respiración intensa te ayudarán a enfrentarte a tu lobo del miedo. Es mejor emplear el método de desarrollo mental que has contrastado con el tiempo y hacer el trabajo a diario hasta que te transformes a ti mismo. Ir dando tumbos como una peonza te roba energía y te distrae.

Por mucho énfasis que le ponga, no podré insistir lo suficiente en la importancia que tiene este principio. Comprométete ahora a simplificar las cosas y ten muy claro qué es importante y qué no. Cuando alcances ese nivel de claridad, cuando seas consciente de cuál es tu misión en cada momento, las cosas empezarán a funcionar. Aquí tienes unas cuantas preguntas que yo mismo uso para centrarme en mantener la simplicidad:

- Lo que estoy haciendo ahora mismo (o estoy a punto de hacer)... ¿está alineado con mi misión (o la nuestra, si estamos en equipo)?
- ¿Qué es lo más importante en que me debería centrar ahora que me conduzca hacia el cumplimiento de la misión?
- ¿Esta idea o nuevo proyecto pasa el test FITS?
- ¿Puedo decir que no a esto en favor de un sí superior?
- ¿Vale la pena este proceso para mejorar?

También utilizo la excepcional matriz de planificación de Dwight Eisenhower para asegurarme de que aquello en lo que he decidido centrarme es importante, no solo urgente. La matriz te hace analizar la urgencia y la importancia de tus tareas y proyectos. Procura centrarte solo en los que entran en las categorías 1 y 2. Delega o prescinde del resto.

LA MATRIZ DE DECISIÓN DE EISENHOWER

1. Es urgente Y es importante.

2. NO es urgente, PERO es importante.

3. Es urgente y NO es importante

4. NO es ni urgente NI importante.

ENTRENA LA CONCENTRACIÓN

Los equipos que entrenan juntos la concentración tienen mejor capacidad para simplificar radicalmente y centrarse en el camino de la excelencia. ¿Cómo es ese entrenamiento? Mi equipo practica la respiración del cuadrilátero juntos cinco minutos antes de todas y cada una de las reuniones, incluidas las que se hacen vía telemática. Esta técnica es al mismo tiempo sencilla y eficaz. La respiración del cuadrilátero cumple la doble función de proporcionar concentración y gestionar el estrés cuando te centras en el patrón respiratorio. Así, el equipo trabaja en el control de la excitación y en el control de la atención varias veces al día. Si cinco minutos te parecen demasiados, empieza con uno. No hace mucho enseñé esto al equipo directivo internacional de Walmart, que buscaba ideas innovadoras para enfrentarse a la presión constante que sufren. Es reconfortante observar que por fin las más altas esferas de las empresas se interesan por estas prácticas.

La concentración se compone de cuatro elementos, el primero de los cuales es la intención de centrarse en algo útil e importante. Esto se refiere al resultado que persigues de aquello en lo que quieres o necesitas concentrarte. Se trata de cosas que pasan el test FITS y entran en las categorías 1 y 2 de la matriz de Eisenhower. Tienes que tener claras tus intenciones para poder trabajar con concentración en la excelencia.

Controlar la atención mientras te centras en el objeto de la intención es el segundo elemento. Podemos emplear la metáfora de la conducción: si nuestra intención es el destino, el control de la atención es conducir por la carretera adecuada que nos llevará a ese destino.

Pero no basta con eso.

La tercera habilidad es desarrollar una capacidad de persistencia para no salirte de la carretera o chocar contra otro vehículo. Es fácil distraerse una y otra vez, y eso significa que no llegas rápidamente a ningún lugar. La capacidad de persistencia es tu control de crucero, tu habilidad para mantener la atención en el objeto deseado y avanzar ininterrumpidamente hacia tu destino durante largos períodos de trabajo intenso.

Finalmente, la concentración exige descansos periódicos para recuperarse y reponer fuerzas. La concentración en los objetivos más valiosos y los proyectos más innovadores es una tarea ardua; necesitas tomarte un respiro de vez en cuando. Entonces, cuando te pongas de nuevo al volante y pises a fondo el acelerador, lo harás con más energía y fuerza de voluntad.

En otras palabras, entrénate para concentrarte sin quedar agotado.

Una práctica que utilizo para recuperarme es lo que denomino «encerrar el día». Es una idea que me dio el empresario budista Geshe Michael Roach en su libro *El tallador del diamante: Buda y sus estrategias para dirigir tu negocio y tu vida*. Dibuja un círculo alrededor de los días en que tienes intención de trabajar intensamente en la concentración, en crear, escribir, planificar, así como también en recobrar fuerzas. Entonces defiende ese tiempo con ahínco, incluso trabajando en un lugar distinto de donde lo haces normalmente, por ejemplo, tu casa, un espacio de coworking o una cafetería. Personalmente, no permito llamadas telefónicas, reuniones ni otras distracciones mientras dura ese tiempo. Desconecto el teléfono y lo guardo en el fondo de la mochila.

Puedes hacerlo durante períodos cortos o largos. Yo me encerré durante semanas para trabajar en este libro en Utah y Hawái, mis lugares de retiro para escribir (y para un poco de buen descanso y relajación). Cada semana rodeo dos días de trabajo intenso y no me los salto salvo en el caso de que use esa semana para otro trabajo creativo, por ejemplo, grabar pódcast o realizar mis actividades de coaching.

Hay quien encuentra útil dedicar las primeras horas del día a su trabajo creativo. Es cosa tuya encontrar el método más conveniente para ti. Toda persona creativa que produce mucho trabajo, y bueno, tiene su manera de enfocar esto. Cal Newport trata esas costumbres creativas con detalle en *Enfócate*. El buen plan es el que te funciona. En tu empresa, ten en cuenta que los grandes espacios de trabajo abiertos pueden ocasionar pérdida de concentración. Ayuda a tu equipo a proteger su tiempo imponiendo momentos de encierro sin llamadas ni uso de redes sociales; solo silencio total para trabajar con profundidad. Los retiros de empresa son un método útil para el trabajo en profundidad si les destinas tiempo. Evalúa la posibilidad de imponer una dieta digital para permitir descansar las mentes y que profundicen más: nada de consultar el correo electrónico, los mensajes de texto y otras redes sociales salvo a la hora de la comida y al final del día.

El código Bushido

Hace ya varios años que trabajo con la empresa japonesa Fujitsu. Se trata de una compañía de 50.000 millones de dólares que trabaja en el sector de la electrónica y la ingeniería. Ha sido descrita como la IBM japonesa. La empresa es un monstruo burocrático, pero la dirección reconoce que la VUCA los empuja a ser curiosos y evolucionar. La unidad con la que he trabajado es una unidad especial de desarrollo empresarial llamada Open Innovation Gateway (OIG), situada en Silicon Valley.

Mohi Ahmed lanzó la OIG para introducir buenas prácticas emprendedoras en Fujitsu. Ahmed tenía que interesarse en cómo Fujitsu podía mejorar, cómo podía desarrollar líderes que se desenvolvieran bien en el entorno VUCA.

Existe en la cultura japonesa un sesgo cultural, un patrón del lobo del miedo, que los impulsa a no opinar para no salirse del marco establecido. Lo llaman «guardar las apariencias». Como consecuencia, las actitudes emprendedoras, que consisten en romper con el marco establecido, no acuden de manera natural. No obstante, pueden entrenarse para superar ese sesgo. Mohi reconoce que desarrollar líderes con espíritu emprendedor dentro de una cultura burocrática puede ser un gran reto. Busca líderes jóvenes en la organización que tengan ese potencial y les enseña cómo ser más curiosos e innovadores, cómo desarrollar soluciones simples a retos complejos.

Ahmed observó culturas de innovación como Google Labs, Lockheed Martin's Skunk Works, incubadoras de capital riesgo, y también los Navy SEAL. Extrajo sus buenas prácticas como base para OIG. Desarrolló el concepto de emulación, al modelar lo que había aprendido para adecuarlo a la cultura de Fujitsu.

También aprovechó el legado guerrero japonés.

Del mismo modo que los SEAL se inspiraron en los espartanos, Mohi buscó inspiración en los legendarios samuráis japoneses. La excelencia, la innovación y la simplicidad están marcadas a fuego en el código de conducta samurái, llamado Bushido. Los guerreros samuráis ponían énfasis en la mente de principiante, la cual yo mismo experimenté mediante mi propia práctica del zen. Es necesario vaciar la mente para poder aprender, en lugar de agarrarse a creencias rígidas e ideas sobre cómo hacer las cosas. Este comportamiento impulsa la flexibilidad y la curiosidad, lo cual, naturalmente, conduce a la innovación.

Ahmed hizo suyas esas ideas y las implantó en el código de conducta de OIG. Y en cuanto a la simplicidad, decidió que su organización fuese pequeña y ágil, siempre con un máximo de cuatro personas en plantilla. La visión también es sencilla y clara. Mohi presenta la visión de su unidad especial:

En Open Innovation Gateway (OIG), nos centramos en la innovación con un propósito. Denominamos este enfoque «innovación inteligente». Queremos ayudar a nuestros clientes y socios a innovar no solo más deprisa, sino de manera más inteligente. La excelencia es la clave de nuestro proceso. Esta excelencia no significa meramente hacer un buen trabajo, ni siquiera un gran trabajo. Significa ir mucho más allá de las expectativas. En nuestro equipo, la excelencia significa que el ámbito de lo que es posible ha sido ampliado. La clave de la innovación es tener una mente abierta. Parece fácil y, sin embargo, entenderlo nos puede llevar toda una vida. Ser abierto de mente exige reconocer las limitaciones de nuestro conocimiento y nuestras habilidades... pero no en el sentido negativo. Solo manteniendo la humildad podemos ver más allá de lo que creemos saber y aceptar ideas nuevas.

Mientras que abrir la mente perfora la caja en la que estamos encerrados, intentamos pensar fuera de ella. Para ello, hace falta curiosidad. La curiosidad es la fuerza motivadora detrás de toda nueva comprensión. Nos impulsa a explorar nuevos territorios, tanto literalmente como en sentido metafórico. En OIG, la curiosidad no proporciona energía. Podemos explorar nuevas ideas y crear, conjuntamente con otros, nuevas posibilidades. La curiosidad nos lleva a territorios inexplorados donde la innovación puede florecer. «Siempre me he preguntado si...», «Hay algo vagamente similar a...», «Me pregunto qué ocurriría si...». Ese es el lenguaje de la innovación.

Esta manera de pensar proporciona la chispa que enciende la innovación en OIG, pero este tipo de chispas puede apagarse con bastante facilidad.

Añadir complejidad oscurece la visión inicial de la innovación. Incorporar nuevas características, pretender serlo todo para todos y también llevar a cabo procesos corporativos bizantinos pueden matar la excelencia. Tiene que existir igualmente una motivación implacable en pos de la simplicidad.

Mantener la simplicidad es más difícil de lo que puede parecer. Por definición, cualquier nueva idea, producto, servicio, modo de pensar —incluso un nuevo compromiso— no encaja en las estructuras y procesos existentes. Esta discordancia es el motivo por el que costaba concebir antes la novedad. La discordancia es una función inevitable de la creatividad. Es habitual intentar forzar la introducción de algo nuevo en un marco preexistente. Se aplican capas y más capas de adaptaciones para que lo nuevo no se diferencie tanto de lo viejo. Este proceder oscurece la belleza y la simplicidad de lo nuevo... y a menudo lo destruye.

La simplicidad no consiste meramente en hacer que la innovación sea más fácil de llevar a cabo. Consiste en mantener la dignidad y la integridad de la innovación, en mantenerla pura y comprobable. Este punto es clave. El hecho de que algo sea nuevo no implica necesariamente que sea bueno. Tiene que comprobarse.

En OIG, prueban todas y cada una de las ideas trasladándolas a un simple prototipo. Entonces ponen el prototipo a prueba con clientes reales que podrían obtener beneficio de la idea. Las ideas podrían ayudar a los clientes de OIG a resolver problemas. Pero si la idea trasladada al prototipo queda enterrada bajo capas de complejidad, cuando la sometan a la aceptación del mercado, el retorno que obtendrán será sobre la complejidad que rodea la innovación, no la esencia simple de la idea. Para OIG, la simplicidad no es una opción, sino una exigencia para todo lo que hacen.

El logo de OIG es un círculo con caligrafía zen en el que cada trazo del círculo está relacionado con su misión. Es bastante profundo.

Mohi me incorporó para que compartiese mis ideas con su equipo de élite, pero yo me beneficié por igual con una comprensión valiosa de cómo una cultura distinta contempla la excelencia. Observé que la curiosidad y la innovación no ocurren sin simplicidad: es un principio fundamental. ¡Tenemos mucho que aprender de otras culturas!

Sobre el logo de OIG

El logo es una variación de una forma pintada mediante trazos conocida como Enso. Esta representación fue creada para Open Innovation Gateway (OIG) por Tango Matsumoto.

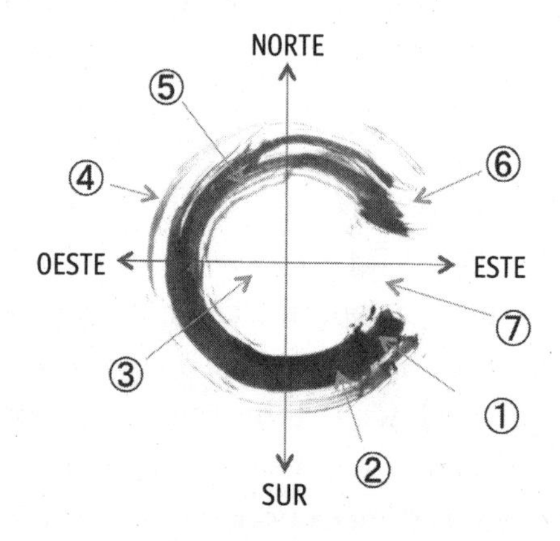

① Inicio del viaje. Empezar con confianza y optimismo.

② Púrpura noble. Aspirar a un estado mental más elevado.

③ Espacio vacío. Asumir con pureza nuevas posibilidades.

④ Muchas líneas. Comprometer a las personas en la acción unificada.

⑤ Formas variadas. Suministrar energía a la comunidad mediante no-uniformidad dinámica.

⑥ Trazo final. Abrirse a lo desconocido, del interior al exterior, del exterior al interior.

⑦ Apertura derecha. Contemplar la salida del sol; iniciar un nuevo viaje.

Nadar con tiburones

Cuando estuve en Irak con el Equipo SEAL Uno, decidí que a mi regreso a los Estados Unidos dejaría mi doctorado y mi trabajo como profesor adjunto para centrarme de modo radical en mi empresa.

Quería alejar NavySEALS.com de la venta online y orientarla hacia el entrenamiento en fortaleza mental, liderazgo y trabajo en equipo. Como consecuencia de aquella decisión, licité y gané un contrato del Gobierno para elaborar un programa de mentoring de alcance nacional para candidatos a los Navy SEAL. La marina necesitaba incrementar los efectivos de SEAL. Creían que un modo de hacerlo era mejorar la calidad de los candidatos que entraban por la puerta. Gracias a ello aumentaría más adelante el rendimiento en el BUD/S; cosa que, con el tiempo, se logró en aproximadamente el 5 %.

Mi empresa fue subcontratada por otra para diseñar, lanzar y dirigir la iniciativa. Era la conocida Naval Special Warfare Mentor Program. La diseñé y monté un plan para contratar a 36 antiguos SEAL y situarlos en los distritos de reclutamiento para que trabajasen con los candidatos a operaciones especiales. Este nuevo equipo enseguida estuvo atareado preparando a la nueva generación de Navy SEAL.

En el primer año de los cinco de duración del contrato, el equipo había excedido las expectativas del cliente final, el Navy Recruiting Command. Fue entonces cuando perdí el contrato frente a la poderosa Blackwater USA, una empresa de miles de millones de dólares, propiedad de otro Navy SEAL. Más tarde me dijo que creía que su compañía tendría que haber ganado el contrato original y que una empresa advenediza como la mía no tenía nada que hacer en las mismas aguas (infestadas de tiburones) que su Blackwater.

El mundo de los contratos de la Administración era un gran desconocido para mí, y no tardé en darme cuenta de que es despiadado. Blackwater se enfrentó a la empresa contratada afirmando que eran demasiado pequeños para aquel volumen de negocio. La empresa perdió la licitación que había ganado y yo me quedé sin contrato. Blackwater y su dirigente habían jugado bien sus influencias, y yo fui el pez chico que el tiburón se comió.

Algunos abogados pensaban que podía haber habido fraude y que yo debería emprender acciones para defenderme. Puesto que yo estaba comprometido con mi meditación y mi desarrollo emocional, empleé aquellas herramientas para que me ayudasen en mi toma de decisión. Quería evitar el tipo de pensamiento automático negativo basado en el miedo que no me había ido muy bien en el pasado. De modo que volví al banco del zen para evaluar el camino que debía seguir. Al cabo de unos cuantos días, tuve la fuerte intuición de que, a largo plazo, no me serviría de gran cosa enfrentarme a Blackwater. No solo eso, sino que debería alejarme totalmente del sector de los contratos públicos. Los aspectos negativos de aquel trabajo significaban que no era para mí. Tenía la impresión de que sería más innovador y tendría un mayor impacto en el sector comercial privado.

Tres meses después de haber perdido aquel contrato de diez millones de dólares, había cambiado la marca de mi empresa. Ahora se llamaba SEALFIT. Allí podría entrenar a candidatos a los SEAL y a otros cuerpos de operaciones especiales de una manera que nunca podría hacer bajo las restricciones burocráticas de siempre. Me centraría en desarrollar a los candidatos no solo físicamente, sino a lo largo de un espectro más amplio de liderazgo y carácter de equipo. Me propuse incorporar algunas herramientas que habían tenido un impacto enorme en mi propio desarrollo: desde el zen a las artes marciales pasando por el yoga, así como también métodos de entrenamiento para comportamiento humano, mental y emocional. Esos métodos no se enseñan formalmente en los SEAL.

Me inspiraba en innovadores como Marcinko y aprendía de mis fiascos anteriores. En la época en que lancé SEALFIT, en 2007, era capaz de poner en práctica la mayoría de los principios de los que hablo en este libro. Necesitaba utilizar todo lo que había leído y convertirme en un voraz estudiante de los mundos del potencial humano y del desarrollo, en todos sus aspectos, ya fueran físicos, mentales, emocionales, intuitivos o espirituales.

Mi primer producto fue una residencia y academia basada en el modo en que los espartanos y los monjes shaolin se habrían entrenado. Los estudiantes de operaciones especiales vivían en mi centro de entrenamiento en Encinitas, California, 30 días cada mes: una experiencia de inmersión total. Se entrenaban a diario desde las seis de la mañana hasta las diez de la noche, y a veces las 24 horas. Llevé a cabo esas actividades cuatro veces al año durante varios años, y tuvieron un éxito enorme. Los candidatos a SEAL y a otras fuerzas especiales que acudían a mis cursos aprobaban con facilidad sus programas de entrenamiento respectivos, y otras personas empezaron a fijarse en ello y a tomar buena nota. Ahora bien, personalmente empecé a quemarme, porque había otras exigencias en mi negocio que reclamaban atención. Necesitaba encontrar una manera de replicarme a mí mismo para expandir las cosas y, más importante aún, para recuperar el equilibrio en mi vida.

En otras palabras, a medida que las cosas se iban complicando, me sentí intuitivamente impulsado a simplificar de nuevo.

Eso implicaba que debía innovar para lograr un modelo de negocio sostenible y expandible: un modelo que no dependiese tanto de mí. Decidí instruir a otros entrenadores en mis métodos y certificarlos. Eso implicaba simplificar y clarificar mis enseñanzas. Ahora aquella academia enseña mediante una serie de actividades más cortas y progresivamente más exigentes que llevan a cabo entrenadores certificarlos. Estos entrenadores guían y monitorizan el progreso a medida que los alumnos continúan su desarrollo.

Debido a mi éxito entrenando a hombres y mujeres para los cuerpos de operaciones especiales, muchos empresarios y ejecutivos me pidieron acercar a sus mundos mis métodos de entrenamiento. No quise aguar mi experiencia, de modo que decidí innovar de nuevo traduciendo los principios y las herramientas para aquella nueva audiencia, y lo plasmé todo en un libro que lleva por título *Unbeatable Mind* y que se convirtió en un superventas. También lo volqué en el programa de desarrollo vertical del mismo nombre. Estaba empleando los mismos principios que Demo Dick para hacer evolucionar constantemente al equipo y simplificar la misión, todo ello con el fin de lograr desenvolverme mejor en el mundo VUCA. Diez años después de perder el contrato del Gobierno, mi negocio iba viento en popa y daba servicio no a un cliente (el Gobierno de los Estados Unidos), sino también a miles de miembros de las fuerzas de operaciones especiales, empresarios y ejecutivos, equipos deportivos y de empresa. Ha sido un ejercicio constante de innovación en el esfuerzo por lograr nuestra propia versión de la excelencia.

Ahora bien, desde luego no había terminado mi recorrido de plantarle cara al lobo. VUCA tiene su propia manera de poner a prueba las mejores ideas y los mejores modelos de negocio. Estaba a punto de aprender que la resiliencia de mi negocio estaba relacionada con la mía como líder. Veamos cómo este sexto compromiso con la resiliencia asegurará tu continuidad en los negocios y en la vida.

MALODL: Ejercicio 6
CURIOSIDAD, INNOVACIÓN Y SIMPLICIDAD

Prepárate mentalmente igual que has hecho en los ejercicios anteriores, luego empieza a planificar para mejorar tu excelencia con los siguientes ejercicios:

1. Interésate por algo nuevo que suponga un reto para tu cerebro, con el objetivo de ampliar tu musculatura creativa. Confecciona una lista de cosas que te interesa aprender o que te apasionan, y que quieres explorar (como escribir, dibujar, cantar, actuar, improvisar, etc.). Entonces pásalas por el modelo FITS para filtrarlas hasta que quede una que te encaje en este momento. A continuación, planifica cómo profundizar en esta nueva actividad: empezar una clase, encontrar un mentor, comprar un libro, etc.
2. Mantén un diario para la innovación. Empieza anotando cinco ideas nuevas cada mañana después de tu ritual matutino. Pueden ser ideas no relacionadas entre sí o pueden encajar en un concepto único en el que estás intentando innovar, hacer, evolucionar o crear. Piensa en observar el asunto desde múltiples perspectivas: de dentro afuera, hacia atrás, bocabajo, desde una dimensión totalmente distinta (por ejemplo, de la materia al fluido y al espacio, o biología frente a electrónica, etc.).
3. Simplifícalo. ¿Qué puedes quitar, eliminar, vender, donar o descargar? Empieza por lo material, luego pasa a los compromisos e incluso a las personas que te arrastran hacia abajo. Finalmente, evalúa las creencias limitativas. ¡Mira de frente al lobo del miedo y simplifica las cosas!

6.º
PRINCIPIO DE LIDERAZGO

Compromiso con la resiliencia
¿Miedo a los obstáculos? ¡Supéralo!

Marcus Luttrell nació en Houston, Texas, junto con un hermano gemelo. Ambos eran chicos aguerridos que decidieron desde temprana edad que querían formar parte de los legendarios Equipos SEAL. A los catorce años, encontraron a un mentor para que los ayudase. Cada semana, durante cuatro años, entrenaron sus cuerpos y sus mentes para convertirse en el tipo de hombre valioso para los Navy SEAL. En aquella época de dedicación y concentración, Marcus ya mostraba muchos de los aspectos de la resiliencia que se necesitan para ser miembro de un equipo. Los dos hermanos se alistaron en la marina a los dieciocho años y pronto empezaron en el BUD/S, Clase 226.

Marcus cayó al principio de un entrenamiento en la carrera de obstáculos y se fracturó el fémur. Para muchos aquello habría significado el fin, pero él persistió. Una vez tuvo el hueso curado, le permitieron empezar de nuevo con la Clase 228, de la que salió con el título nueve meses más tarde. Más de dos años de entrenamiento para ganarse el tridente.

Un día tranquilo.

El primer destino de combate para Marcus fue Irak. Mientras estuvo allí, se empapó de conocimientos y experiencia, prestaba mucha atención a lo que hacían soldados más veteranos. Para ganarse el respeto y la confianza de su equipo, trabajaba duro, con la boca cerrada y los ojos bien abiertos. Se había fijado en que la reputación es la principal divisa en los SEAL. ¿Eres un buen soldado o no? ¿Te ganas el tridente día a día? Los SEAL sabían que podías concentrarte en las habilidades operativas y tácticas y aun así seguir siendo el imbécil número uno. Por eso, los mejores líderes intentan trabajar tanto las habilidades como el carácter antes de concederte el respeto como soldado. Marcus no tardó en ganarse una sólida reputación en ambas cosas.

Cuando se le presentaba un reto, como el romperse una pierna, su respuesta era hacerse más fuerte y mejor. Este capítulo versa sobre la resiliencia, que es tu capacidad para convertirte en mejor persona «mediante» los obstáculos a los que te enfrentas en la vida, y no a pesar de ellos. Ryan Holiday insiste en que «el obstáculo es el camino» en un libro escrito por él y que lleva por título esta misma afirmación. Estoy de acuerdo con él, igual que muchos líderes de los SEAL. Los obstáculos se convierten en tu manera de hacer evolucionar el carácter y hacerte mejor persona en todos los aspectos.

Marcus Luttrell iba a enfrentarse a muchos obstáculos durante su época con los equipos. Daría buena prueba de su resiliencia una y otra vez.

En 2005 fue destinado a Afganistán como suboficial en un equipo de reconocimiento formado por cuatro miembros, en la Operación Alas Rojas. La misión consistía en identificar la ubicación de un alto mando insurgente y, a ser posible, capturarlo. Él y sus tres compañeros desembarcaron en las accidentadas montañas.

Los insurgentes se habían ocultado en una aldea situada en un valle rodeado de terreno escarpado y abrupto. Aquella era su base de operaciones, tanto si los habitantes querían como si no. Luttrell y su equipo se hallaban a cierta distancia del pueblo, patrullando a pie para instalar un puesto de observación.

La operación seguía su curso según lo previsto cuando, sin previo aviso, un par de adolescentes que pastoreaban cabras se toparon con los cuatro hombres. Los SEAL no estaban lo suficientemente cerca de los adolescentes como para capturarlos, y sabían que informarían a los insurgentes. El dilema moral era el siguiente: ¿debían matarlos para evitar que informasen de su localización, o dejarlos marchar y esperar lo mejor? Los chicos eran civiles no combatientes y desarmados, y atacar a civiles desarmados contravenía la Convención de Ginebra y los protocolos del ejército de los Estados Unidos. Sin embargo, en aquella extraña guerra ponían en posición de combate incluso a los niños, y el equipo evaluó aquella posibilidad. Habría quien pusiera en duda sus acciones si eliminaban a los dos chicos, pero muchos otros argumentarían que lo correcto era preservar la misión y sus propias vidas.

Tictac, tictac.

Mientras ponderaban el asunto, los dos muchachos dieron media vuelta y se alejaron montaña abajo saltando como machos cabríos. Los SEAL iban demasiado cargados y se encontraban fuera de su elemento, por lo que difícilmente podrían atraparlos. No había modo de detenerlos. Luttrell y su equipo los dejaron marchar.

Fue una funesta decisión.

La operación estaba en peligro. Regresaron tan rápido como pudieron al punto de extracción. El enemigo pronto los rodeó por tres flancos en plena montaña. Las ametralladoras y los lanzagranadas rugían a su alrededor. Los morteros silbaban en dirección a ellos. Estaban en una situación angustiosa. Los cuatro SEAL se enfrentaban a una fuerza muy superior en número y situada en mejores posiciones de tiro. La única ventaja con que contaban era que estaban enormemente mejor entrenados. Fue el entrenamiento lo que salvó a Luttrell.

No salvó a sus compañeros.

El responsable de la misión, el teniente Michael Murphy, intentó pedir refuerzos a la QRF pero, como el equipo estaba rodeado de montañas por todas partes, la radio no funcionaba. Tendrían que salir de allí sin ayuda. La oscuridad se cernía sobre ellos, lo que complicaba todavía más las cosas.

En un acto de desesperación, Murphy salió corriendo hacia un punto más elevado para usar su teléfono por satélite. Sabía muy bien que con esa acción quedaría directamente a la vista del enemigo. Se sacrificó para dar una oportunidad a su equipo. Lo dispararon, y los SEAL Danny Dietz y Matthew Axelon también cayeron. Las QRF ya llegaban, pero un cohete alcanzó de forma trágica al helicóptero y mató a todos sus ocupantes. La operación pasó de muy grave a un completo desastre.

Luttrell tenía la mente en desorden por la pérdida de su equipo mientras luchaba por su vida. Salió despedido de la montaña hacia el interior de un barranco, donde cayó dando tumbos. Las rocas y otros materiales estallaban en todas direcciones, y Luttrell se derrumbó inconsciente por la explosión cercana de un cohete. Cuando recuperó el conocimiento, reinaban una oscuridad total y un silencio escalofriante. Gracias a Dios, el enemigo no lo había encontrado.

Quizá daban por muertos a los cuatro y pensaban ir a buscar los cuerpos a la luz del día. Luttrell estaba herido, pero no mortalmente, de modo que se puso a recorrer la montaña con la esperanza de encontrar un lugar más acogedor.

Se encontró con un civil de la aldea pastún. La costumbre tribal dicta que, ante una persona necesitada, es imperativo protegerlo con la vida. Aquel aldeano decidió ayudar a Luttrell con gran riesgo para él mismo y para su familia. Llevó a Luttrell a la aldea y lo escondió de los insurgentes. Luego encontró el modo de avisar a las fuerzas americanas de que estaba ocultando a un soldado americano herido. Días más tarde, un destacamento de los Rangers recuperó a Luttrell, aunque aquello también acabó en un tiroteo con el mismo grupo, que en aquel momento se hallaba buscando a Luttrell puerta a puerta.

La película *El único superviviente* está basada en el relato que Luttrell hizo de aquel incidente. La noticia de que Luttrell había sido capturado llegó a Coronado varios días más tarde. Provocó una gran conmoción, porque nunca un SEAL había sido capturado. Cuando más tarde apareció con vida, se vivió un momento de auténtico alivio que interrumpió el dolor por la pérdida de los otros grandes hombres.

Luttrell luchó contra sus heridas físicas y emocionales. Los mandos quisieron retirarlo del servicio por causas médicas. Sin embargo, él se opuso firmemente, alegando que aún no había terminado. Quería estar con sus compañeros. Sería así como se recuperaría y utilizaría su innata resiliencia para seguir adelante.

Los mandos lo aceptaron y volvió al combate, esta vez con el Equipo SEAL Cinco, en la conflictiva zona de Ramadi, en Irak. Allí, Luttrell fue herido en el hígado y se fracturó la columna. Finalmente, y aun contra su voluntad, le dieron la baja médica definitiva. Si por él hubiese sido, a día de hoy seguiría en combate.

Desde entonces, Marcus ha dedicado su vida entera a honrar a los compañeros de equipo que perdió en la montaña. Escribió el libro, actuó en la película y abrió la Lone Survivor Foundation para contar su historia y dar apoyo a las familias de los héroes caídos.

En cada etapa de su recorrido, aquel resiliente guerrero respondió de modo positivo y nunca quiso abandonar, en ninguna de las circunstancias. Su actitud era la de seguir siempre hacia delante; cada vez que caía, se levantaba más fuerte que antes. Personificaba los tres rasgos característicos de la resiliencia en los que merece la pena profundizar: adaptabilidad, persistencia y aprendizaje. Vamos a repasarlos.

Adaptabilidad

El maestro zen Nakamura garabateaba en la pizarra. El chirrido de la tiza me hacía rechinar los dientes. Escribía en japonés con caracteres kanji. Antes de que le preguntásemos nada, tradujo debajo: «Cae siete veces, levántate ocho». Entonces, en su inglés defectuoso, nos dio una preciosa explicación del sentido de la frase. Lo que transmitió tenía muchos más matices que lo que las palabras solas implicaban. El asunto principal no era solo que debes levantarte después de caer, sino que lo que cuenta es lo bien que te levantes.

¿Cuántas veces has caído en la vida y no has reaccionado bien, o te has levantado con timidez, sin adaptarte rápidamente a la nueva realidad? A mí solía ocurrirme. Y es la reacción más común. Nos decimos a nosotros mismos: «¡Caray! ¿De dónde ha salido eso? ¿Por qué a mí?». Y parece que los demás se regodean con tu desgracia, encantados de verte sentado en el suelo, satisfechos de que no les haya tocado a ellos y pensando que tal vez con tu caída se hayan ahorrado la suya. O, lo más probable, a la gente le gusta verte fracasar porque así se sienten mejor con sus flaquezas.

Reaccionar negativamente al fracaso conduce a una mayor desestabilización, y eso no hace más que empeorar una situación ya delicada. A veces se tarda años en echar la vista atrás y decir que estás contento de que sucediera, que ahora ves que te hizo más fuerte y más sensato.

Está bien, pero no es así como responden las personas resilientes. Estas se enfrentan a su miedo a tropezar ante un obstáculo y se entrenan para volver a levantarse con una respuesta positiva. Igual que Luttrell, hacen de la necesidad virtud. Caen siete veces y se levantan ocho... más fuertes, mejores, más capaces, habiendo aprendido todo lo posible de la situación.

Eso se llama adaptabilidad.

ELASTICIDAD

Ahora bien, ¿cómo se hace uno adaptable? Una de las formas consiste en practicar la elasticidad, es decir, en estirarse y contraerse repetidamente. Y te recuperas muy deprisa cuando te estiras demasiado. Debes aprender a ser como una cinta elástica, has de estirarte y contraerte, pero tienes que hacerte más fuerte cada vez en lugar de más débil.

Por ejemplo, Luttrell se estiró mucho en el entrenamiento BUD/S y se hizo daño, pero se recuperó rápido y se sacó el título bastante pronto. Tuvo que volver al principio y empezar de cero, pero lo hizo, estirándose para adaptarse a su nueva realidad. La capacidad para contraerse rápidamente exige conciencia de cuán lejos puedes estirarte sin romperte para siempre. Tal como McRaven enseñó a su equipo, tienes que estirarte hacia las líneas rojas, allí donde se hallan las zonas de peligro, donde sobrepasar el estiramiento puede conducir a graves rupturas. Las personas resilientes son conscientes de esos límites y avanzan hacia ellos para explorar el territorio. Cuando algo va mal, no se hacen las víctimas. Asumen toda la responsabilidad, aprenden de sus errores y regresan al origen cuanto antes.

Siempre están indagando nuevos límites aceptables donde pueden fallar un poco, aprender de la situación y luego resituar la línea para el siguiente intento.

La práctica consiste en equilibrar el hecho de forzar y soltar, empujar y estirar, el yin y el yang. Tu mercado tira de ti en una dirección, luego los competidores en otra, y luego tu organización en una tercera. Te ves estirado de aquí y de allá en este mundo VUCA. La pregunta es: ¿puedes estirarte para aprender, caer con elegancia y regresar velozmente a la posición inicial para volver a empezar? ¿Hasta qué punto sería valioso para tu equipo y para ti mismo entrenar ese nivel de elasticidad?

La elasticidad no consiste en la persistencia a largo plazo. Es una práctica diaria para encontrar ese límite y andar sobre él ligeramente más allá de tu competencia y tu capacidad, y luego regresar muy a menudo para reequilibrarte. No se trata de que te partas con un chasquido como una cinta elástica cuando se rompe. Te estiras un poco más cada vez y, cuando te recuperas, regresas más fuerte.

MALEABILIDAD

Relacionada con la elasticidad, está la maleabilidad: la habilidad para cambiar y adquirir nuevas formas cuando los retos te disparan con fuego racheado. En los SEAL acuñamos el término *Semper Gumby*, que significa 'siempre flexible'. Era un guiño a nuestros hermanos los marines, cuyo lema es *Semper Fi*, 'siempre fieles'. Los SEAL somos un poco contraculturales en el seno del ejército y pensamos que el dúctil juguete verde de arcilla que se conoce con el nombre de Gumby era una mascota maleable. Lo que quiero decir es que lo podías doblar, estirar y contorsionar para que pareciera todo tipo de cosas, pero siempre volvía a su forma original con muy poco esfuerzo. Muchas veces, yo mismo me sentía así.

Luttrell ha luchado toda su vida, fiel en todo momento al estilo *Semper Gumby*: siempre adaptándose, transformándose y cambiando para lograr su objetivo. Un día, los SEAL estarán operando en un entorno de desierto urbano; al año siguiente, tal vez se encuentren en las gélidas montañas afganas en pleno invierno; meses más tarde, quizá se hallen en mitad del océano Índico. Tu vida y tu carrera tampoco parecen tan distintas a eso, ¿verdad?

Ser fácilmente maleable te permitirá ser como Gumby: capaz de transformarte y cambiar con rapidez.

DURABILIDAD

En el extremo opuesto del espectro se halla la durabilidad. El principio es perseverar a pesar de que las cosas se rompan. Sin duda, queremos ser difíciles de romper y podemos entrenar nuestro cuerpo y nuestra mente para ser duros, pero a veces la vida se cruza en el camino de nuestras buenas intenciones. De modo que tu equipo y tú también necesitan ser eficaces cuando algo importante se desconecta.

Puede ser que un líder clave de un proyecto o un experto en algún tema se vaya de tu empresa para incorporarse a otra, o que se ponga enfermo o que se coja la baja por maternidad o lo que sea. No puede suceder que el equipo entero se frene en seco como consecuencia de ello. Tienes que llenar ese vacío rápidamente y seguir adelante. En los SEAL doblábamos posiciones en los equipos y también material. En cualquier misión, la expectativa era que se perdiese o estropease material y, aunque nos entrenábamos a fondo para evitarlo, también estábamos preparados para continuar la misión en caso de que algún compañero sufriera heridas o cayera muerto. La durabilidad es un principio que se rige en términos de que, si tienes dos cosas, en realidad solo tienes una, y si tienes una, es como si no tuvieras ninguna. Siempre teníamos repuesto: material de repuesto, habilidades de repuesto, planes de repuesto.

Este tipo de durabilidad es clave para los equipos en las empresas en este mundo VUCA, y tiene su parte dura y su parte blanda. Tu equipo tiene que mantenerse firme ante los elementos, proyectando la fortaleza de un gran roble. Al mismo tiempo, sin embargo, te tienes que poder doblar con la suave flexibilidad de un junco, has de moverte con los vientos del cambio. El junco aguantará una fuerte tormenta, mientras que el roble puede verse arrancado de raíz.

ACTITUD

En SEALFIT entrenamos sin descanso las cuatro habilidades mencionadas anteriormente: control de la agitación mediante la respiración, control de la atención mediante la concentración, visualización y microobjetivos. Ahora bien, por mucho que practiques, si tu actitud es negativa, estás acabado. Desarrollar el control es la primera parte de la batalla, mientras que enfrentarte al miedo para alimentar tu valentía es la otra mitad. Si se permite la negatividad en un solo individuo, se destruye el rendimiento del equipo entero.

Tienes que alimentar al lobo de la valentía. La actitud es más que un tópico: es una importante herramienta del entrenamiento. La amenaza que el pensamiento negativo y la energía emocional negativa representan para ti como líder es un peligro claro y siempre presente. El equipo debe comprometerse a alimentar ese lobo de la valentía mediante el diálogo positivo y la energía emocional positiva con el fin de liberar el potencial que las fuerzas negativas retienen.

Piensa en tu equipo. ¿Tiene una actitud de «esto lo vamos a hacer» o hay un «tal vez» o un «no estoy seguro» al acecho bajo la superficie? ¿Existe una cultura optimista, positiva y de apoyo mutuo en la que los logros de cada persona son logros para todo el equipo, o hay actitudes del tipo «yo gano, tú pierdes» o «ya tengo lo que quería, tú ya te arreglarás con lo tuyo»? Tienen que enfrentarse a ese miedo a perder y a caer cuando se encuentren con obstáculos. Las victorias de tu equipo son tus victorias.

He visto debilitarse por actitudes negativas a muchos equipos que pretenden ser de alto rendimiento. Esto puede corresponder a un sesgo hipercompetitivo de la tercera meseta. El individualismo acérrimo y la competitividad continúan siendo predominantes en la cultura de los negocios en Occidente, y son actitudes negativas en muchos sentidos. Tal como habrás experimentado, basta un único individuo egocéntrico y negativo para destrozar el ánimo de un equipo. Esa manzana podrida pudrirá el cesto. Tratar con compañeros de equipo negativos es un verdadero reto. Vamos a empezar asegurándonos de que no somos nosotros las manzanas podridas, y luego examinaremos al equipo.

Una actitud negativa cultural se puede manifestar de muchas maneras. La siguiente lista no es ni mucho menos completa:

- Competición en la que al perdedor se le hace sentir como tal. La reacción es que el perdedor ha fallado o que no es suficientemente bueno. Hay que trabajar mucho para fomentar el tipo de competición que induce el crecimiento. Yo lo llamo «coopetición».

- Cualquier tipo de chismes o habladurías sobre alguien, a su espalda.

- Personas que siembran el miedo o el alarmismo y se quejan de los fallos.

- Líderes autocráticos, o líderes que dominan la cultura y la conversación.

- Se consiente que algún miembro del equipo sea negativo, lance dudas, avergüence a otros o los culpe, o que lo haga con el equipo en su conjunto.

- Lenguaje en que se utilicen expresiones como «podría», «habría», «debería», «se supone que» o «no se puede».

- Sensación de baja energía o depresión en el espacio de trabajo. Esto es algo que noté en los espacios burocráticos del ejército, y me atrevo a decir que en la Dirección General de Tráfico.

A propósito de este último punto, las grandes organizaciones burocráticas sufren a menudo de ambientes negativos en los que abundan muchas de las circunstancias que he descrito arriba. Esto no significa que todos los individuos en este tipo de ambiente sean negativos. Si estás en una de esas organizaciones, por favor, no te lo tomes como algo personal. Lo único que quiero es que te fijes en que, para dar lo mejor de ti mismo, como líder de un equipo, tienes que solucionar este asunto, en primer lugar en tu propio interior, y luego con el equipo.

En la comunidad de las fuerzas de operaciones especiales, los mejores líderes exigen una actitud positiva. Toda persona que de algún modo se cuele en un entrenamiento con una actitud negativa se da cuenta del impacto que tiene y se ve obligada a cambiar... o hay que decirle que se vaya. La confianza y el respeto disminuyen en presencia de la negatividad.

Una actitud positiva y un estado emocional positivo son cruciales para la adaptabilidad. Al fin y al cabo, es fácil que todo sea coser y cantar cuando las cosas van bien. «Todo el mundo quiere ser hombre rana cuando hace buen tiempo», como decían los instructores de los SEAL. En cambio, cuando la cosa se pone fea, verás cómo cambian las actitudes. El poder del optimismo y la actitud positiva no deben subestimarse.

Ciertas investigaciones han puesto de manifiesto que los humanos estamos mentalmente programados para la negatividad. Se llama sesgo de negatividad. «Ahí afuera» todo parece negativo: las noticias, muchos programas de televisión y películas son mordaces y sarcásticas. Sí, es divertido, la verdad, pero el humor negativo profundizará en los circuitos neuronales del pensamiento y el sentimiento negativos. En los Estados Unidos, esto ha creado una actitud oscura que se expresa de modos extremos.

Hay que hacer retroceder la negatividad, y con fuerza.

El optimismo y la compasión son resultado de alimentar al lobo de la valentía. La actitud es la de hallar siempre un aprendizaje en nuestros fracasos y crisis: el lado positivo. ¿Tu vaso está medio lleno o medio vacío? El optimismo sobre el futuro y sobre la capacidad de tu equipo para cumplir la misión, con independencia de lo que pueda pasarte, es crucial. Como equipo, hallarás la manera... ¡y punto! Crees que siempre hay una solución y, cuando los vientos de la VUCA soplan, eso también quedará atrás. Los equipos de élite tienen un optimismo persistente que expresan mediante comentarios positivos, similares a todos los que he estado empleando en estas páginas. Cuando la inevitable crisis golpea, el equipo de élite responde diciendo: «Podemos con ello. Espléndido día, ¡*hooyah*!». En los SEAL, *Hooyah* es el grito que une al equipo en ese espíritu. Traducida, la frase significa: desde luego, necesitábamos aprender esta lección. Ahora, adelante con más claridad y más durabilidad.

Esta actitud de adaptación es otra práctica diaria que exige prestar atención a tu diálogo interno y a tu estado emocional, y pulir ambas cosas.

ESTO VA DEL EQUIPO

La resiliencia también se construye adoptando un enfoque positivo y sincero de apoyo a los objetivos y las necesidades de tus compañeros de equipo. Hay dos modos de mirarlo. El primero y mejor consiste en preocuparse del bienestar de tus compañeros y cuidarlos. Sé por experiencia que, tristemente, este es infrecuente; la gente puede llegar a estar muy absorbida en sí misma. Esto me lleva al segundo modo: implantarlo culturalmente. En los SEAL, insistíamos en que cada uno de nosotros comprobase el equipo de natación de nuestro compañero para asegurarnos de que estuviese en orden antes y después de una operación. Preguntábamos qué podíamos hacer para ayudar y suministrar asistencia. Luego, cuando estábamos seguros de que el compañero estaba preparado para salir, nos dedicábamos a nuestro propio equipamiento, y era nuestro compañero quien nos ayudaba. E incluso antes de eso, nos asegurábamos de que el equipamiento común estuviese en perfectas condiciones. De modo que la secuencia es: primero el equipo, luego el compañero, el último tú. Cuando esta práctica impregna tu grupo, el equipo no tarda en cuidar de tu material, te pregunta en qué puede ayudarte y te facilita la vida. Cuando el equipo entero te apoya de esta manera, y tú a ellos, llegas al máximo del potencial. Esto se convierte en una costumbre y, a medida que el equipo experimenta el beneficio mutuo, cada vez será menos proclive a regresar al comportamiento egoísta. Entonces no lo haces como forma de transacción, sino porque eres así como persona.

Ayudar a los demás cultiva la confianza, el respeto y la buena voluntad.

Es una práctica poderosa que exige un cambio en la perspectiva del «yo primero» para pasar a la de «nosotros y luego yo». Ofrece enormes beneficios al rendimiento del equipo, porque sabes que cuentas con el respaldo de los demás. Nos mirábamos rutinariamente a los ojos y nos decíamos con sinceridad: «Yo te cubro». Eso reforzaba el sentido de unidad y ayuda mutua. ¿Cuántos compañeros de equipo conoces, sin asomo de duda, que te cubren las espaldas? ¿Y a cuántos cubres tú las suyas? Esta es una buena prueba para conocer la adaptabilidad de tu equipo.

Cuando tu foco está puesto en los demás y te dedicas a ellos con una actitud del tipo «estamos juntos en esto», «mi sufrimiento no es mayor que el suyo» y «lo que es bueno para el equipo es bueno para mí», el equipo entero se beneficia de la energía y el optimismo. Esto genera un círculo virtuoso en el que todos experimentan una confianza, un respeto y una atención mutua más profundas.

HUMOR

Recomiendo que utilices sentido del humor positivo para ayudar en las situaciones verdaderamente difíciles. He visto en persona cómo puedes cultivar esta actitud. Los mejores equipos sacan su sentido del humor en las situaciones más deplorables para conseguir que la energía positiva vuelva a fluir. Es cierto que la risa es una medicina eficaz, y es gratis. El oxígeno y la positividad que fluyen cuando te ríes constituyen una poderosa arma el doble de eficaz.

Cuando llegué a los SEAL, no era muy dado al sentido del humor. En mi juventud, el humor era sobre todo sarcasmo: negativo y punzante. Tuve que fijarme en mis compañeros de equipo para aprender a usar el humor de una manera positiva. Al final fui capaz de arreglármelas por mi cuenta con el sentido del humor cuando las cosas se ponían feas. La persona que emplea bien el sentido del humor sabe que produce un profundo efecto, no solo en el equipo. Dejas en ti mismo doble dosis de energía positiva.

En algunas de las culturas de la primera, segunda y tercera mesetas, el humor puede virar hacia lo inapropiado. Sé consciente de esta posibilidad y promueve el sentido del humor positivo más que el sarcasmo o los chistes verdes.

Todas estas actitudes exigen que sepas muy bien quién eres, que hagas un profundo trabajo de autoconciencia. Tal como he ido insistiendo hasta la saciedad en este libro, tienes que plantarle cara al miedo para liberarte de los patrones negativos y perjudiciales que te conducen a comportamientos automáticos negativos y sesgados. Tu equipo no responderá con confianza y respeto si llevas esa carga a la sala de reuniones. Los condicionantes negativos destruyen la resiliencia. Piensa bien si no eres tú el principal autor de los dramas en tu equipo. ¿Participas de los chismes negativos? ¿Eres tú quien se presenta con asuntos que nadie entiende o quien abandona bajo el peso de unas cargas inacabables? ¿Es cierto que nadie reconoce lo mucho que sufres? ¿O tal vez tu patrón es que el equipo no puede vivir sin ti, o sea, que más les vale tratarte bien? Este tipo de pensamiento propio del lobo del miedo es un lastre para el equipo.

Si eres negativo, puede que ningún compañero de equipo te ayude a levantarte cuando caigas por séptima vez.

El entrenamiento en autoconciencia desarrolla humildad, porque pone a prueba la importancia que te otorgas a ti mismo. Entrenarte en técnicas de respiración y atención plena te proporciona la capacidad de reconocer que todo el mundo es valioso y está conectado en algún nivel. Cada vez eres menos un factor de conflicto y estás menos apegado a tus asuntos. Esto te abre nuevas posibilidades, por ejemplo, la de preocuparte de verdad por tus compañeros de equipo. A medida que te obsesionas menos con tu propia persona y te vuelves menos importante, es el equipo el que se vuelve más importante.

Al practicar la autoconciencia, te das cuenta de que tú no eres la historia. Superarás el miedo al fracaso, el miedo a no sobreponerte a los obstáculos o a no ser perfecto ni el más competente. Dejarás de tomarte el fracaso como algo personal. Tal vez fracases, pero tú no eres el fracaso, y no tienes que experimentar ningún tipo de vergüenza ni de miedo, ni debes culparte a ti mismo. Las cosas que te suceden, y las que haces, incluidos tus mayores logros, dejarán de definirte. Aléjate de los resultados y, en lugar de ello, apégate al crecimiento. La próxima crisis será tu maestro, una nueva oportunidad de buscar la sabiduría y la resiliencia. Úsala para hallar el sentido del humor y alejarte del drama.

DETENTE, RESPIRA, PIENSA, ACTÚA

Cuando las personas no son adaptables, son lo opuesto a resilientes: son frágiles. Cuando se acerca un reto, les tiemblan las piernas. Los equipos tienen reacciones condicionadas de la misma manera que los individuos. Estas reacciones llevan a rechazar la oportunidad potencial que se ha iniciado con un obstáculo, y el rechazo de esta nueva realidad provoca que se batan en retirada. Como consecuencia, se vuelven más frágiles. Equipos enteros pueden derrumbarse bajo el peso del remordimiento colectivo, lo que conduce a una forma de parálisis en la que dejarán de intentar cualquier cosa. La fragilidad, el comportamiento en torno a ella, se convierten en un bucle negativo que se autoalimenta.

La respuesta a la fragilidad consiste en desarrollar una respuesta de resiliencia. Cuando surge el obstáculo, implanta de manera inmediata los siguientes cuatro pasos:

- **DETENTE:** Para por un momento lo que sea que estés haciendo o pensando. Esta pausa, cuando se convierta en una costumbre, supondrá un freno a la reacción a nivel del tronco encefálico provocada por el miedo y permitirá que sea el córtex cerebral, en cambio, quien se encargue del asunto. Ahí es donde están almacenados nuestro razonamiento moral, nuestras experiencias y nuestro entrenamiento. Te conviene detenerte y respirar hondo para oxigenar esa área del cerebro, de modo que tu mente automática negativa no te deje sin opciones.

- **RESPIRA:** Respira profundamente para controlar tu cuerpo y tus emociones.

- **PIENSA:** Observa lo que está sucediendo: a quién o en qué causas impacta, y qué implica para tus planes actuales. Oriéntate a la nueva realidad y define un nuevo procedimiento teniendo en cuenta lo que has visto.

- **ACTÚA:** Decide cuál puede ser la acción más pequeña y con más impacto que debes tomar... y actúa. Mide los resultados de la acción y repite el proceso entero.

La duda se elimina mediante el DRPA: un obstáculo cada vez.

Llevar a cabo acciones pequeñas y medibles permite que el equipo se reagrupe. El feedback los ayudará a avanzar con confianza, recuperando poco a poco el impulso. Tu equipo ha demostrado resiliencia, igual que aquel junco batido por el viento. Cuando resurge del barro, es más fuerte, igual que un hueso queda soldado con más fuerza después de una fractura.

«Detente. Respira. Piensa. Actúa». Este es tu entrenamiento.

Persistencia

La persistencia es cómo desarrollas tu resistencia para manejarte en la nueva normalidad de volatilidad y cambio constantes durante largos períodos de tiempo. No perder nunca el foco en la motivación, no abandonar nunca. No te conviene hacer como el alumno de SEAL que ha avanzado mucho en el proceso, ha exhibido todas las habilidades mentales, inteligencia y fortaleza mental para estar en la élite, pero pierde el control en un único momento emocional y abandona.

La persistencia exige control emocional.

Las emociones tienen la capacidad de destruir tus sueños o llevarte al más alto de los destinos. Te elevarán hasta la mejor versión y la más elevada de ti mismo, o te hundirán en la desesperación y la depresión. Si no tienes conciencia y control de tus emociones (y muchas personas no tienen ni una cosa ni la otra), entonces más vale que empieces a entrenar tu autoconciencia ahora.

La autenticidad queda truncada en el momento en que tienes una mala reacción a un estado emocional negativo. Mi credibilidad se resintió cuando perdí el control ante el consejo de administración de CBC. Tal vez tú también has tenido momentos como este de los que te arrepientes. Las emociones son importantes, son la sal de la vida. No se trata de negarlas o suprimirlas, pero bajo ciertas circunstancias queremos controlarlas. Podemos cambiar su naturaleza para ser personas positivas, y las podemos emplear para inspirar a nuestros equipos. Hay momentos para expresarlas y momentos para controlarlas.

En lugar de aprender a expresar y controlar las emociones, muchas personas recurren, para enfrentarse a ellas, a las distracciones digitales, al tabaco, al alcohol o a hacer ejercicio. Se trata de formas de represión o negación que bloquearán tu capacidad para el liderazgo auténtico, al igual que tu capacidad para ser un buen compañero de equipo. Desarrollar una gran conciencia y un buen control emocionales significa que puedes frenar las emociones negativas y transmutarlas.

La rabia, la ansiedad, los celos o los sentimientos de falta de adecuación te harán sentirte y parecer incompetente. Son emociones que destruyen la confianza en ti mismo y la fe de tu equipo en ti. No tienen cabida en un equipo de élite. El equipo de élite hace a los individuos responsables de desarrollar esta profundidad de conciencia y control emocionales. No se trata solo de gestionar las emociones visibles y manifiestas, sino de enfrentarse a las emociones de la sombra del lobo del miedo al que hemos estado aludiendo. Estas energías emocionales reprimidas, suprimidas o proyectadas conllevan reacciones condicionadas negativas. En ocasiones pueden ser todavía más tóxicas que la expresión manifiesta de emociones, como accesos súbitos de rabia. El condicionamiento negativo no te hace ser mala persona; ya he dicho antes que todos lo tenemos de alguna manera. Lo que nos hace más auténticos y más resilientes es tener la conciencia de este condicionamiento negativo y esmerarnos en disiparlo.

He comentado ya lo valiosa que es la terapia para las personas en posición de liderazgo. Únela a la conciencia plena y tendrás una poderosa combinación de ejercicios para desarrollar la conciencia emocional y la habilidad para el control. La práctica de la conciencia plena se suele enseñar de forma individual, pero también puedes llevarla a cabo con tu equipo. Muchas organizaciones están introduciendo esta valiosa habilidad en el lugar de trabajo, y te recomiendo que tú también lo hagas.

CÓMO USAR LA CONCIENCIA PLENA CON TU EQUIPO

Dedica un período de tiempo con tu equipo a este entrenamiento, cinco minutos como mínimo. Haz que estén sentados en silencio con los ojos cerrados, que presten atención a su respiración. Dales instrucciones para que contemplen o se fijen en sus pensamientos y emociones a medida que vayan surgiendo, sin intentar concentrarse en nada. La idea es, sencillamente, observar los pensamientos y las emociones, etiquetarlas si es necesario, y luego dejarlas pasar como una nube en el cielo. Después puedes compartir impresiones y retos. De lo que se trata aquí es de que el equipo se sienta cómodo haciendo estas prácticas juntos y de que tome conciencia de los patrones negativos.

Esta práctica no solo proporciona beneficios bien documentados para la gestión del estrés y para la salud, sino que, con el tiempo, empezarás a darte cuenta de tus principales patrones negativos a medida que emergen del subconsciente para pasar al consciente. Luego puedes llevar estos patrones a tu terapeuta o coach para trabajar en ellos. Si los materializas y trabajas para comprenderlos, su impacto negativo disminuirá o desaparecerá del todo. Entonces la vieja energía se transformará en una energía nueva y positiva. Para mí, la terapia EMDR y el Proceso Hoffman, de los que he hablado anteriormente, han representado herramientas especialmente beneficiosas para tratar con mis propios patrones emocionales subconscientes, la mayoría de los cuales se formaron durante mi niñez.

En nuestro programa de coaching Unbeatable Mind, el desarrollo emocional forma parte del desarrollo vertical integrado del cliente. Pronto me di cuenta de que la falta de conciencia y control emocionales es lo que más frenaba a esos líderes estancados en un pobre rendimiento. En sesiones de un día entero de duración, trabajamos juntos la respiración del cuadrilátero, el movimiento somático, la conciencia plena y la visualización. En la visualización, el foco se pone en imaginar un nuevo futuro para uno mismo, así como también imaginar situaciones pasadas que nos generan remordimientos, para hacer frente al lobo del miedo. Los clientes hablan con las demás personas participantes sobre sus patrones y sobre modos de ser alternativos. Tras meses de estar juntos, empiezan a desarrollar una conciencia mucho mayor de su mundo emocional.

Pero el trabajo no acaba ahí. Los patrones negativos están ubicados en lo más profundo, y no basta con hablar de ellos. De modo que sometemos a nuestros clientes a situaciones que les inducen estrés, tal como he explicado en el capítulo sobre el compromiso con el crecimiento. Esto hace aflorar los patrones emocionales negativos bajo presión, en un entorno controlado. Las impresiones se debaten conjuntamente con todo el equipo, lo que los ayuda a ver los factores desencadenantes, a expresar las emociones y a recibir un feedback inmediato sobre cómo se produjo la crisis y por qué condujo a una disminución de la autenticidad y de la confianza. Entonces se ofrecen respuestas emocionales alternativas.

Llevar a cabo este trabajo emocional en un entorno de entrenamiento controlado ayuda a los líderes a desarrollar una mayor conciencia y un mayor control cuando los obstáculos aparezcan en sus vidas diarias. También hará que los patrones del lobo del miedo más dañinos que se hayan expresado en el entrenamiento se lleven después a la persona con quien se realiza el coaching, así como al banco de meditación, para trabajarlos allí.

Cuando un equipo se toma en serio este trabajo emocional, crea un efecto de trampolín para su resiliencia, por medio del cual cada individuo vuelve, después de una caída emocional, a saltar hacia arriba apoyado en un soporte genuino. Están todos juntos en ello, y no tiene ningún sentido para nadie ser el único que arrastre al equipo hacia abajo o que chismorree sobre un ataque de nervios en el *office* durante una pausa para el café. Todo el mundo sabe que en algún momento estará en el punto de mira; solo depende de cuál es el factor desencadenante y de cuando se desencadenará. Las emociones dejan de ser problemas que aíslan a los individuos, no vuelven a ser bombas de relojería. En lugar de eso, se convierten en el foco del crecimiento y la resiliencia del equipo. Con el tiempo, el equipo desarrollará la capacidad de detectar cuándo alguien trae una emoción negativa. Ahora lo notarán al instante; ya no lo pasarán por alto, como si no pasara nada, y luego se quedarán resentidos, como ocurría antes. Si han practicado, resolverán la situación con habilidad mediante una comunicación no violenta.

Persiste en este entrenamiento y no volverás a permitir nunca más que las emociones se interpongan en el éxito de tu misión.

¿CUÁL ES TU PORQUÉ?

La resistencia y la persistencia son principios relacionados entre sí: uno tiende a reforzar al otro. Mientras que la persistencia consiste en mantener el rumbo a través de los inevitables altibajos emocionales, la resistencia tiene que ver con la pura tenacidad mental, la determinación: continuar luchando a largo plazo. Este es el valiente espíritu de no abandonar. Seguimos adelante a pesar de los problemas emocionales. Una cosa es correr unos cuantos kilómetros tres veces a la semana. Otra completamente distinta es correr 70 kilómetros seguidos. La resistencia exige el tipo de tenacidad mental de David Goggins.

Conozco a muchos líderes que son muy persistentes, pero que a largo plazo se comportan como bolas de demolición con sus equipos. La verdadera habilidad consiste en tener la tenacidad para continuar siendo positivo y optimista con tu equipo, no se puede permitir que las emociones negativas interrumpan la carrera de resistencia de tu equipo.

El método número uno para desarrollar la resistencia es que tus misiones tengan un porqué muy poderoso, y que conectes con él siempre que te embarques en la fase de resistencia de la operación.

Tu porqué como líder es bastante personal. De todos modos, tiene que estar alineado con el porqué del equipo (trataremos este asunto en el capítulo dedicado a la convergencia) para que se den apoyo mutuamente. De ese modo existen dos poderosos porqués para respaldarte cuando las cosas se pongan difíciles: tu porqué personal, para formar parte del equipo alineado con la misión de todos, y el porqué del equipo, es decir, la importancia y la lógica detrás de sus acciones.

Ambas cosas trabajan juntas, y hace falta apelar a ellas a menudo para alimentar la resistencia y la persistencia. Si quieres continuar en la lucha, para empezar debes recordar por qué estás metido en ella. Luego, esta lógica tiene que permanecer como prioridad central en tu mente mediante una revisión diaria.

No pierdas de vista que puedes tener la capacidad de resistencia para seguir en el combate, pero estar librando la batalla equivocada. No es infrecuente que la autocomplacencia te haga perder de vista la misión real, sobre todo a medida que avanzas. El porqué que te guía hoy no será el mismo que el que lo haga dentro de dos o tres años. Y ¿cuál era tu porqué de hace dos años? ¿Sigue siendo suficientemente poderoso para tus retos de resistencia a largo plazo? Cuando cambie, necesitarás redefinir también tu misión. ¿Cuál es tu nuevo porqué? ¿Qué exige de ti ahora? Lo que persigues ahora, ¿sigue pasando el filtro del modelo FITS? Si tienes claridad sobre el porqué, entonces el qué y el cómo se pueden adaptar. Los líderes y equipos resilientes mantienen esto siempre como prioridad.

QUÉ FUNCIONA Y QUÉ NO

Para terminar, el último principio de la persistencia es centrarse de modo radical en qué funciona y qué no. Desarrollas soluciones alternativas para lo que no va bien, o aportas nuevas y mejores maneras de hacer las cosas.

Lo haces con una perspectiva de largo plazo. Esa es la razón por la que la persistencia y la adaptabilidad están relacionadas. Si sigues haciendo las mismas cosas y esperas los mismos resultados en circunstancias cambiantes, te vas a llevar una decepción, porque las circunstancias y los factores externos son blancos en movimiento.

Tienes que medir, probar y reflexionar sobre lo que no funciona, y sobre cómo hacerlo de otra manera. También tienes que buscar maneras nuevas, completamente distintas, de obtener mejores resultados: es la nueva definición de sensatez. Esto exige que pongas en marcha un proceso para detectar qué funciona y qué no, y que aportes soluciones mejores todo el tiempo. Veremos en el capítulo sobre la convergencia cómo se las arregla la unidad de élite DEVGRU. Esto te convierte en un equipo en evolución que te permite persistir a lo largo de tus «actividades de resistencia» profesionales. Con el tiempo, tu equipo y tú tienen que convertiros en máquinas de aprender.

Aprender a aprender rápido

El último de los tres principios fundamentales vinculados a la resiliencia es el de convertirse en un monstruo del aprendizaje.

No puedes saberlo todo, y no puedes aprenderlo todo. Tienes que escoger sabiamente lo que necesitas saber. El aprendizaje lleva incorporado un significativo elemento de elección. Una de las prácticas clave para aprender deprisa ya la he mencionado antes: decir que no al servicio de un sí mayor, escoger qué no aprender para centrarte por completo en lo que deberías saber y aprender. Desarrollar la valentía para decir que no a las habilidades y los conocimientos no adecuados con el fin de simplificar tu vida. De este modo, tendrás menos desorden y más tiempo para aprender lo adecuado.

Hoy día nos movemos muy deprisa. Nuestras mentes procesan a una velocidad endiablada, y nos hemos condicionado nosotros mismos a decir que sí o a dar aprobaciones tácitas a prácticamente todo lo que llega a la bandeja de entrada de nuestro correo electrónico.

Estamos sobresaturados y atascados con demasiadas cosas que aprender, demasiadas que creemos que tenemos que saber. Debemos ser sabios a la hora de escoger y estrechar el foco.

Una vez has decidido qué conocimiento es útil, lo compararás con lo que ya sabes e identificarás las diferencias. Entonces trabajarás para tapar esas lagunas estudiando lo que no sabes en la estrecha área que has decidido aprender. Has decidido qué descartas, de modo que ahora puedes decidir en qué te centras.

Cierra la puerta a muchas cosas para centrarte en las pocas que más importan.

Cuando has concentrado el foco y estás preparado para aprender una nueva habilidad, analiza detenidamente las fuentes de tu conocimiento. Decide si la fuente es digna de confianza antes de entrar. Un buen libro puede bastar para aprender una idea nueva, pero, en cambio, necesitarás un maestro experto para desarrollar una habilidad compleja. El primer paso consiste en escuchar cómo un profesor pone la información en palabras para que puedas pensar en lo que te está diciendo y hacer preguntas para aclarar contexto y contenido. Luego saldrás y pondrás en práctica lo que has aprendido, y obtendrás un feedback. Y vuelta a empezar. En cuanto a las habilidades más complejas, por ejemplo, aprender a tocar instrumentos musicales o dominar un arte marcial como el aikido, descarto a la mayoría de los profesores que no hayan hecho entre cinco mil y diez mil horas de práctica personal y enseñanza. Es un listón muy elevado: unos diez años para dominar el conocimiento y enseñarlo, antes de elegirlo como maestro.

¿Cuál será tu listón?

Por lo fácil que resulta abrir un negocio de comercio electrónico, alojar un pódcast y autoeditar un libro, muchas personas sin cualificación (según mi listón) se ponen a ejercer de profesor sin contar con la profundidad de conocimiento y de sensatez que mereces. Pregúntate si ese profesor que te exigirá algo tan valioso como tiempo y atención es creíble y digno de ese tiempo y de la aportación de conocimientos. Los buenos maestros no se ponen a sí mismos en el centro de la atención. La era de los gurús ya pasó. Tus conocimientos más profundos no provendrán del experto, sino de ti, en la medida en que este nuevo conocimiento es asumido y puesto a prueba con tu equipo.

Dado que llevo muchos años dedicándome a diferentes artes marciales, a menudo me preguntan: «¿Qué arte marcial es bueno para iniciarme?». Les respondo que depende de cuáles sean sus objetivos y de quién sea el mejor maestro para ellos. El arte marcial específico quedará claro después de investigar. La gente puede perder un montón de tiempo si no hace las preguntas adecuadas y trabaja con conocimiento incompleto o defectuoso.

Aprender un arte marcial —de hecho, aprender cualquier cosa— sin tener claro por qué y sin escoger un maestro adecuado puede resultar muy costoso. Cuando decidí regresar a una relación alumno-profesor en artes marciales, pensé cuidadosamente cuál era mi porqué en cuanto al tipo de entrenamientos que mejor me serviría en aquel momento de la vida. Tras algo de búsqueda activa, me decidí por el aikido porque se centra en la resolución pacífica de conflictos y en el trabajo con energía. Lo que no hice fue meterme en el dojo más cercano para empezar con los entrenamientos. Me dirigí a algunos cinturones negros de aikido que conocía y ellos me recomendaron un maestro de mi ciudad que estaba muy cualificado y que trabajaba con un pequeño grupo de estudiantes. Hice un período de prueba de tres meses para comprobar mi porqué y para evaluar el carácter, los conocimientos y la capacidad de aquel maestro para enseñar. Obtuve el feedback que necesitaba y me comprometí a un plan de entrenamiento a largo plazo. Aquel proceso me hizo ahorrar mucho tiempo de ir de aquí para allá probando artes y profesores.

LA CERTIDUMBRE ES INCREMENTAL

Es más fácil ser resiliente cuando tienes certezas sobre el futuro y los resultados esperados. Ocurre que este nivel de certidumbre es difícil de conseguir en un mundo VUCA. No creo que nunca más podamos estar seguros al 100 % de nada externo a nosotros (y, de todos modos, en el pasado la certidumbre no era más que una ilusión). Incluso nuestro mundo interior está plagado de los sesgos y patrones automáticos negativos de los que hablamos en este libro. ¡Ya es un milagro que podamos desenvolvernos con destreza por la vida!

Podemos adquirir más certidumbre en la medida en que nos entrenamos en el autoconocimiento para descubrir nuestra autenticidad y aquello que defendemos. Esta es la razón por la que estas prácticas son mi punto de partida para el desarrollo del liderazgo. La práctica diaria conduce a mejoras incrementales en autoconocimiento, lo que nos guiará a tomar mejores decisiones y llevar a cabo grandes acciones. Para lograr mayor certidumbre en todo lo que está fuera de ti, mejora de manera incremental el dominio de los elementos básicos de las habilidades que necesitas para el éxito. Los elementos básicos se convierten de nuevo en los cimientos sobre los que construirás tu fortaleza de conocimiento. Sin estos cimientos, tu aprendizaje se encontrará en terreno movedizo y tambaleante. Sigue volviendo a los principios básicos mientras procuras profundizar en tu aprendizaje.

Los aspectos más importantes para aprender a defenderse uno mismo no son las armas —es decir, las patadas, los puñetazos, los agarres—, sino los elementos básicos: adoptar la posición, la postura corporal y el equilibrio correctos, luego respirar y moverse con la actitud mental adecuada. Domina de manera incremental los elementos básicos en esas áreas y te puedo enseñar a defenderte con las otras herramientas en un fin de semana. Es fácil dejarse seducir por las técnicas secretas y los derribos sofisticados, y, en cambio, dejar de lado los fundamentos. Si te enfrentas a un combate real, esas técnicas te fallarán porque estarás desequilibrado mental y físicamente.

Una vez hayas logrado un nivel de competencia consciente, empieza a hacer de mentor de otros en esa habilidad. Esto te llevará a incorporar el conocimiento de modo que emane de tu ser, no de tu cabeza. Lo llamo competencia inconsciente.

Este nivel de dominio conduce a una gran confianza en uno mismo. Aprendes a aprender deprisa, de manera que también puedes desarrollar certidumbre en otras áreas más rápido... lo cual acelera a su vez el aprendizaje. Con el aikido, empecé de nuevo como cinturón blanco, a pesar de que tengo varios cinturones negros en otras tradiciones. Por una parte, es un acto de humildad después de haber conseguido tanto en otras disciplinas y, por otra, disfruto del proceso de empezar desde cero. Avanzo rápido porque domino los conceptos básicos y porque he aprendido a aprender deprisa.

RETAR A LO DESCONOCIDO

Aprender convierte el miedo en expectativa.

Quedarte en tu zona de confort te llevará a tener más miedo. Esto es así porque el mundo cambiará a tu alrededor mientras tú estás quieto. De repente, lo que creías saber, lo que te hacía sentir seguro, se ha vuelto irrelevante. En lugar de empequeñecer el miedo acercándote a lo desconocido, has permitido que lo desconocido se aleje de ti a causa de tu inacción.

No basta con dominar el aprendizaje y las habilidades que ya posees o que te apasionan. Te conviene preguntarte qué es lo que temes o contra qué tienes prejuicios, para aprender también sobre ello. Explorar lo desconocido —los límites de tu zona de confort— para descubrir qué temes y revelar los puntos ciegos. Comprométete a añadir estas cosas a tu plan de aprendizaje. Ponte retos constantes para aprender cosas que te incomodan.

La ignorancia no es dichosa; ignorar qué te da miedo será un lastre para tu crecimiento. Usa las cosas que temes para estimular el crecimiento.

FE

Acepta lo que no se puede saber.

Algunas cosas no se pueden saber. No siempre puedes encontrar mediante la lógica la manera de resolver los problemas. Ahí es donde interviene la fe, y no me refiero a la fe en el sentido religioso. Lo que quiero decir es que puedes tener fe en el gran potencial que tu equipo y tú tienen para resolver juntos ese tipo de retos.

Cuando todas las personas que forman tu equipo están comprometidas con los principios de este libro, se obra la magia. La intuición colectiva del equipo proporciona resultados sorprendentes. No puedes saber a ciencia cierta cómo y cuándo apareció una determinada solución; simplemente aparece. Eso es la intuición. La intuición no se comprende bien, y creo que la manera en que funciona está en gran medida fuera del alcance de nuestro conocimiento con las herramientas de investigación actuales. Esto no debe impedirte que confíes en ella. La fe es creer en tu intuición y utilizarla para comprobar tu pensamiento lógico y guiar tus acciones sin necesidad de saber cómo funciona.

La fe y la intuición son más que creencias, también son una práctica. Los equipos que tienen fe en su capacidad para resolver problemas, problemas que no responden a los modelos analíticos y de decisión normales del pasado, tienden a reforzar su fe mediante la aplicación de la propia fe. Acceder a tu genio creativo exige ir más allá del cerebro entrenado para el pensamiento racional y ponerte en sintonía con la sabiduría y la inteligencia intuitiva del corazón y el estómago.

Dos herramientas que empleo con los equipos y que requieren fe son la respiración y la visualización. Por ejemplo, tal como he mencionado antes, mi equipo practica la respiración del cuadrilátero antes de cada reunión importante. Este ejercicio no solo nos calma y aclara la mente a todos, sino que nos introduce en un estado que induce a la creatividad y nos sincroniza para permitir que fluya nueva información. Podemos acceder a más conocimiento espontáneo. También generamos el espacio para el entrenamiento mental, que llamamos gimnasio mental. En ese espacio visualizamos un santuario mental en el que podemos buscar orientación desde la inteligencia intuitiva de nuestro corazón y, si creemos en una inteligencia universal más amplia, también de esa fuente. Resulta sorprendente lo valiosa que es esta práctica para que surjan soluciones creativas espontáneas.

Otra herramienta útil es la práctica de la meditación perceptiva, la cual te permite acceder a lo que los expertos en meditación tibetanos denominan «mente no ordinaria». La mente ordinaria es aquella parte de tu mente involucrada en el pensamiento y la solución de problemas. Con la meditación de atención plena, tal como he descrito más arriba, lo que haces es observar tus pensamientos y emociones y desvincularlos de la historia que representan. Este tipo de meditación liberadora reduce el estrés y es útil para desarrollar la metacognición de tus patrones, pero se hace desde la estructura de la mente racional ordinaria. La meditación perceptiva consiste en aprender a conectar con tu mente no ordinaria, donde la percepción directa del conocimiento ocurre sin la participación del pensamiento estructurado. Este aspecto de la mente es denominado de formas diferentes: superconciencia y observación profunda, entre otras. Esta habilidad te permite percibir información más allá del pensamiento, y a la velocidad de la intención consciente, que es mucho más rápida que el pensamiento. Se necesita mucha práctica, pero se convertirá en una habilidad importante para las personas en posición de liderazgo en el futuro.

Estas son tan solo algunas de las maneras en que puedes desarrollar habilidades extraordinarias como líder, con un poco de fe en el hecho de que tu mente tiene capacidad para diferentes tipos de pensamiento más allá del pensamiento racional que Occidente tan bien ha dominado. Eres tú quien debe desarrollarlas. Si tienes creencias religiosas sobre lo que implica el poder de ser consciente de lo que no se puede conocer, o de curar a otros, o de conectar con un guía espiritual, ¡fantástico! Eso alimenta tu desarrollo. Es cuestión de contexto. Las personas con fe religiosa contextualizan estas habilidades especiales como procedentes de Dios. Creo que son atributos que todos tenemos y que se pueden desarrollar.

La resiliencia en la práctica

El ritmo del cambio y la abundancia de sistemas complejos exigen que los líderes y las organizaciones se adapten para sobrevivir, a menudo de manera muy rápida. Hoy, la complejidad de los grandes negocios es difícil de imaginar para los que no trabajan en ellos. En

2018 tuve el privilegio de que me invitaran a trabajar con el grupo de operaciones de Shell en las plataformas de extracción submarina del golfo de México, y me impresionó el empeño que habían puesto en el entreno de la resiliencia. Las hazañas de los ingenieros en las profundidades bajo una plataforma petrolífera submarina solo pueden rivalizar con SpaceX. La capacidad del grupo para resolver problemas de una enorme complejidad mediante la persistencia, la adaptabilidad y el aprendizaje constante fue fuente de inspiración para mí.

Si Shell no suministrara energía con seguridad, no sería Shell. La resiliencia no se entrena solamente de vez en cuando: es básica para lo que hacen cada día. Según Christian Overton, que me invitó a dar una charla en su convención sobre liderazgo en seguridad, su mantra es «ningún daño, ningún vertido». Las perforaciones para obtener energía líquida a muy altas presiones y en aguas muy profundas implican un intenso enfoque multidisciplinario en adaptación del riesgo mediante evaluación y atenuación. El equipo de Shell hace diariamente las siguientes preguntas para adaptarse al riesgo cambiante:

- ¿Qué podría pasar? ¿Y qué más? ¿Qué más? ¿Qué más? ¿Qué nos estamos dejando?
- ¿Cómo podría ocurrir?
- ¿Cómo podríamos evitar que sucediese?
- ¿Cómo podemos minimizar el daño a las personas, al medio ambiente y a nuestros activos, si sucede?
- ¿Cómo podemos instalar nuestros sistemas para apoyar la seguridad en el trabajo?
- ¿Cómo podemos instalar nuestros sistemas para evitar los fallos?
- ¿Cómo podemos ayudar al trabajador a incrementar su conciencia situacional?

Christian y su equipo hablan con frecuencia sobre «el trabajo imaginado frente al trabajo hecho», un concepto de desempeño humano introducido en sectores de alto riesgo por Sidney Dekker. No importa cuánto tiempo pases analizando y planificando lo que necesitas hacer: algo puede ir mal e irá mal o, al menos, tal vez no funcione como esperabas.

De modo que es básico que:

- Planifiques tan bien y con tanto detalle e información como puedas.
- Crees sistemas redundantes para cuando algo vaya mal.
- Mantengas bien abiertas las líneas de comunicación.
- Incrementes la conciencia situacional.

La adaptabilidad y el aprendizaje constante son una ayuda para combatir la autocomplacencia, que es tan mortal en el negocio del petróleo y el gas como en el ejército. Shell impulsa de manera constante la mejora continua y pide a las personas que se vean a sí mismas como uno de los factores clave de riesgo. En otras palabras, se preguntan a sí mismos qué se están dejando debido a sus propios prejuicios, y qué es lo que no saben. Se mantienen alerta ante el hecho de que lo que no saben puede matarlos.

La normalización del riesgo es el enemigo de la resiliencia.

A menudo, los grandes desastres de la historia suceden porque lo que es normal cambia sutilmente con el tiempo y hace que la gente crea que las cosas van bien, aunque no sea así. El hundimiento de Enron o de Lehman Brothers se produjo a causa de esta normalización del riesgo. Las grandes crisis financieras ocurren por la misma razón, a mayor escala en el nivel sistémico. La mayoría del tiempo, las personas no ponen a prueba los límites de la ética a propósito. Lo que hacen es, sencillamente, aceptar de manera inconsciente riesgos cada vez mayores porque antes no ha pasado nada malo. Se quedan en su zona de confort, lo cual es una tendencia peligrosa. En Shell, los líderes se enfrentan abiertamente a sus inercias para salir de la zona de confort.

Christian y yo comentamos el hecho de que la soberbia es uno de los obstáculos más grandes para el aprendizaje y uno de los riesgos más elevados (y menos comentados) para las empresas. La confianza y el ego son cosas distintas. Shell motiva a sus líderes para que hagan autorreflexión, busquen feedback y estén abiertos a puntos de vista diferentes. Dice con convencimiento: «Si no tienes un nivel de humildad suficiente, la cosa no funcionará. Si te las arreglas para seguir teniendo éxito con un exceso de ego, la gente no continuará confiando en ti. Tal vez respeten la posición que ocupa tu persona, pero no te respetarán como persona, y eso hará saltar por los aires el verdadero potencial del equipo». Es fácil tragarse el cuento de que, si trabajas con personas de alto rendimiento, puedes esperar unos cuantos egos muy grandes. Esta idea está obsoleta y, desde luego, no es cierta en los sectores de alto riesgo; en realidad, no es cierta en ninguna situación. Los líderes egoístas son peligrosos y no se los debería invitar a la fiesta.

Más vale aceptar que tienes sesgos, intentar comprender cuáles son tus tendencias más peligrosas, y entonces comprometerte en prácticas y con personas que supongan un reto para ti y te hagan mejorar.

En Shell, las diversas divisiones comparten información y se entrenan juntas. Cuando una unidad cambia o añade un proceso, puede afectar al resto de las unidades del sistema en un nivel u otro. Si las demás unidades no lo saben, podrían emprender una acción que ejerza presión sobre el sistema. Christian, igual que su equipo, está familiarizado con el trabajo del general Stanley McChrystal y convoca con frecuencia a equipos multidisciplinarios para sincronizar sus visiones y sus procesos. (Hablaremos de las ideas de McChrystal en el capítulo dedicado a la convergencia). Christian reúne a personas de otras disciplinas para reuniones trimestrales presenciales, y con ellas complementa las quincenales online. Los equipos abordan las tensiones que surgen como lógica consecuencia de trabajar en disciplinas destinadas a garantizar la seguridad de las operaciones.

Esto permite a los equipos conectar con el propósito más elevado de la seguridad... y evitar ponerse a la defensiva.

Shell sabe que recuperarse de una crisis puede ser duro incluso para los equipos más maduros. Los líderes tienen que pasar el duelo por la derrota y no fingir que están por encima de las leyes de la naturaleza humana. También tienen que sentar las bases para la recuperación de sus equipos. Estas habilidades no se enseñan en las escuelas de negocios ni en las de buenas maneras. Los líderes tienen que escarbar profundamente en ellos mismos y ser auténticos para hacerlo con elegancia. Tienes que aceptar la derrota, cuidar al equipo, descubrir las lecciones más profundas y luego hacer todo lo posible para asegurarte de que no vuelve a ocurrir. Es lo que hizo McRaven. Mientras tanto, tienes que permitir que los miembros de tu grupo pasen también el duelo por la derrota. Liderar y formar parte de un equipo en una organización está sujeto a los avatares de la vida real. Es lo que hay. Los equipos que saben enfrentarse con autenticidad a esos avatares son más resilientes.

La persistencia tiene premio

Tras acabar la universidad, fui a Nueva York para empezar un programa de estudio combinado con la NYU Business School. Al mismo tiempo comencé a practicar el zen y las artes marciales, y me puse a trabajar para sacarme el título de auditor público certificado, en 1985. Entonces hubo mucho crecimiento.

No había empezado Humanidades en la Colgate University para convertirme en un contador; inicialmente me preparaba para entrar en Medicina. El primer año estudié física, cálculo, inglés y biología. Me gustaba en especial la asignatura de física, que era un requisito para Medicina. En aquel curso aprendí una valiosa lección sobre la persistencia.

En aquella asignatura solo había dos exámenes: el de mitad y el de final de curso, y en el de mitad de curso me catearon de lo lindo. Reaccioné muy mal, porque, como estudiante en un instituto exageradamente pequeño, nunca antes me habían reprobado. Aquello desencadenó mi patrón del lobo del miedo: me hizo sentir poco valioso, poco inteligente, aunque no era consciente de ello desde el punto de vista cognitivo. Rechacé la idea de que en realidad tal vez sí tenía el potencial para ser médico, y me batí, acobardado, en retirada. Fui a ver a mi consultor de primer año, y él me dijo que tendría que dejar la asignatura, pero que hablara antes con el profesor. Así lo hice, y él me dijo también que la dejara.

Y la dejé.

Nunca había oído hablar de quedar por debajo del promedio. En mi pequeño instituto de secundaria siempre sacaba sobresalientes sin esforzarme mucho. Nunca había pensado que podía estar entre los peores porque, en fin, se suponía que era el alumno perfecto, ¿sabes? Y la gente perfecta no falla. Después, aquel primer año en Colgate, estuve comparando notas con un nuevo compañero que también se preparaba para Medicina en la misma clase de física. Quedé sorprendido al ver que mi nota era tal vez la más elevada justo por debajo de la media en aquel examen de mitad de curso. Mierda. Haber abandonado la asignatura me proporcionó una lección importante. Me hizo consciente de que debía confiar en mi inteligencia. También tuvo otro punto positivo.

Cambió el curso de mi vida.

Al principio me arrepentí de haber abandonado la asignatura y empecé a plantearme volver a matricularme y continuar mi camino para convertirme en médico. Sin embargo, el incidente me había hecho detenerme a contemplar mi futuro con más calma, lo cual era nuevo para mí. En esa época, estaba aprendiendo visualización con mi entrenador de natación y empecé a usar ese método para imaginarme como médico. El problema era que no podía verme muy bien a mí mismo en aquel futuro. Lo que veía no me gustaba. Mediante aquellos nuevos ejercicios de visualización, me di cuenta de que, al fin y al cabo, lo mío no era ser médico: era el sueño de mi madre, no el mío. Si hubiera seguido aquel camino, nunca habría sido un líder en los Navy SEAL, y habría tenido una crisis en la madurez cuando me hubiera dado cuenta de todo. Aun así, habría preferido tomar la decisión de abandonar la medicina desde una posición de fortaleza y de autoconocimiento, más que dejarla y arrepentirme después. Eso me dio motivos para estudiar mis reacciones.

Mi plan B en el ámbito académico era Economía, lo que me prepararía para un trabajo en el mundo de la empresa. Ya has leído antes que con aquello también erré el tiro. Estaba convencido de que con la economía acabaría montado en el dólar y de que esa carrera me daría la preparación precisa para continuar el negocio de la familia. Salí adelante y acabé con un buen puesto de trabajo en una de las ocho grandes empresas de auditoría que existían en aquel momento, junto con el título de la escuela de negocios de élite. Con esto regreso al origen de este apartado: en Nueva York como auditor mientras iba a la NYU Business School como estudiante nocturno.

El universo no tardó en interceder por mí de nuevo, cosa que acostumbra a hacer. Durante mi segundo año en Coopers & Lybrand, me di de bruces contra el examen para auditor público certificado que necesitaba para mi trabajo. La prueba consiste en cuatro partes: teoría, derecho y dos partes prácticas de contabilidad. Si no apruebas las cuatro, no pasas. En mi primer intento, aprobé tres de las cuatro partes. Regresé al trabajo, pero no me apetecía perder más tiempo estudiando para aquel examen tan exigente. Trabajaba a tiempo completo, recibía clases para el MBA por la noche, y en los huecos que lograba sacar entre una cosa y otra me ejercitaba en las clases de artes marciales. Me quedaba despierto estudiando hasta la medianoche, luego me levantaba a las seis de la madrugada y me ponía a correr por las calles antes de ir al trabajo. Así una y otra vez.

Por suerte, prestaba atención a los principios que aprendía en las clases de artes marciales. En las artes marciales, cuando te tumban, te vuelves a levantar, preparado para continuar el combate. No aflojas, luchas por conseguir el cinturón negro durante meses y días, por mucho caos emocional que experimentes. Esas eran las habilidades vitales de resiliencia que me di cuenta que podía aplicar a mi vida profesional. Puede parecer una bobada ahora, pero para mí fue un enorme descubrimiento a aquella edad. Había reprobado el examen para auditor público y me recordé a mí mismo que, la vez anterior que había fracasado en algo, lo había abandonado. Me dije que de eso ahora ni hablar, que no volvería a hacerlo nunca más. Estoy contento de haber aprendido aquel principio con 22 años... Tengo clientes que aún siguen intentando descubrirlo con 50. Abandonar es una reacción emocional al miedo a los obstáculos; allí donde el fracaso, la derrota y el hecho de no ser perfecto son resultados posibles.

Y ese miedo lo tenía. No obstante, me comprometí a superarlo. Repetí el examen... y volví a reprobar.

Cae dos veces, levántate tres. Estaba muy frustrado, pero tenía fe en las enseñanzas de mi mentor Nakamura, así que seis meses más tarde tomé el examen por tercera vez. Por fin aprobé... ¡por un solo punto! No abandoné, y sabía que nunca volvería a abandonar nada a causa de una reacción emocional.

Ahora viene el giro inesperado: tras aquella experiencia, me di cuenta de que mi interés por ser un auditor público certificado era nulo. Había necesitado tres intentos para aprobar el examen y dos años de esfuerzo para darme cuenta de que no me interesaba en absoluto. A pesar de todo, aprecio aquella experiencia como medio para cultivar la resiliencia, porque supe que nunca abandonaría nada que valiera la pena y con lo que me hubiera comprometido. Aquella experiencia me iba a beneficiar en el futuro.

Y no tardó en suceder. Me ayudó en mi persistencia para entrar en la formación en los SEAL después de que los responsables de la selección de reclutas me dijeran que tenía las mismas posibilidades que una bola de nieve en el infierno. Luego me ayudó cuando creé la Coronado Brewing Company, aunque el resultado no fuera satisfactorio. Y si hubiese sido «solamente» un SEAL, sobre todo en 1996, los inversores no habrían confiado en que supiera nada de negocios. Mis cuatro años en una empresa de auditorías de ámbito global y un MBA en una escuela de negocios de élite me proporcionaban credibilidad a raudales.

Mi persistencia en las artes marciales también dio sus frutos. Si lo hubiera dejado —y hubo momentos en los que, desde luego, estuve a punto—, habría tenido una historia diferente que contar. Esto es así porque conseguir mi cinturón negro en Karate Seido trajo de la mano la práctica seria de meditación zen. Aquellos cuatro años me proporcionaron habilidades mentales completamente nuevas que constituían el instrumento que me guiaba para convertirme en mejor líder y en una persona más consciente. Me permitían conectar más profundamente con otras personas. Esto me proporcionó la resiliencia para ser uno de los únicos diecinueve graduados de entre los 185 iniciales en mi curso de entrenamiento de los SEAL. Y ya he descrito cómo la resiliencia ha tenido también premio en mi carrera en el mundo empresarial tras el ejército, y así sigue siendo hoy.

La lección: nunca sabes dónde ni cuándo tu persistencia tendrá premio. Sigue adelante y, cuando desfallezcas, no abandones. Parece demasiado fácil cuando echas la vista atrás.

Conclusión: la resiliencia crece en la medida en que practicas la adaptabilidad, la persistencia y el aprendizaje. La presión por aprender me convirtió en una máquina de aprender. La persistencia en la meditación zen me llevó a dejar de buscar siempre la aprobación externa y a mirar, en cambio, a mi interior y confiar en mis decisiones y en mí mismo. La adaptabilidad en los negocios me ha hecho llegar a tener una empresa que da al mismo tiempo beneficios y satisfacciones, y que ayuda a mucha gente. Y conectar con mi corazón me ha proporcionado una resiliencia más profunda y compasión en las relaciones con mi familia y mis equipos. O sea que, sí, básicamente, los principios de resiliencia han sido cruciales para hacer de mí lo que soy ahora. Si trabajas en ellos, funcionan.

El próximo es el séptimo principio, donde la importancia de la comunicación, el hecho de compartir al máximo y el foco radical hacen converger todos los compromisos y a tu equipo.

MALODL: Ejercicio 7
ADAPTABILIDAD, PERSISTENCIA Y APRENDIZAJE

Estos ejercicios están pensados para que los hagas con tu equipo. Serán tu práctica de resiliencia diaria:

- CONTROL EMOCIONAL: pon en práctica el proceso de detenerte, respirar, pensar, actuar introducido en este capítulo para impedir el comportamiento automático negativo y sustituirlo por una respuesta positiva. Esto cultivará el optimismo y eliminará el miedo a no saber o a caer.
- EL EQUIPO COMO FOCO CENTRAL: en tus reuniones de equipo, declara abiertamente que respaldas a cada uno de sus miembros. Cuando te sientas más cómodo con este trabajo, puedes hacerlo con una mano en el corazón de tu compañero o compañera de equipo y la suya en el tuyo. Es un modo extraordinario de conectar a nivel del corazón con tu gente, para que sientan que verdaderamente los respaldas.
- MANTRA DE EQUIPO: encuentra un mantra de equipo que los ayudará a alimentar a su lobo de la valentía y a ser resilientes mediante los retos. Mi equipo usa el siguiente: «Podemos con ello. Espléndido día. *¡Hooyah!*»
- APRENDIZAJE ACELERADO: pon en marcha la práctica de la conciencia plena en el equipo. Tras las sesiones, reflexiona o conversa sobre el porqué personal y de equipo, los sesgos personales y de equipo, y las lagunas en las habilidades y los conocimientos personales y del equipo.

7.º
PRINCIPIO DE LIDERAZGO

Compromiso con la convergencia
¿Miedo a compartir? ¡Supéralo!

Mike Magaraci, Mags para sus amigos, es un suboficial mayor retirado. Se trata del grado de suboficial de mayor rango dentro de los SEAL en activo. Ahora es el director de mentoría en el BUD/S, donde proporciona mentoría en liderazgo, fortaleza mental y carácter. Mags es un líder muy abierto de mente y ha sido fundamental para aportar habilidades de desarrollo mental ricas en matices a los programas de entrenamiento de los SEAL.

Mags era el suboficial al mando de la unidad contraterrorista de la marina, el DEVGRU o Naval Special Warfare Development Group. Como tal, tenía a su cargo un gran número de líderes de alto nivel con mucho talento: los miembros del SEAL con más experiencia en todo el cuerpo. Dirigir líderes de élite puede ser abrumador, se parece más a domar leones que a arrear gatos. Y en una operación con tanta diversidad y llena de agentes experimentados y curtidos, el cargo que desempeñaba Mags es uno de los más complejos. El ritmo incesante de las operaciones de combate, que no tenía precedentes en la historia moderna, con los SEAL combatiendo más de dieciocho años sin descanso, exacerbaba en gran manera aquel reto de liderazgo.

Mags invertía mucha de su energía en mantener y pulir la cultura de mando. Lo resolvía de manera concertada con los demás suboficiales que trabajaban liderando en el día a día a los «soldados». Además, tenía como tarea mantener al equipo actualizado en las tácticas, técnicas y procedimientos, en continua evolución. En esa función, debía garantizar que toda nueva técnica y norma de procedimiento operativo desarrolladas por las unidades se compartieran entre todos los mandos y la tropa. Esto contribuía a tener al conjunto de la organización de la fuerza especial de guerra de la marina tan preparado como fuera posible para cualquier misión.

Todos y cada uno de los líderes de la organización tenían un enorme talento y creían que sus métodos eran los mejores; no es muy distinto de lo que ocurre en cualquier otro equipo de alto rendimiento. Esas personas harán solas el trabajo para evitar problemas y lograr que no se perciban incompetencias. Se concentrarán en la misión y se pondrán manos a la obra sin descanso... lo que también significa que estarán enfocadas exclusivamente en su pequeña parte de la misión general. Mags se dio cuenta de la necesidad urgente e imperante de llevar a aquel equipo de líderes encallecidos en el individualismo hacia una mayor convergencia. Lo que hizo al respecto no le granjeó ninguna popularidad. De hecho, hubo muchas quejas. Sin embargo, a largo plazo, también sabía que «un hombre rana es feliz quejándose».

La convergencia exige dedicar tiempo a mover el foco del compañero de equipo para que la crucial misión individual se alinee con el marco general. Sin embargo, la percepción de los agentes sobre el terreno es que eso es una distracción administrativa y una pérdida de tiempo. Si queremos ser justos, la verdad es que no tenían tiempo para aquel tipo de iniciativas, a no ser que se las considerara prioritarias. Mags tuvo que plantearlas como innegociables.

Su solución fue mantener videoconferencias semanales bautizadas como «sesiones de reflexión de compromiso con el liderazgo». Nadie podía saltarse la sesión, daba igual a cuántos enemigos estuvieran persiguiendo. Había que tener un motivo irrefutable para no asistir. Las sesiones estaban planteadas para 90 minutos, pero las más productivas solían durar horas. El proceso siempre seguía la misma secuencia.

En primer lugar, quien dirigía la sesión proporcionaba una orientación en cuanto a la visión, la misión y el enfoque táctico. Esa parte iba seguida de una actualización de los aspectos más candentes en el marco general del SOCOM, aquellos que el alto mando considerase importante hacer llegar a todo el mundo. Entonces, Mags planteaba cuatro preguntas a los líderes:

- ¿Cuáles son sus objetivos tácticos y proyectos actuales?
- ¿Qué nueva tecnología están probando, evaluando y empleando?
- ¿Qué procedimientos operativos estándar están desarrollando? ¿Qué tácticas, técnicas y procedimientos están utilizando que serán nuevos o significativamente distintos?
- ¿Qué problemas de moral o disciplina tienen y cómo los manejan?

Si los líderes no tenían nada que compartir, se limitaban a decir: «Nada que comentar». Si, en cambio, había algo valioso que compartir, los líderes explicaban qué funcionaba, qué no y por qué. Era una buena oportunidad para destacar los éxitos y las innovaciones que introducían, así como para exponer con autenticidad los fallos, incluidos los propios.

Mags era optimista en cuanto a que los líderes serían más eficaces en su misión si se ponían en sintonía frecuentemente en aquellos aspectos cruciales. Con el tiempo, acabaron ofreciendo un espacio seguro para actuar con una transparencia absoluta a lo ancho de las unidades, así como entre el mando. La transparencia era necesaria para alcanzar un profundo nivel de comprensión y confianza y, por consiguiente, de resultados, que era lo que todos se exigían a sí mismos. No podían correr velos de arrogancia ni alegar lo crítico de las misiones, cosas ambas que hacen que muchos líderes no estén alineados con sus iguales.

Aquellas sesiones exigían una preparación concienzuda. No podías presentarte sin nada que compartir o te llamaban la atención por hacer perder el tiempo a los demás. Los líderes tenían que pensar con detenimiento las cosas que, en caso contrario, quedarían ignoradas o pospuestas hasta un día que no llegaría nunca. Solo la preparación ya valía su peso en oro, porque obligaba a los líderes a tomarse un respiro para reflexionar sobre sus propios pensamientos.

Los temas que aparecían en las videoconferencias recibían seguimiento, para que Mags pudiera ofrecer soporte después. Los líderes empezaron a darse cuenta de que sus problemas no eran solamente suyos; otros líderes tenían dificultades similares, y también se añadían algunas nuevas al aprendizaje colectivo. Y no tenían que resolverlas ellos solos: sus compañeros estaban dispuestos a ayudarlos. El lado positivo era que los líderes de lo más alto del escalafón eran capaces de identificar peligros en ciernes y puntos ciegos antes de que se volviesen mayores.

El tono de las sesiones seguía el de los modelos de análisis de situaciones de los SEAL que veteranos de Vietnam como Marcinko habían iniciado, y que luego siguieron líderes como Olson, McRaven, O'Connell, el Horra y Luttrell. Lo bueno, lo feo y lo malo se podían airear sin temor a castigo. Puesto que todo era juego limpio y no había que tomarse nada de manera personal, el equipo podía continuar centrado de manera radical en la mejora de los procesos y de la cultura. Como no se esperaban repercusiones de ningún tipo, aparecían todos los fracasos importantes. Era tarea de Mags filtrar los peores y gestionarlos antes de que los medios los presentaran deformados o se convirtieran en problemas legales para los SEAL. Los líderes también seguían con sus asuntos más rutinarios en tiempo real para intentar evitar el tsunami de papeleo exigido por la gran maquinaria burocrática de la marina. Eso contribuyó a desarrollar aún más confianza con la tropa que se encontraba más expuesta al fuego enemigo.

A los tres meses de haber implantado aquel protocolo, todos y cada uno de los suboficiales bajo su mando comentaron que no sabían cómo habían podido trabajar antes sin aquellas sesiones. Ahora lo veían como algo crucial para su misión. Los convertía en mejores líderes porque aprendían unos de otros; más concretamente, de los errores de unos y otros.

Mags me dijo: «Aquellas sesiones exigían mayor cantidad de tiempo y energía que la que muchos líderes estaban dispuestos a invertir, pero el resultado era oro puro. Las buenas prácticas mejoraron al compartirlas, y los conocimientos internos que antes se perdían en el nivel local ahora afloraban. Aquello en lo que un equipo trabajaba en una zona de conflicto se convertía, de repente, con una ligera modificación, en la solución que a otro se le escapaba en otra zona. Y a mí me permitía identificar tendencias en la moral o en la disciplina y anticiparnos».

Hemos visto al hablar de Shell Oil que la autocomplacencia es enemiga de la resiliencia. Cuando te dejas someter por la presión y no dedicas un tiempo a reflexionar con preguntas profundas, entonces el diablo que vive en los detalles acaba arrojándote su lanza flamígera. Todos hemos sido líderes y hemos trabajado enconadamente en nuestra misión sin darnos cuenta de que los árboles no nos dejaban ver el bosque; y si no hemos sido nosotros, hemos trabajado para este tipo de líderes en alguna ocasión. Entonces, cuando alguien o algo iba mal, el líder reaccionaba inmediatamente con protocolos legales o administrativos. Así se esfumaba la posibilidad de que el problema saliese a la superficie al nivel más bajo posible y de que los líderes sobre el terreno le pudieran buscar solución.

Si no buscas el porqué de una crisis (en lugar de señalar al culpable o ir lanzando acusaciones), no puede haber aprendizaje. La oportunidad para la transformación se pierde. Tal como hemos visto, la mayoría de retos de esta naturaleza son el resultado de problemas emocionales que surgen de los patrones de sombra inducidos por el estrés y la inquietud, que son norma cuando la volatilidad, la incertidumbre, la complejidad y la ambigüedad asaltan tus operaciones. El proceso de Mags, a pesar de lo fastidioso que era, contribuía a prevenir las peores consecuencias de la naturaleza humana cuando los humanos nos hallamos bajo una grave presión. Unió a todos en la experiencia común de «un equipo, un combate». La sincronización semanal permitía la acción para atacar las causas subyacentes del estrés antes de que se convirtieran en crisis sistémicas. La convergencia resultó ser el factor crucial que profundizaría la cultura de la confianza, el respeto, el crecimiento, la excelencia y la resiliencia que ya existían en el DEVGRU.

Mientras Mags ponía en marcha su proceso para la convergencia, el general del ejército de los Estados Unidos Stanley McChrystal dirigía la Fuerza Internacional de Asistencia para la Seguridad (ISAF) en Afganistán. McChrystal tenía que coordinar las actividades de muchas personas de varias unidades de mando. Había múltiples departamentos y una gran disparidad de organizaciones gubernamentales y de ONG de los Estados Unidos y de otros países de la coalición. Tenía fuerzas de operaciones especiales y mandos de combatientes convencionales del ejército de los Estados Unidos; tenía la CIA, la DIA y el Departamento de Estado, y cada uno contaba con su cultura específica y su propio estilo de comunicación.

Da dolor de cabeza simplemente pensar cómo McChrystal podía poner en sintonía para los asuntos más importantes a todos aquellos militares, burócratas, políticos, especialistas en logística y contratistas militares privados. Cuando los enviaron a Afganistán para llevar a cabo la parte que les correspondía de aquella compleja misión, cada uno intentó hacer las cosas como las había hecho siempre en el pasado... y, como era previsible, se atascaron y dejaron de ser eficaces.

El enemigo era mucho más fluido y mucho más impredecible de lo que esperaban. Estaban machacando a la ISAF en el entorno VUCA que habían creado. Aquello dejaba a McChrystal y a sus fuerzas a la defensiva, con días, si no semanas, de retraso con respecto al enemigo.

McChrystal se dio cuenta de que necesitaba que su grupo tan dispar se convirtiese en un equipo: un «equipo de equipos». Un equipo, una misión, formado por aquellos equipos tan dispares, cada uno con su propia subcultura, pero todos con una conciencia compartida. El resultado es lo que él denominó «ejecución empoderada». Era exactamente el mismo reto que tenía Mags, solo que a una escala mucho mayor, y con personas de culturas diversas en lugar de una cultura homogénea. En apariencia, era un problema mucho más difícil de resolver, pero los principios eran los mismos, y la solución fue sorprendentemente similar. Según Mags, que había trabajado para el general, McChrystal dijo a sus tropas: «Para frenar una red, hace falta una red».

Montaron una red digital para conectar a todas aquellas fuerzas dispares, de modo que pudieran beneficiarse del efecto de red. Y tenían que ser más rápidos que el enemigo en la difusión y la comprensión de la información. La red era la herramienta principal para difundir las orientaciones del mando hasta el último soldado de un comando de asalto. Aplanó la organización, de manera que todo el mundo operase con las mismas orientaciones. Otra profunda analogía que utilizó para lograr fuerza organizativa fue el concepto de estrella de mar. Creía que la mejor estructura organizativa era ser como una estrella de mar. Cuando una estrella de mar pierde una de sus extremidades, continúa funcionando correctamente, porque el nodo central está intacto. La extremidad acabará regenerándose.

Con el fin de impulsar la compartición de información y la ejecución empoderada, el general McChrystal puso en marcha una videoconferencia diaria de sincronización para los líderes clave de todas las organizaciones bajo su amplísimo mando. Se incorporaban a la videoconferencia desde cualquier lugar del mundo donde se encontrasen y repasaban una serie de preguntas de manera muy similar a como lo hacía Mags. La misión principal de McChrystal iba más allá de escuchar y responder: necesitaba fomentar una actitud compartida que sustituyera y vinculara las culturas dispares de todas las organizaciones. El motor de la cultura compartida sería la claridad sobre la visión y las normas. De modo que, en cada una de las reuniones, McChrystal aprovechaba la oportunidad para debatir su visión y las normas de comportamiento que deseaba por parte de su nuevo equipo de equipos.

Buscaba los puntos clave de la reunión en los que incorporar las orientaciones, a veces justo al principio y otras veces cuando le hacían una pregunta incisiva. Dejaba caer la orientación cuando se hablaba de disciplina y de límites. Trataba el tema de la ética del combatiente en el terreno, en especial bajo presión, y cómo se esperaba que los Estados Unidos y las fuerzas aliadas llevasen a cabo aquella guerra. Hacer eso conducía a que todas las partes involucradas supiesen cuál era la situación y qué decisiones debían tomar cuando se encontrasen con las inevitables áreas grises del entorno VUCA.

Rompió la rigidez de la cadena de mando. Todo el mundo era en primer lugar un miembro valioso del equipo; el rango venía después. A veces, la reunión derivaba hacia un asunto que exigía más discusión entre algunas de las partes, pero no todas. Entonces se encomendaba a las personas involucradas a llevarlo a un chat para debatirlo en tiempo real. Una vez allí, compartirían ideas y contactos con el fin de no interrumpir el flujo de la videoconferencia. De hecho, la organización creaba líneas de puntos entre sí en un organigrama dinámico y cambiante.

Quienes hayan leído el excelente libro del general titulado *Team of Teams* recordarán el diagrama alargado como un espagueti en el que se representaban las líneas de comunicación. No era su «organigrama», aunque alguien pudiese creer que sí. Los líderes que normalmente no hablarían entre ellos aparecían conectados por una línea de puntos, en la que podían compartir ideas, información y recursos fuera de la cadena normal de mando. Eso creaba una red descentralizada que unía a aquellos equipos dispares no conectados en la estructura centralizada. Aunque el papeleo seguía dominando la parte burocrática de la organización, la estructura de combate descentralizada era amorfa y adaptativa, y compartía información con una frecuencia mucho mayor, lo que permitía a los equipos responder con celeridad al enemigo, en lugar de limitarse a reaccionar.

La sincronización diaria de todas las personas involucradas conducía a una gran claridad sobre la visión general, así como también sobre los valores y límites del equipo de equipos, y permitía a todo el mundo percatarse de qué funcionaba y qué no. Gracias a ello, los líderes podían acercar inmediatamente a las tropas lo que habían sabido, y así mantenerlos centrados en los objetivos. También contribuyó a construir importantes sistemas de refuerzo para que todo el mundo estuviera centrado en los temas más importantes de otras unidades, o al menos fuese consciente de ellos. Si un grupo necesitaba ayuda, podían cubrir aquella necesidad rápida y eficazmente.

La evidente convergencia alrededor de la misión, la visión y los valores del equipo ampliado creaba una conciencia compartida en la que cada cual podía operar de modo más autónomo. Se capacitaba a los equipos subordinados para ejecutar las acciones al nivel más bajo, lo que significaba que el soldado, SEAL, aviador, marine y civil más cercano al enemigo estaba capacitado para actuar. Podían moverse a la velocidad del pensamiento y la planificación rápida en lugar de hacerlo a la velocidad de la burocracia. Así es como el equipo de equipos del general creó la ejecución empoderada. Con aquella claridad, podían ponerse las pilas y atacar al enemigo.

Los tres aspectos básicos de la convergencia en los que más merece la pena profundizar en este capítulo son promover las comunicaciones de combate, compartir al máximo y desarrollar un foco radical.

Comunicaciones de combate

Concebir un protocolo de comunicaciones es como estar en plena batalla.

Un entorno VUCA exige una posición de combate. El ámbito de los negocios se parece cada vez más a un campo de batalla de operaciones especiales, de modo que tienes que crear un proceso de comunicaciones preparado para la lucha; lo llamaremos comunicaciones de combate.

Así como McChrystal celebraba reuniones diarias y Mags lo hacía semanalmente, tendrás que determinar cuál es el «ritmo de combate» apropiado para tu equipo. En Shell, el equipo más grande de los que hemos hablado aquí, eso depende del departamento, pero incluso Shell tiene este tipo de reuniones de sincronización con una frecuencia trimestral, y con más frecuencia en caso de crisis. En mi empresa, llevo a cabo estas reuniones una vez a la semana con mis líderes clave, y entonces estos las hacen a diario con sus propios equipos. También tenemos una reunión operacional al mes y una sesión de planificación estratégica cada tres meses.

Si empleamos las enseñanzas que nos proporcionan Mags y McChrystal, resulta eficaz preguntar y responder:

- ¿Qué funciona y qué no?
- ¿Cómo cubrimos las carencias?
- ¿Qué problemas de cultura y disciplina tenemos? ¿Cuál es la mejor manera de atacarlos?

Por supuesto, hay un montón de detalles detrás de estas preguntas. Sin embargo, la clave está en continuar haciéndolas con incansable consistencia una reunión tras otra. El contralmirante H. Wyman Howard III, un antiguo mando del DEVGRU, dijo a su equipo: «Nuestros éxitos no pueden emborracharnos nunca, ni derrotarnos nuestros fracasos, y no podemos ocultar nuestras carencias».

Cada combate tiene su ritmo, y lo mismo ocurre con tu negocio, así que es importante que tus equipos se sincronicen con la frecuencia adecuada para tu combate. Los equipos de élite reconocen los diferentes ritmos y se aseguran de trabajar con ellos en lugar de dejar que los desequilibren.

Emplea tus reuniones de sincronización para crear tu propia música, en lugar de bailar al son del instrumento que toca otra persona en la batalla.

Cuando emprendas una nueva misión o un nuevo proyecto, te sugiero que pienses inmediatamente en tu estrategia para las comunicaciones de combate. Es fácil darlo por sentado, y eso puede llevar a grandes carencias en la información y la comprensión, unas carencias que se pueden evitar. Cuando pienses en tu ritmo de combate, no olvides que la misión de tu organización, la misión de tu unidad y el tipo de proyectos de equipo que emprendas tendrán influencia en cómo debería fluir la información. La misión del DEVGRU es amplia y no cambia a menudo. Sin embargo, cada unidad subordinada dentro del DEVGRU tiene su propia misión, y esta sí cambia continuamente, ya consista en capturar al enemigo o garantizar la seguridad de un armamento. El ritmo de comunicaciones para cada una de esas unidades es distinto. Y cuando emprendes una innovación en un producto o una mejora de un proceso, esos nuevos objetivos producirán una nueva capa de flujo de información. Lo que quiero decir es que, en vista de esta complejidad, tienes que estar muy atento a cómo sincronizas el flujo de información para asegurar la conciencia y el compromiso entre las unidades... a todos los niveles.

Esto provocará una gran convergencia y un impulso aún mayor.

Las reuniones inútiles destruyen la convergencia

Está también la otra cara de la moneda. Todos hemos experimentado la «reunionitis». Lo que sugiero más arriba no es que añadan reuniones para compartir ideas, sobre todo si ya están alineados de una manera sólida. Sin duda, muchas reuniones son una completa pérdida de tiempo y pueden destruir el entusiasmo y la voluntad del equipo. De todos modos, estarás de acuerdo en que no es posible trabajar como equipo sin una comunicación eficaz, y la mayoría de los equipos fallan en este punto.

Si se hacen mal, las reuniones chupan la energía de días que, de otra manera, irían perfectamente bien. Peor aún, pueden acallar el tipo de comunicación abierta y hecha desde el corazón que tan necesaria es para que tu equipo crezca. Si una reunión tiene un propósito y una estructura claros, vale el peso en oro de sus participantes. En las reuniones eficaces, el propósito y el orden del día son claros, y solo están presentes las personas que deben estar. La reunión ha de tener la duración exacta para que la información se comparta y procese, y se tomen las decisiones requeridas. Sin embargo, también es indispensable no ponerse a correr para encajar en un horario definido, tal como Mags descubrió. Más importante aún: hay que incluir las orientaciones sobre el propósito, la visión, la misión y las normas en todas y cada una de las reuniones. Cada vez que tu equipo esté reunido, ya sea en persona u online, tienes una oportunidad de profundizar en la convergencia.

La mayoría de las empresas celebran reuniones funcionales para trabajo del departamento. Son necesarias. Por mi parte, también pensaría en formar equipos especializados para la formación que evaluarán y darán forma al desarrollo horizontal y vertical del equipo, así como también reuniones para selección de objetivos, en las cuales los equipos utilizarán el modelo FITS para evaluar los objetivos actuales y a corto plazo, y así asegurarse de que son adecuados. Y recomiendo añadir una reunión específica únicamente para la convergencia, como las de Mags y McChrystal. Asegúrate de que se hace una introducción y un resumen para cada iniciativa o misión «importante». Estos dos últimos tipos de reunión tienen un protocolo específico y contribuyen a que las operaciones especiales sigan enfocadas de modo radical en la misión.

La introducción: me refiero a la presentación del plan de batalla SMEAC sobre cómo atacarás al objetivo. El SMEAC es una versión del proceso de planificación de misiones de las fuerzas de operaciones especiales, y responde a las siglas en inglés de situación, misión, ejecución, administración/logística y mando/señal. Los expertos responsables de cada una de estas áreas las analizan concienzudamente y a continuación elaboran la presentación. El líder general de la misión es quien la presenta. El propósito de esta reunión es converger alrededor de la misión, para garantizar que los objetivos explícitos e implícitos estén claros. Además, representa una oportunidad para ensayar la operación al visualizarla con el equipo entero, que es la razón por la que los miembros de las fuerzas de operaciones especiales incluyen muchas fotos y vídeos en sus presentaciones.

El resumen se da, naturalmente, después de haber completado la misión y cuando se ha alcanzado el objetivo. Este resumen debe llevarse a cabo en cada etapa de la operación si tu misión es de larga duración. Incorpora preguntas incisivas, observaciones sobre el desarrollo general y una evaluación sobre el desempeño del equipo y el individual, con la mirada siempre puesta en la mejora constante. Tal como he mencionado más arriba, el tono de estos encuentros es de una importancia colosal. Igual que hacía Mags con sus reuniones, no deben aparecer ataques personales, no se debe culpabilizar ni avergonzar a nadie, y no se deben permitir ataques conjuntos del lobo del miedo. Y punto. Las reuniones perderían todo su valor y su utilidad principal; se perderían el aprendizaje y la convergencia que producen estas potentes sesiones.

En toda comunicación de combate, hay que dejar el ego en la puerta, y no se permiten ni las desconexiones ni las perturbaciones. Si alguien perturba, hay que tratar el asunto de manera inmediata y situar un límite para futuras sesiones. O bien la persona disruptiva se sube al barco con el resto del equipo, o bien habrá que decirle que se vaya.

Esto no significa que lo que pretendas sea que el equipo le dé el visto bueno a tu visión y tus ideas. Tampoco estás buscando el pensamiento único ni el pensamiento mágico. Al contrario, lo que haces es pedirles que pregunten y respondan las cuestiones difíciles, tratas de ir más allá de los sesgos que causan impacto en las dinámicas de grupo. Todos los puntos de vista deberían expresarse de una manera concienzuda y emocionalmente madura. Cada persona tiene que estar convenientemente preparada y practicar la escucha activa y las preguntas ajustadas al tema, en lugar de socavar la energía del equipo emitiendo críticas y justificaciones. Las distracciones, como la interrupción de los teléfonos móviles, no están permitidas excepto en caso de emergencia.

Por otra parte, las reuniones de seguimiento representan otro aspecto importante de las comunicaciones de combate. He estado en demasiadas reuniones donde se ha acordado que una u otra persona se encarga de un proyecto, y luego no se vuelve a hablar del asunto. El entorno VUCA se entromete en el camino y aparecen otras cuestiones urgentes o importantes. En la siguiente reunión es como si no se hubiera dicho nada antes. Esto es terrible para la responsabilidad, y me hacía sentir completamente ineficaz en mi papel de líder.

Unos buenos protocolos de comunicación de combate pueden cortar de raíz el problema. El líder del equipo enviará por anticipado los resultados deseados y el orden del día, y luego un acta con las acciones que se han de llevar a cabo y las tareas asignadas a cada cual. En este resumen incluirá toda información e indicación para la convergencia que haya hallado tras haber analizado y resumido el contenido de la reunión. La cuestión aquí es utilizar deliberadamente estas reuniones para que el equipo evolucione mediante un proceso continuo de aprendizaje y de convergencia cultural.

Cuando aparezca una crisis, la comunicación de combate adquirirá un nivel diferente de urgencia. Una crisis puede paralizar un equipo, así que es de gran ayuda entrenarse para las crisis y desarrollar un plan de contingencia. Esto garantiza que la comunicación no quede destruida como resultado de la crisis. Si se produce una emboscada en una operación, los SEAL se ponen en modo de acción ante la crisis. Lo primero que hacen es tomar el control de sus respuestas fisiológicas y emocionales individuales. Lo hacen respirando hondo, desarrollando el diálogo interno positivo y las tácticas de control emocional. A continuación, se concentrarán en moverse en diagonal y mantener la integridad del equipo con el protocolo más conveniente. Acto seguido dispararán contra toda amenaza inmediata para cubrirse del fuego enemigo, y posteriormente activarán el bucle OODA del que hemos hablado antes (observar, orientar, decidir y actuar) para determinar la respuesta siguiente. Finalmente, cambiarán el plan y la estrategia de comunicación para enfrentarse a la nueva realidad, y lo llevarán a cabo. Están entrenados para responder de manera positiva y proactiva, acorde con el nuevo plan. Cuando la crisis haya acabado, harán un resumen para aprender y mejorar en las operaciones futuras. Este proceso funciona en cualquier marco, no solo en los combates en un campo de batalla de verdad.

Vence en tu mente antes de la batalla

Las comunicaciones de combate no consisten solo en comunicarte con tu equipo. Consisten también en cómo te comunicas contigo mismo. En la batalla, trata cada día como si fuera una actividad de alto rendimiento. Te puedes preparar pensando en «vencer en la mente antes de entrar en combate». Con ello acercas el principio de convergencia a tu relación interior contigo mismo. Luego enseña a tu equipo el ejercicio de vencer en sus mentes para mantener el rendimiento máximo a lo largo del día.

Si me permites, utilizaré mi comunicación de combate personal como ejemplo. Mi mañana empieza con la respiración del cuadrilátero. A continuación, reflexiono sobre mi propósito y mi misión, mediante un breve ejercicio de meditación y de visualización de mí mismo en el futuro. Finalmente, repaso mi recorrido previsible durante el día, destaco qué haré y me visualizo a mí mismo en el momento de lograrlo (lo que en los SEAL denominamos «bucear en tierra»). Además, me preparo para los imprevistos procurando anticipar lo que puede estropearse e idear una respuesta positiva al desbarajuste. Este proceso de preparación dura solo entre veinte minutos y una hora, y establece las condiciones óptimas para mi desempeño a lo largo del día.

Durante el día, en el combate, dedico tiempo al trabajo interior, así como a temas relacionados con la convergencia. Hago pausas frecuentes para ejercicios de recuperación, como respirar hondo, practicar movimiento somático, entrenamiento de fuerza (para este se necesita más tiempo), escucha activa, meditación, pasear por el exterior para ejercitar la conciencia plena y este tipo de cosas. Dejo que mi intuición me guie respecto a lo que es necesario. También me preparo mentalmente para reuniones importantes o actividades, y para llevar a cabo acciones personales posteriores en la medida de lo necesario.

Entonces, cuando el «combate» ha terminado, llega el momento de condensar el día. Esta práctica consiste en repasar y revisar mentalmente lo que ha ocurrido: qué funcionó y qué no. Es como una reunión diaria de sincronización contigo mismo.

Me pregunto:

- ¿Cuáles son las enseñanzas más importantes que he extraído de los obstáculos?
- ¿En qué he mejorado hoy? ¿Qué he aprendido?
- ¿Mis acciones me han hecho avanzar hacia mi visión y mis objetivos?
- ¿Qué temas o cuestiones no resueltas necesitarán seguimiento?

Esta estrategia contribuye a mantenerme alineado con los aspectos importantes y urgentes de mi propósito y mi misión.

Las comunicaciones de combate crean una actitud poderosa que encarna los principios básicos de este libro: la valentía, la confianza, el respeto, el crecimiento, la excelencia y la resiliencia. Y hacen que tu equipo y tú estén alineados en la consecución del máximo efecto. En los SEAL decíamos: «La manera en que haces algo es la manera en que lo haces todo».

El modo en que te comunicas contigo mismo y con los demás determinará cómo tu equipo crea significado e intencionalidad compartidos. Se necesita mucha disciplina para hacerlo bien. Entran en juego el autodominio, la frecuencia de la comunicación de equipo, las normas para las reuniones, el papel y las intenciones de cada uno, la actitud positiva y el estado emocional del equipo, la apertura y la transparencia, y la cultura de evitar las críticas. Este tipo de comunicación no es fácil, pero es indudable que vale la pena. No es necesario sufrir los riesgos mortales de los tipos duros de Shell, de los SEAL o de la ISAF para experimentar sus enormes beneficios.

Compartir al máximo

Un tema primordial en este libro es que tu equipo es tu mecanismo principal para el crecimiento como líder. Las personas que se comprometen a crecer juntas y a trabajar unidas en pos de una misión común lograrán juntas la excelencia. Hasta ahora hemos visto que la convergencia es la consecuencia de comunicar incansablemente la visión, las normas y la intención. Sin embargo, eso no basta para asegurar una convergencia completa en la intención. Para que todos los principios propuestos en este libro den su fruto, la persona que lidera y el equipo también deben estar dispuestos a compartir experiencias y a exponerse todos al mismo nivel de riesgo.

Todas las personas que forman parte del equipo, incluidas las que tienen la posición de líderes, deben estar dispuestas a compartir al máximo, empezando por la información, las experiencias y los riesgos. A medida que el equipo se abre a experimentar lo que las demás personas piensan y sienten desde sus variadas perspectivas, empieza a reconocer que todas las personas tienen temores y vulnerabilidades similares. El equipo se dará cuenta de que su fuerza radica en reconocer sus imperfecciones para que así el propio equipo pueda llenar las carencias y sus miembros puedan protegerse los unos a los otros contra las decisiones sesgadas. En los equipos de élite no hay donde esconderse, ni en la oficina ni detrás de ninguna fachada. Tienes que estar dispuesto a compartirlo todo.

Mags estaba dispuesto a ir a las zonas de conflicto y llevar a cabo operaciones con el equipo. McChrystal acudía de manera rutinaria al frente y se ponía él mismo en grave riesgo para asegurarse de que compartía la experiencia con los soldados y con los servicios de inteligencia. McRaven puso en riesgo su vida y su reputación para compartir experiencias con sus hombres, igual que Olson y O'Connell. Aquellas personas comprendían que, para hacer bien su trabajo, tenían que salir de la oficina, compartir información, ideas y apoyo… y arriesgarse junto con sus equipos. Hacerlo permitió a los líderes salir de su cabeza y entrar en su corazón, y a los equipos observar de primera mano esa faceta del líder. También es así como desarrollaron la capacidad intuitiva para mejorar la toma de decisiones cuando la VUCA hacía acto de presencia.

La confianza disminuye cuando un líder no comparte. En una de mis primeras posiciones de liderazgo en el Equipo SEAL Tres, recibí el apoyo de un suboficial de alto rango. Era un buen tipo que nos deleitaba con historias humorísticas de sus días en las junglas de Vietnam. Por lo visto, había estado en un buen número de accidentes de helicóptero y, cada vez que hacíamos ejercicios con esos aparatos, se echaba a temblar. Me fijé en que, cuando el equipo se entrenaba para los saltos con paracaídas, el rápel o las técnicas de rescate con cuerdas desde un helicóptero, siempre decía que tenía que ausentarse por algún asunto urgente. Comprendí lo que sucedía y me solidaricé con él, pero también sabía que el equipo se había fijado en ello. Les parecía mal que no compartiera riesgos y experiencias con ellos. Sí, en su día «había estado allí y lo había hecho», pero hoy es hoy. ¿Qué harás hoy para tu equipo?

No te duermas nunca en los laureles.

Al final tuve que hablar con él. Le hice saber que los hombres se habían fijado en que no compartía los riesgos de los ejercicios aéreos y que no estaba liderando como un líder de más alto rango debía hacer. Me confesó su miedo a sufrir un nuevo accidente, arguyendo que intentaba evitar una «tragedia aérea innecesaria». Le expliqué qué parecían sus acciones vistas desde la perspectiva de otros combatientes, y que la confianza en él estaba disminuyendo. Después de aquello, nunca volvió a ausentarse de ninguna operación aérea.

Si no hubiera estado dispuesto a compartir aquel riesgo con el equipo, le tendría que haber pedido que abandonase el pelotón. Así de importante era.

Todas las personas del equipo tienen que poder decir: «Cuenten siempre conmigo».

Si, cuando eres el líder, no compartes experiencias, perderás por completo la confianza y el respeto del equipo, y estos son los dos principios más difíciles de alcanzar. Si no estás dispuesto a compartir el riesgo, entonces será mejor que abandones tu posición de liderazgo antes de que te echen. Esto también atañe a las personas que seleccionas para tu equipo, porque no puedes prever este rasgo y hacer la selección en función de él, y, por tanto, tendrás que enfrentarte sobre la marcha a situaciones que pueden ser perturbadoras y convertirse en un lastre. Monta un equipo de personas dispuestas a quitarse las máscaras y a compartir al máximo.

Hay que resaltar que, cuando digo que debes estar dispuesto a hacer lo que le pides al equipo que haga, no me refiero a que realices algo para lo que no tienes formación. Por ejemplo, en paracaidismo con los SEAL no me lanzaría en caída libre porque no estoy cualificado para ello. Tomar parte en algo que pone en riesgo la misión debido a tu falta de formación o competencia es aún peor que no compartir el riesgo. Hay maneras adecuadas de compartir la exposición al riesgo, y variarán en función de cada persona y cada circunstancia. En la situación que he mencionado, lo que haría sería esforzarme en conseguir el entrenamiento básico y entonces apoyar al equipo en el salto de la manera adecuada a mi nivel; tal vez observando desde el aparato. Comparte el nivel de riesgo apropiado a tu grado de habilidad, tu cualificación y tu puesto de trabajo. De lo que se trata es de no esconderte tras tu posición o la puerta de tu despacho cuando vienen mal dadas.

De modo similar, es positivo que, en la medida de lo posible, compartas las experiencias del trabajo diario de los demás equipos con los que interactúas. Hoy día todo el mundo trabaja en un equipo de equipos, y agradecerán que vayas al lugar donde esos equipos hacen el trabajo real. Acude al terreno y hazte una idea de lo que ocurre en cada unidad. No basta con ver el conjunto de una operación en un organigrama.

Los equipos de élite salen de sus cáscaras y comparten las experiencias los unos con los otros. Para Shell, esto significa salir de la oficina y presentarse en las plataformas de extracción y en las refinerías. Para los SEAL, los equipos desarrollan sus operaciones nocturnas en las bases operativas avanzadas. Esto también exige algo de discreción, ya que, si perturbas sus operaciones montando un espectáculo, no los vas a ayudar en nada. Te conviene ser algo más que un nombre en un organigrama, pero no chupar toda la energía cuando apareces en la base operativa avanzada. Los altos mandos militares y los líderes políticos suelen hacerse notar mucho cuando aparecen en el frente, incluso aunque lo hagan con la mejor de las intenciones.

Ya hemos hablado de la importancia que tiene compartir más información. Para converger, se necesita compartir visión, misión y normas. A veces, sin embargo, nos movemos tan deprisa que no dedicamos tiempo a compartir otra información importante. O, igual de a menudo, esa información se guarda para lograr poder y prestigio. No te recomiendo que acapares información. Es especialmente necesario compartir enseguida conocimientos y aprendizajes sobre lo que funciona y lo que no, sobre lo que creemos que puede suceder y sobre lo que hemos aprendido de lo ya sucedido.

¿Es posible compartir demasiado? Tal vez sí. Mi tendencia a compartir productos futuros e ideas de negocio con mi equipo no me funcionó muy bien. Se distraían o se estresaban porque se tomaban aquellas ideas como temas para la acción, mientras que lo único que yo andaba buscando era que me diesen opiniones sobre la idea. De modo que lo que tienes que compartir es la «información necesaria», pero no aquella que no tiene impacto en el equipo ahora o a corto plazo. Déjalo para futuras sesiones de planificación. Ahora bien, piensa que en VUCA hay más información «necesaria» que «innecesaria», así que no te la guardes. El flujo libre de información ayuda al equipo a tener una idea de dónde se está desarrollando la batalla, en qué dirección tienen que mirar. Esto contribuye a crear la conciencia compartida.

Tal como hemos comentado, ahora también es el momento de compartir liderazgo. Las personas en las posiciones más altas de liderazgo no acumulan autoridad como líderes. Sin abdicar de su responsabilidad de liderazgo, la compartirán para que otras personas adquieran experiencia y ganen confianza. Los líderes de equipos de élite reconocen que no tienen todas las respuestas, que el equipo es el líder en última instancia y que ellos solo están en el cargo de manera temporal. Comparten oportunidades de liderazgo de manera activa y procuran dar un paso a un lado para que otros lideren.

Estas prácticas son las que hacen que un equipo crezca y acceda a la excelencia colectiva de todo el grupo. Cuando todo el mundo se ve a sí mismo siempre liderando y siempre siguiendo, entonces la estructura jerárquica tradicional se suaviza y el equipo real toma cuerpo; un equipo en el que el conjunto es mayor que la suma de las partes. Tanto el equipo como sus líderes empiezan de cero cada día, preguntándose: «¿Quién es la persona más adecuada para esta misión? ¿Cómo podemos darle apoyo?». Tus logros son los míos. Este enfoque permite al equipo resolver retos como grupo en lugar de que sea un único líder el que intente dirigir el resultado.

Las pasiones específicas de cada miembro del equipo también tienen que compartirse. No solo se profundizará en confianza y autenticidad, sino que nunca sabes cuándo la afición de alguien resultará útil. En los equipos de operaciones especiales, todos sus miembros son al mismo tiempo generalistas y especialistas. El equipo entero entrena sin descanso sus habilidades generales, como el disparo, el movimiento y la comunicación. Sin embargo, las habilidades especiales dependen de la pasión de cada cual y se entrenan individualmente. Los mejores equipos comparten este conocimiento especializado y lo usan para intensificar sus capacidades como equipo.

Una empresa destinará valiosos recursos a formar a las personas en las habilidades generales de su trabajo, pero a menudo niega a los miembros de sus equipos el tiempo y el dinero para mejorar en sus pasiones específicas, algo que, en cambio, podría aportar una valiosa fortaleza al equipo. En el entorno VUCA, te llevarías una sorpresa con el tipo de conocimiento que conduce a progresos. Las personas que tienen aptitudes inusuales pueden formar parte del brainstorming para proporcionar puntos de vista que están lejos del alcance generalista.

Comparte lo mejor de ti mismo con el equipo para así extraer lo mejor de sus miembros. Cuando fundes de esta manera tu conciencia y percepción con el equipo, provocas un cambio a mejor en ti y en el equipo. Al mismo tiempo, no pierdes tus fortalezas, debilidades, pasiones ni tu impacto en los demás, sino que te haces más consciente de quién eres. Y puesto que tu energía se potencia enormemente con el efecto multiplicador de la contribución de tu equipo a tu propio éxito, te sientes más motivado a descubrir tu fortaleza innata. Te ves con más energía, más determinación y más capacidad para conectar profundamente con todas las personas con las que interactúas... incluida tu familia.

De este modo, el equipo se convierte en una poderosa unidad de liderazgo, más poderosa que una simple agregación de individuos que trabajan juntos, y mucho más poderosa que cuando un líder individual acumula toda la responsabilidad.

Foco radical

La capacidad de centrar radicalmente el foco en un objetivo es otro de los rasgos distintivos de un equipo de élite. En los SEAL, nos formaban para perseguir las acciones más pequeñas que condujesen a los resultados más grandes. Entonces nos centrábamos del todo en aquellas acciones para completarlas. Repetíamos aquel proceso hasta dominarlo. La capacidad para conseguir que muchas mentes apunten a un mismo objetivo, con la precisión de un láser, conduce a unos resultados extraordinarios. Así es como el equipo de McRaven eliminó a Bin Laden y a incontables objetivos muy valiosos cuando dirigía el SOCOM.

Una buena manera de ejercitar este foco intenso es disponer de una serie de preguntas sobre el asunto; preguntas para ti y para el equipo, que hay que hacerse todos los días. Al responder esas preguntas con regularidad, continuarás realineando el plan a medida que avanza. Estas son las mías:

- ¿Qué me acercará más hoy al cumplimiento de mi visión y misión personales?
- ¿Cuál es el objetivo más importante para mí en el que debo centrarme hoy, y qué acción puedo emprender para continuar adelante?
- Lo que estoy a punto de hacer, ¿está en convergencia con la ética de mi equipo y la mía? ¿Y con lo que defiendo?

- ¿Cómo puedo conseguir hoy mayor convergencia y aportar más claridad al equipo?
- ¿Mi agenda para hoy incluye compartir experiencia, riesgo, reto?
- ¿Cómo y cuándo me comunicaré hoy con mi equipo?
- ¿Es posible que algo de lo que tengo previsto hacer hoy —o que no tengo previsto— me aleje de la convergencia?
- ¿Cuáles son las mayores distracciones potenciales a las que tengo que estar atento?
- ¿Hay algo más que pueda hacer para que el equipo tenga el foco radicalmente centrado y esté preparado para el combate?

Responder estas preguntas me permite ver cómo hacer algo un poco distinto, tal vez un poco mejor de lo planeado. Esto te lleva a seleccionar tareas de tu lista, del estilo de 80-20, y al mismo tiempo a añadir acciones de mejora y pulir las que queden. Cuando se presente el entorno VUCA, estarás centrado en las cosas correctas y por los motivos correctos, y podrás cambiar la dirección de tiro para abordar una situación imprevista.

Entrenamiento de combate

La guerra de Irak y la insurgencia que apareció después conllevó un nuevo tipo de combate que exigió a los SEAL hacer las cosas de una manera completamente distinta. Antes de esa guerra, la formación de los SEAL era más estática. Nos pasaban un objetivo, planeábamos el ataque y luego abatíamos ese objetivo. Acto seguido, nos íbamos a casa. Tampoco cooperábamos bien con otras unidades; desde luego, estábamos tremendamente alejados de la mentalidad del «equipo de equipos».

La situación en Irak exigía una mentalidad y un método de entrenamiento completamente nuevos.

Los SEAL cambiaron su entrenamiento para pasar de grandes objetivos, como atacar un almacén de misiles en tierra firme, a objetivos menos aparatosos, como proteger a los nuevos líderes iraquís, rescatar a víctimas de secuestros y dar caza a terroristas verdaderamente peligrosos. Se necesitaba inteligencia en tiempo real y una presencia persistente en el terreno. Aunque nuestra formación anterior nos preparaba para VUCA situacionales que nosotros mismos iniciábamos, necesitábamos aprender cómo operar en un entorno de amenazas constantes.

En VUCA situacional, tienes el control gran parte del tiempo y cuentas con un plan para cuando la cosa se ponga fea, lo que ocurrirá en el momento y el lugar que tú decidas. Para nosotros, eso era cuando golpeábamos al enemigo, a punto para el caos hasta que el problema se hubiera resuelto. Al término de la operación, las cosas volvían a la normalidad. En aquella nueva guerra, no teníamos el control de nada, excepto de nuestra actitud.

Tal vez sea buena idea acostumbrarse a no tener el control de nada salvo de tu propia actitud.

Los SEAL se dieron cuenta rápidamente de que la antigua manera de funcionar no serviría y tuvieron que pensar, como Marcinko, en romper de nuevo el molde. De modo que los equipos se reorganizaron para ser más flexibles. También percibieron la necesidad de operar más conjuntamente con las otras unidades de la marina desplegadas al mismo tiempo, como los técnicos de la EOD (Explosive Ordnance Disposal), los de comunicaciones y los escuadrones aéreos, de modo que los invitaron a entrenar con ellos.

Los SEAL me contrataron en 2005 tras la desmovilización para que los ayudara a llevar a cabo la formación en preparación para la guerra antes del despliegue. Era la misma formación que había contribuido a crear y llevar a cabo cuando el capitán O'Connell me reclamó para reincorporarme al servicio activo.

Mi equipo hizo pasar a las unidades por una actividad de entrenamiento multimisión desencadenada a partir de informaciones de inteligencia y lo más cercana posible a un escenario real. El objetivo era imitar lo mejor que se pudiera un entorno de combate al que deberían enfrentarse. Llevaban a cabo reuniones de sincronización diarias de todos los líderes, y luego las unidades operativas hacían lo mismo. Como responsable del conjunto, establecí las comunicaciones y el ritmo de combate. Los equipos recibían una tarea inicial para la misión; luego se inyectaban multitud de «desencadenantes» procedentes de los servicios de inteligencia. Esos mensajes desencadenantes exigían alguna acción, por ejemplo, un encuentro con un confidente, el reconocimiento de un posible alijo de armamento, etc. Los equipos entraban en acción y hallaban nuevas informaciones de inteligencia que darían más cuerpo a sus planes.

Los equipos adaptaban constantemente los planes a medida que avanzaban, lo cual causaba muchas disfunciones al principio. Nosotros cambiábamos constantemente los escenarios y los obligábamos a estar receptivos, en lugar de actuar a la defensiva. Aprendieron a desarrollar un proceso muy veloz de planificación y un ritmo operativo endiabladamente rápido. Tenían que adelantarse al bucle OODA del enemigo simulado, porque, en caso contrario, la situación les estallaba en la cara. Aunque la guerra sería bastante más compleja de lo que nosotros podíamos simular, los ejercicios los ayudaban a comprender a qué tipo de batalla real tendrían que enfrentarse.

Los equipos tenían que enfrentarse colectivamente al lobo del miedo para aprender a controlar ahora sus comportamientos automáticos negativos, y así evitar reaccionar de manera negativa una vez en combate. ¿Recuerdas lo de «Cuánto más sudes en la paz, menos sangrarás en la guerra»? Los soldados desarrollaban una gran confianza y un gran respeto mutuo. Aprendían a darse cuenta de que los demás eran exactamente igual que ellos, tenían un deseo intenso de destruir al enemigo. Las incesantes comunicaciones de combate creaban aquella unidad y aquella conciencia colectiva, igual que el foco radical en la misión. Cada uno de los principios presentados en este libro se podía observar en el resultado.

Y luego aquellos equipos dominaban el combate.

Fue un gran momento para mí porque, como empresario y como miembro de los SEAL, pude ayudar al equipo militar a desarrollar aquella importante solución para los entrenamientos. Más adelante, en 2006, mi empresa fue contratada para crear y lanzar a escala nacional el programa SEAL Mentor (del que ya he hablado antes) y, mientras escribo estas palabras, tengo de nuevo el honor de ayudar a mis compañeros de equipo en su formación para la fortaleza mental y del carácter.

Es como si mi vida entera, con todas sus dificultades, sus retos, sus fracasos y mi propia dinámica familiar hubiera sido diseñada a la perfección para esta importante tarea. ¿Tienes la sensación de que todo lo que ocurre en la vida, incluido lo peor, pasa por una razón? ¿Puedes ver una direccionalidad en tu vida? ¿Te da la impresión de que, tal vez, si te hicieras a un lado, te fortalecerías? Yo sí... y, como consecuencia, he aprendido a escuchar la voz interior de mi corazón. Siempre me ha sido útil.

Todos deseamos ser líderes más auténticos y cumplir nuestra misión juntamente con un equipo de élite frente a la VUCA. Pero el miedo y nuestras sombras nos retienen, incluso si no somos conscientes de tales miedos y sombras. Nadie es perfecto, todo el mundo lleva alguna mochila en su liderazgo. La pregunta que quiero que te hagas ahora es la siguiente: ¿cuál es el miedo al que tienes que mirar a la cara en primer lugar?

¿Puedes comprometerte a hacerle frente y liberar más tu potencial? Estoy seguro de que puedes, y te sugiero que te pongas a hacer los ejercicios de estos siete principios. Pero, antes de que te dirijas a tu espacio de entrenamiento para empezar el trabajo o de que regreses con tu equipo para poneros manos a la obra, tengo un último principio sobre el que quiero que reflexiones.

MALODL: Ejercicio 8
COMUNICACIÓN DE COMBATE, MÁXIMA COMPARTICIÓN, FOCO RADICAL

1. PON EN PRÁCTICA LAS COMUNICACIONES DE COMBATE. Analiza el estado actual de las comunicaciones de combate en tu equipo. ¿Ves si hay convergencia y conciencia compartida? ¿Están todos sincronizados con el ritmo de su combate particular? ¿Qué puedes mejorar en relación con la frecuencia de sus reuniones, el modo en que funcionan, cómo y cuándo compartes tu visión y tus normas? Finalmente, ¿tienes en mente un proceso para vencer antes de iniciar las batallas?
2. COMPARTE AL MÁXIMO. ¿Compartes el riesgo y tu auténtico yo con el equipo? ¿Qué puedes mejorar? ¿Cómo vas en cuanto a transparencia de la información y en cuanto a compartir el liderazgo? Busca maneras de hacerte a un lado para dejar que otros brillen.
3. CENTRA BIEN EL FOCO. Imprime la lista de preguntas sobre el foco y ponlas en un lugar que puedas ver con facilidad a lo largo del día. Échales un vistazo cada cierto tiempo para que te ayuden a centrar del todo el foco en las tareas convenientes.

CONCLUSIÓN

El compromiso final

¿Miedo a comprometerte en una misión más grande?
¡Supéralo!

Hay una especie de silencio que no puedes oír en el interior, por muy gruesas que sean las paredes, por muy tranquilo que sea tu barrio, por mucho que te adentres en la noche para intentar escucharlo. El tipo de silencio del que hablo es el silencio de la naturaleza. Si has tenido la ocasión de pasar largos períodos de tiempo en la naturaleza salvaje, sin duda lo habrás experimentado; es como si el mundo se detuviese para respirar.

Uno de mis lugares favoritos para escuchar este tipo de silencio es en los 24.000 km^2 de las montañas Adirondack, al norte del estado de Nueva York. Al calor de las primeras horas de la tarde, cuando el sol está en la vertical y las sombras de los arces y los robles se han encogido hasta casi desaparecer, hay momentos de tanta quietud que, si escuchas con la suficiente atención, puedes oír la sangre circulando por tus venas.

Tuve esa misma experiencia de silencio cuando me enviaron de misión a Kenia como asesor de una operación especial y visité una gran reserva de caza. Me impresionaron la amplitud y la belleza de los espacios abiertos de nuestro planeta, pero me entristeció saber que la caza furtiva y la caza deportiva estaban destruyendo la vida salvaje de África a un ritmo alarmante.

Pocos años más tarde conocí a un miembro de las fuerzas especiales que se había convertido en un filántropo, Damien Mander. Aquel encuentro reforzó mi visión positiva de la capacidad del ser humano para evolucionar y derrotar las energías negativas de la violencia y la explotación. Tras pasar incontables horas solo en las reservas de caza de cientos de miles de kilómetros cuadrados de Sudáfrica y Mozambique, Damien sabe algo sobre el silencio. Allí ha dirigido equipos cuya misión consiste en contraatacar a los cazadores furtivos, provenientes de mafias muy bien financiadas, que venden los colmillos de los elefantes y los cuernos de los rinocerontes por una fortuna. El éxito de esos equipos y el modo poco convencional que tienen de resolver los múltiples retos entrecruzados en situaciones VUCA reforzó mi creencia en que los líderes y los equipos que adoptan los siete principios y se apuntan a una misión mayor pueden lograr enormes cambios en el mundo.

Dejemos de invertir en violencia

Al principio, Damien fue buceador de desminado en la Royal Australian Navy. Trabajé con aquel excepcional equipo cuando me desplegaron en Australia en 1993, mucho antes de la época de Damien en aquella unidad. Los buceadores de desminado se dedicaban a salvamento submarino, medidas de respuesta contra las minas, operaciones tácticas marítimas como el abordaje de buques enemigos, y desactivación de explosivos. Tras el 11-S, Damien pidió el traslado a una unidad de reciente formación, el Grupo Táctico de Asalto, que tenía una misión similar a la del DEVGRU. Dejo que os cuente su historia, ya que tuve la oportunidad de mantener con él una conversación que grabé para mi pódcast *Unbeatable Mind*.

MARK: ¿Con cuántos miembros contaba el Grupo Táctico de Asalto?

DAMIEN: No muchos. Teníamos una tropa acuática formada por un equipo muy pequeño.

MARK: ¿Qué puedes contarme de la experiencia de pasar de ser un francotirador en Irak a regresar al mundo civil? Muchos se pierden. ¿Cómo hallaste un nuevo sentido para tu vida?

DAMIEN: Lo de Irak fue duro, ¿verdad? Cuando estás ahí, sobre el terreno, cuesta subir y ver las cosas desde 10.000 metros de altitud. Es interesante lo de tu Courage Foundation para ayudar a veteranos con estrés postraumático y reducir el número de suicidios. Para muchos de los que estuvimos en Irak, la guerra de verdad no empieza hasta que se callan las balas e intentas reflexionar sobre tu importancia en la vida.

Vienes de un mundo en el que lo significas todo para quienes te rodean. Entonces, de repente, cuando regresas a casa, te sientes completamente solo. Cuando llegas a casa, en las ofertas de trabajo de los periódicos no hay anuncios que digan «se busca francotirador». Y supongo que la reflexión de por qué vamos a la guerra y de qué iba esa guerra, es parte del proceso de retorno. Fue difícil. Me imagino que lo que más daño me hizo de la guerra de Irak fue ver lo que le pasó al pueblo iraquí... Tío, el país estaba arrasado.

Mientras estuve ahí, hice un gran esfuerzo por aprender árabe y empaparme de su cultura. Me ayudó mucho. Para aprender su cultura, tienes que compartir el pan con ellos. Y cuando compartes el pan, te conviertes en parte de su familia y de su hogar. No conocí ni una sola persona a quien la guerra no afectara directamente. Y cuando digo «afectar directamente», me refiero a un hijo que pierde un brazo por culpa de la metralla, o a una esposa muerta, o una abuela que recibe una bala perdida. Y allí había un puñado de guerras diferentes en marcha. Es difícil saber qué nombre lleva escrita cada bala.

MARK: Lo sé, la guerra es una gran tragedia. Parece formar parte de la condición humana, pero no suscribo la creencia de que siempre tenga que ser así. Cuanta más gente evolucione hacia lo que llamo la quinta meseta, la perspectiva centrada en el mundo, más abominable nos parecerá culturalmente la guerra. Es interesante la entrevista que escuché a Deepak

Chopra y a un yogui llamado Sadhguru, un tipo realmente curioso. Un invitado les preguntó a ambos: «¿Qué harían a propósito de la crisis migratoria desde regiones devastadas por la guerra, como Siria y Yemen? ¿Serían compasivos o adoptarían un enfoque más severo para evitar la migración?». «Seríamos compasivos, por supuesto», respondió Deepak. Dio el tipo de respuesta que cabía esperar.

En cambio, Sadhguru sonrió y dijo: «¿Sabe una cosa? Pediría que dejáramos de invertir en violencia».

Bien dicho. ¿Por qué no dejar de invertir en el conflicto? Esa gente saca las armas y la munición de alguna parte. ¿Por qué no hacemos que los militares dejen de tener armas, balas y misiles?

Ya sé que es más complicado que eso, pero ¿no podrían los líderes y equipos centrados en el mundo empezar a pensar de esa manera? Eso creo yo. En fin, me estoy yendo por las ramas. Pero este Navy SEAL y este francotirador del Servicio Especial del Aire estamos de acuerdo en ello.

De modo que, Damien, al regresar de la guerra, te sentiste perdido y necesitabas encontrar un propósito. Eso le sucede a mucha gente que sufre estrés postraumático. Pierden el sentido del propósito.

Sin embargo, tú lo encontraste. Cuéntanos cómo.

DAMIEN: No me uní al ejército para servir a mi país, lo hice por la aventura. No fui a Irak para ayudar a mejorar la situación, lo hice por dinero. Dejé Irak en 2008 y me fui a Sudáfrica para descomprimirme. Supongo que, cuando llegué a África, en lugar de buscar una causa, lo que buscaba era combate. Pasé once meses allí abusando exageradamente de las drogas y el alcohol, y... ¡caray, toqué fondo!

Era una encrucijada. Había oído hablar del combate contra la caza furtiva diez años antes, y allí era un tema de conversación común. Pensé: «¡Eh, suena un poco a aventura romántica, me podría meter en eso!».

Y cuando me metí, un par de experiencias me cambiaron la vida. Una fue ver a los guardas del parque que dejaban a sus familias once meses al año para salir ahí afuera y hacer algo más grande que dedicarse a uno mismo. Yo venía de un mundo en el que defendíamos los recursos sobre el terreno, y tenía todos los recursos que necesitaba.

Esos tipos, en cambio, defendían el corazón y los pulmones del planeta. Se encontraban en una zona hostil en la que la mayor amenaza no eran tanto los cazadores furtivos que intentaban detener, sino los animales que intentaban proteger. Y eso sí que me hizo reflexionar sobre mi vida. Me hizo sentir una mierda, la verdad. Ahí estaba yo, procurándome una aventura a sus espaldas mientras ellos trabajaban duro.

Lo segundo fueron los propios animales. En el combate, cuando hay un tiroteo, las balas van en ambos sentidos. Con aquellos animales, no era así. Era un acto mucho más injusto, el acto de matar animales para el marfil y por deporte. Eso me afectó de una manera que probablemente no hubiera hecho diez años antes. Irak había encontrado la manera de derribar mis barreras y proporcionarme un cristal distinto con el que observar el mundo.

Los animales no quieren un coche, un salario, una casa más grande. No tienen ego como nosotros. Solo quieren una cosa: quieren vivir. Y nosotros, como especie, les quitamos eso continuamente.

Eso me bastó para decir: «¡A la mierda!». Me había ido bien en el sector inmobiliario y tenía habilidades excepcionales como miembro de las fuerzas especiales, de modo que lo vendí todo y me apunté a la Fundación Internacional contra la Caza Furtiva. De eso hace casi una década. Ahora está inscrita en cuatro países y opera en el sur y el este de África. Los guardas a los que hemos entrenado y a quienes hemos dado apoyo protegen más de 20.000 km^2 de territorio salvaje y millones de animales de todas las formas y tamaños que viven aquí.

MARK: Es impresionante. Ayúdanos a entender el mundo de la caza furtiva. ¿Por qué se produce? ¿Qué economía hay detrás?

DAMIEN: Hay distintos tipos de caza furtiva. La más frecuente es la de subsistencia, lo que hace la población local para llevarse un plato a la mesa. No tengo problemas con eso. Pero luego está la caza furtiva comercial. Esta se dedica principalmente al marfil de los elefantes y los cuernos de los rinocerontes. Estos dos animales son los que se ven atacados con más agresividad. Los cazadores furtivos pueden ganar 35.000 dólares por cada libra de cuerno de rinoceronte en los mercados negros de China y Vietnam. Y un rinoceronte puede fácilmente tener 20 o 30 libras. La verdad es que tendrían que estar en zonas cerradas con seguridad, y no dando vueltas en áreas del tamaño de un país entero de pequeñas dimensiones.

Cuando montamos la organización, estaba pensada para que fuera el instrumental quirúrgico para ir al frente y proteger a aquellos animales en su hábitat natural. Como en una misión de operaciones especiales.

MARK: Es decir, que tu concepto inicialmente era enviar equipos tácticos y luchar contra la caza furtiva persiguiendo a los cazadores. ¿Se tira a matar de verdad? ¿O se intenta rodearlos y arrestarlos?

DAMIEN: Intentamos rodearlos y arrestarlos. No solo perseguir individualmente a esos tipos... Digo tipos porque la mayoría de los cazadores furtivos son hombres. También entrenamos a las fuerzas del orden locales.

La mayor parte del trabajo consiste en asegurarse de tener a los equipos sobre el terreno bien motivados y bien dirigidos. La diferencia entre el éxito y el fracaso en muchas de esas operaciones normalmente es que quien está al mando sea un buen líder, que les pueda transmitir todas las habilidades y, más importante todavía, que pase tiempo con ellos. Lo primero que hicimos fue entrenar a los guardas y poner en marcha las operaciones, y crecimos como organización. Aprendimos a una velocidad de vértigo, y yo apliqué un montón de cosas que me había llevado de Irak. Era un proceso en evolución constante durante el cual había que ir quitando las partes que no funcionaban y quedarse con las que sí. E insistir, probar cosas nuevas, no tener miedo a los errores.

Cometimos unos cuantos estropicios monumentales en los primeros años, pero estábamos preparados para cometerlos y aprender de ellos.

MARK: ¿Qué impacto tuvo la primera operación? ¿Tenías alguna manera de medirlo?

DAMIEN: El proyecto más grande fue en el límite del enorme Parque Nacional Kruger, en Sudáfrica, donde vive un tercio de la población mundial de rinocerontes. La mayoría de ellos se encuentran en el cuadrante sur del parque. El Kruger comparte frontera con Mozambique. En 2015, el 80 % de la caza furtiva penetraba por aquella frontera hasta el corazón mismo de la población de rinocerontes más grande del planeta.

Ahora, curiosamente, hay alrededor de 400 organizaciones especializadas en la conservación del rinoceronte en Sudáfrica. Pero ninguna de ellas trabajaba en aquella área, junto a la frontera entre Sudáfrica y Mozambique. El espacio que hay entre la mayoría de los rinocerontes del mundo y la mayoría de los cazadores furtivos de rinocerontes es el territorio clave para la conservación de la especie. De modo que fuimos allí y pusimos en marcha una ofensiva terrestre. Intervinieron 165 efectivos y cuatro departamentos distintos del Gobierno. Levantamos una verja más alta, llevamos armas, helicópteros y avionetas; en fin, todo. Básicamente, nos enfrentábamos a una insurgencia sobre el terreno.

Literalmente, era una guerra contra la población local. Pero hicimos que los cazadores furtivos dejasen de entrar por aquella zona. Se trataba de traficantes internacionales que buscaban cuernos de rinoceronte y ganaban grandes cantidades de dinero, conducían coches nuevos y relucientes y vivían en casas lujosas.

Lo que sucedió fue que, por primera vez en toda una década, se consiguió disminuir la caza furtiva del rinoceronte en todo el mundo.

El programa fue un éxito, pero a la vez un gran fracaso, porque estábamos en guerra con la comunidad local. Todos estaban del lado de los traficantes porque necesitaban el dinero. Era, literalmente, la misma situación que viví en Irak, donde gran parte de la población apoyaba a los insurgentes porque les pagaban para ello, y tenían que dar de comer a sus familias.

MARK: Y una operación para detener las acciones de un grupo de cazadores furtivos no iba a modificar las condiciones económicas subyacentes que llevaban a ello en primer lugar. Tenían que abordar el tema de las condiciones económicas subyacentes, ¿verdad? En Irak también dejamos eso de lado, de alguna manera.

DAMIEN: Exacto. No solo eso, sino que los maridos, los hijos, los tíos de la gente regresaban a casa en sacos mortuorios. Durante aquellas operaciones murieron 400 personas de aquellas comunidades que participaban en la caza furtiva.

G. I. JANE AL RESCATE

Aunque se consiguió reducir la caza furtiva de rinocerontes, me di cuenta de que no era la respuesta definitiva. Nos hizo pensar distinto y buscar algo nuevo. La solución que ideamos definirá el futuro de la conservación, y tal vez del liderazgo tal como lo conocemos.

MARK: Te refieres al programa Akashinga, ¿verdad?

DAMIEN: Estábamos leyendo un artículo del *New York Times* sobre el primer grupo de Rangers femeninas del ejército de los Estados Unidos, que iban a iniciar la formación. Entonces pensamos que la conservación es un sector dominado por hombres, con solo un 1 % de mujeres en la primera línea del frente. Así que leí más y más sobre el hecho de que, en la actualidad, el empoderamiento de las mujeres es la única fuerza individual para un cambio positivo en el mundo. Pensé que, si las mujeres no se exponen sobre el terreno, les faltará la experiencia necesaria para ascender en el escalafón y llegar a posiciones de alto mando. De modo que, en lugar de quejarnos de por qué no hay suficientes mujeres liderando cosas, lo que tenemos que hacer es meterlas en el canal que conduce al liderazgo.

Así que montamos una unidad femenina contra la caza furtiva. Pero no podíamos encontrar ninguna reserva que las aceptara, ni siquiera a modo de prueba. Su percepción era que se trataba de un gran riesgo. Al final encontramos una reserva de caza deportiva abandonada.

Ahora, para dar un poco de contexto, la caza deportiva es un sector en retroceso. Se trata de gente que viene del extranjero y mata un elefante o un rinoceronte por diversión.

MARK: Facebook [activismo en redes sociales] ayuda a acabar con ello, ¿verdad?

DAMIEN: Sí, sí ayuda. También ayuda el hecho de que se reduzca la población salvaje, y el endurecimiento de las leyes y las sanciones por la importación y exportación de trofeos. Pero existía en África esta área del tamaño de Francia que estaba destinada a la caza deportiva. Y en Zimbabue, que es donde yo vivo, el 20 % de la superficie del país está destinado a la caza deportiva. Allí donde en el pasado se utilizaba la caza deportiva como modelo económico para proveer de fondos a la lucha contra la caza furtiva, resulta que, cuando deja de practicarse, el territorio destinado a los cazadores deportivos se queda sin protección contra los furtivos. Es una triste ironía, ¿no te parece?

Cuando en un área de este tipo se extingue la caza, los cazadores que se autodenominan «conservacionistas» se trasladan a un área cercana donde aún quede algo a lo que disparar. Y la gente como nosotros tenemos que lidiar con las consecuencias.

Hicimos un proceso de selección de 199 hombres en 2012, y al final del último día solamente nos quedaban tres. ¡Solo tres aptos para continuar! Creí que con las mujeres pasaría algo parecido, pero quedé asombrado con los resultados. Nos trasladamos a aquella área en agosto de 2017 para iniciar la formación del equipo femenino de guardas, empezando con 87 aspirantes. Tras el proceso de entrevistas, 36 iniciaron el entrenamiento para la selección, que descansaba sobre los cuatro pilares de la adversidad de las operaciones especiales: el frío, la humedad, el cansancio y el hambre.

Tras 72 horas, solo tres habían abandonado por voluntad propia. Entonces nos dimos cuenta de que teníamos algo excepcional. Pienso que la distancia que uno se marca entre el sufrimiento y el abandono es lo que define el ánimo de una persona. Y ese era el ánimo que necesitábamos; el resto lo puedo entrenar. Necesito ánimo, necesito carácter. Y esas mujeres lo tenían a raudales.

Mi pequeño equipo de antiguos instructores de operaciones especiales hizo pasar un infierno a aquellas mujeres. Nos impresionaron a cada paso. En octubre del año siguiente, entraron en acción.

Antes de eso, cuando montábamos una unidad contra la caza furtiva, reclutábamos gente de todo el país. Hay que pensar que, para empezar, a la población local la han sacado de la zona para crear la reserva, de modo que ya hay tensión. Y entonces tú llevas a esos efectivos externos de guardas que no tienen conexión con la población local. No son sus amigos, no reciben su influencia, no hablan con ellos.

Decidimos que el 100 % de las personas reclutadas procediesen de las comunidades locales. Eso significa que la conservación se convertía en una inversión para la comunidad. Y 62 centavos de cada dólar que gastamos en los equipos van directamente a la comunidad local. Ya no pasan por el Gobierno ni por ningún gran jefe, desde donde nunca llegaban hacia abajo.

MARK: ¿Estás diciendo que el salario de esas mujeres va directamente a las comunidades locales porque es ahí donde lo van a gastar?

DAMIEN: ¡Exacto! Todo lo que se necesita para sus operaciones también se compra localmente. Y el salario de esas mujeres llega a la comunidad a nivel del hogar, y llega desde las mujeres. Va más dinero ahora a esas comunidades cada 34 días que lo que la caza deportiva suministraba en un año. El dinero de la conservación ahora pasa a manos de las mujeres, y nuestros estudios revelan que las mujeres gastan de su salario tres veces más en la familia y la comunidad local que los hombres. Así que el 90 % de lo que ganan lo reinvierten en la comunidad local.

Sin que lo hubiéramos previsto, nuestra estrategia tomó el dinero para la conservación y lo convirtió en inversión comunitaria. Y pusimos el empoderamiento femenino en la cima de nuestra estrategia. Con eso, el mayor provecho fue el desarrollo de la comunidad. Y lo que se suponía que era el objetivo principal, la conservación, pasó a ser el subproducto.

El programa también redujo la intensidad de todo lo demás. Los hombres querían disparar a los enemigos. Las mujeres, en cambio, querían entablar diálogo para ver qué problemas tenían y ayudar a solucionarlos, no disparar a todo lo que se moviese. En la medida en que se reducía la tensión, nuestro enfoque era menos militarizado, y eso lo hace también más barato.

MARK: Tal como aconsejó Sadhguru, deja de invertir en más conflicto. En lugar de eso, empieza a invertir en la comunidad.

DAMIEN: Esto me ha hecho cambiar la manera de pensar de dos décadas de actividad militar y de conservación.

MARK: Sin embargo, sigues enseñando a esas mujeres a disparar, moverse y comunicarse, ¿verdad? He visto la foto de una de tus alumnas. Parecía una francotiradora de los Navy SEAL. Sigues entrenándolas para eso, pero su tendencia no es disparar primero, sino actuar con generosidad.

DAMIEN: Sí. Esperamos lo mejor, pero también estamos preparados para lo peor. Esas mujeres están entrenadas en todas las herramientas y tácticas que necesitan. En el Bajo Zambeze, una de las mayores poblaciones de elefantes que quedan en el continente, han muerto 8.000 elefantes en los últimos dieciséis años. Eso significa 8.000 grupos de hombres armados moviéndose por ahí, unos grupos que están dispuestos a matar tanto a guardas como a animales. Y nuestras mujeres tienen que estar preparadas para eso.

Los equipos han practicado 62 detenciones desde octubre [2017]. Y no son detenciones de bajo nivel. Se trata de mafiosos. Y todas esas detenciones se han practicado sin disparar ni un solo tiro. Tiene sentido que estas mujeres formen redes de comunicaciones informales en esas sociedades rurales. Es una manera educada de decir chismorreos. Pero están verdaderamente al corriente de todo lo que ocurre, de manera que muchos crímenes se resuelven mediante operaciones de inteligencia a la hora de tomar el café.

Y, finalmente, están las comunicaciones en nuestro lado. Es mucho más fácil contestar a una llamada telefónica o un mensaje de texto de alguien de la comunidad local que te dice dónde hay un problema que pasearse por un territorio de 4.000 km^2 buscando uno.

MARK: ¿Qué significa Akashinga y de dónde salió?

DAMIEN: El nombre lo pusieron las propias mujeres. Significa 'las valientes'. Pensé: «Bueno, ya que vamos a reclutar a esas mujeres, démosles una oportunidad a las más oprimidas». Así que el reclutamiento se abrió a las víctimas de agresiones sexuales graves, violencia doméstica, huérfanas del sida, viudas solas, madres abandonadas, ese tipo de personas. Y no recibieron ventajas en el curso: vieron una oportunidad y se esforzaron al máximo para entrar.

MARK: ¿Cómo reclutan? ¿Cuelgan un cartel que dice «¡Oye! ¿Te han agredido sexualmente? Ven y hablamos»? No me imagino que funcione de esa manera.

DAMIEN: Se hace gracias a las conexiones locales. Estas comunidades están muy conectadas. Todo el mundo sabe lo que le pasa a los demás; de modo que íbamos a ver al jefe y le contábamos lo que queríamos hacer. Al principio se mostraban escépticos. Este trabajo se percibe como un trabajo masculino en una cultura patriarcal. Conseguimos convencerlos e hicieron muy buen trabajo ayudándonos a abrir esa oportunidad.

La segunda reserva empezará en Kenia a principios del año que viene. Y cuando esté en marcha y funcionando, y se logren resultados en una tercera reserva, entonces haremos que toda la doctrina esté disponible gratuitamente para otras organizaciones que estén de acuerdo en seguir nuestra normativa.

Así como Occidente ha ayudado a reducir la caza deportiva, ahora necesitamos buscar otras opciones de conservación levantando comunidades que protejan su propia tierra. Y desde un punto de vista económico, nuestro programa resulta una alternativa atractiva.

MARK: Pienso que empoderar a las mujeres para proteger esas áreas, estimular sus comunidades, apoyar a sus familias y proteger la vida salvaje es una actividad de mercado mucho más vendible que la caza deportiva.

DAMIEN: Sabes, el día que, al final de todo esto, me siente en una mecedora en un porche en algún lugar, lo único que quiero es echar la vista atrás y saber que desempeñé un gran papel formando equipos capaces de proteger tanto como sea posible el mundo natural. Tenemos este planeta maravilloso, esta roca azul girando sobre sí misma en el espacio, y seguimos buscando milagros ahí afuera mientras que, en realidad, los milagros están a nuestro alrededor, en la naturaleza. Y creo que protegerla es una misión que merece la pena. Me ha hecho importante, y ha hecho que esas mujeres lo sean también. Tenemos que darle otra oportunidad a la naturaleza. Nos dará una sorpresa.

MARK: No podría estar más de acuerdo. Estás protegiendo el medio ambiente y a los animales, y empoderando a las mujeres para que se conviertan en protectoras. Estás creando un verdadero círculo virtuoso… y un modelo interesante para otros sectores. Conseguir que los hombres que se dejan llevar por su ego trasciendan ese ego o bien que se hagan a un lado y dejen paso a las mujeres para que lideren de una vez por todas.

En una conversación posterior, Damien me puso al corriente de su progreso con los equipos femeninos.

DAMIEN: Los ecosistemas que proporcionan equilibrio al clima y hacen posible la vida en la Tierra están bajo una amenaza extrema. Sin suficiente acción, estamos destinados a nuestra extinción y a llevarnos por delante millones de especies. Nunca ha habido una situación más crítica en la civilización que la protección inmediata del mundo natural.

Situar a las mujeres en el centro de la estrategia de conservación es una solución simple e innovadora que puede expandir el empoderamiento, el desarrollo y la filantropía a lo largo de todo el continente africano. Por lo que he aprendido, creo que, más allá del Akashinga, las mujeres cambiarán el mundo a mejor. Mientras crecemos para formar una legión de un millar de mujeres veganas protegiendo el ecosistema africano en 2025, no se me ocurre ningún otro programa de empoderamiento más adecuado para difundir este mensaje. Lo que me entusiasma son las posibilidades. Empezamos con un pequeño país interior del África subsahariana, en un sector de la conservación que se está volviendo cada vez más antagonista respecto a las comunidades indígenas locales, en un continente en el que los conflictos armados se han incrementado un 700 % en la última década. Lo único que hicimos fue cambiar el rol masculino de fuerzas del orden, gestión y decisión. Al hacerlo, rebajamos completamente la tensión local y unimos la conservación con la comunidad, mientras al mismo tiempo recortamos en dos tercios los costes operativos. El tercio restante, invertido sobre todo en mujeres, se convierte en la forma más eficaz de desarrollo comunitario y, al mismo tiempo, la base principal de nuestro trabajo de conservación tiene más éxito que nunca.

Nuestros egos llevan mucho tiempo impidiéndonos ver la fuerza más poderosa de la naturaleza: el instinto protector de las mujeres. Allí donde la historia se ha llenado de cicatrices de los campos de batalla del ego, las mujeres han continuado siendo madres, han seguido sosteniendo y protegiendo familias. Proporcionan estabilidad en el caos uniendo a la sociedad.

> La hora de la crisis ha llegado, y ocho siglos después de que Gengis Kan sacudiera el mundo, ahora el mundo vuelve a recibir una sacudida para mejor, solo que en esta ocasión con una fuerza de un tipo muy distinto, muy especial: las mujeres.

¡Bravo, Damien! Me encanta tu visión.

El destino de la humanidad depende de ti

¿Qué significa ser un humano ahora, en el momento en que entramos en la era de la inteligencia artificial, la distracción masiva y las crecientes amenazas existenciales? Igual que Damien, ¿cómo lograremos un propósito más grande, una mayor relevancia y una misión con más significado en un mundo que en cierta manera está enloqueciendo?

Yuval Noah Harari, el autor de *Sapiens: de animales a dioses, una breve historia de la humanidad*, afirma que nuestra especie ya no es capaz de lidiar con las amenazas que ella misma ha creado. La guerra nuclear, el derrumbe ecológico y la disrupción tecnológica amenazan con borrar del mapa a la humanidad. Yuval sugiere que estas amenazas son problemas que solo se pueden resolver mediante una civilización global que no tenemos. Estamos separados por idealismos nacionales, culturales y religiosos, y nos dejamos llevar por las rígidas visiones egocéntricas y etnocéntricas del mundo. Lo que estamos haciendo no parece que funcione, y podría ser una receta para un sufrimiento mayor en el futuro.

Pero ¿cómo nos unimos para acabar con esa separación? Mucha gente esperaba que el acceso global a internet y a los móviles daría lugar a una comunidad global. Ya hace años que esta promesa se marchitó.

¿Pueden nuevas tecnologías como el blockchain, la exploración espacial y la energía verde resolver los problemas? No hay duda de que la tecnología alargará la vida, colonizará planetas, tal vez incluso acabe con la pobreza... Incluso puede que empiece a curar el planeta. Sin embargo, también nos proporcionará herramientas aún más poderosas para autodestruirnos. Como especie separada de su verdadera naturaleza y, por tanto, los unos de los otros, continuaremos usando estas armas cada vez más poderosas contra «los otros». Seguiremos actuando según nuestros intereses personales, a pesar de las consecuencias globales negativas de nuestras acciones.

La separación de nuestra verdadera naturaleza, y de la Madre Naturaleza, nos ha enfrentado entre nosotros en una batalla infinita por los recursos, el territorio y el poder. El aislamiento, los prejuicios raciales y sexuales, el pensamiento absolutista, el saqueo de la Tierra, el comportamiento despótico y radical... Todo eso proviene de la separación. La separación crea miedo, avaricia, gula, depresión, tristeza y confusión. En resumidas cuentas, la separación provoca sufrimiento, que se muestra culturalmente en el escenario mundial. Cada uno busca a la desesperada respuestas fuera de sí mismo, en el nuevo líder, en el ámbito académico, en el bombo publicitario o en el último curso de autoayuda. Nunca hallan lo que buscan. No existe ninguna enseñanza formal sobre cómo acabar con la separación y eliminar el sufrimiento, de modo que todo el mundo va saltando de un drama al siguiente, repitiendo en el camino desgastados mitos religiosos, sociales y familiares.

Para acabar con la separación de los demás, primero tenemos que acabar con la propia. Debemos mirar al lobo del miedo a los ojos, despertar a nuestra bondad innata, conectar los unos con los otros, y alcanzar la quinta meseta del desarrollo. Sí, así es, el destino de la humanidad depende de ti. Y de mí. El camino hacia la completitud global pasa por la nuestra.

Este libro es mi manera de motivarte para que reestructures tu papel como líder (y como compañero de equipo) en el futuro, que es ahora. Este papel consiste en crear equipos ágiles y de rápido desarrollo vertical, y organizaciones que abran el camino para reformas sociales y medioambientales, encarnando el cambio como líder de líderes, en un equipo de equipos, con una misión común: recuperar el futuro.

Las burocracias y conglomerados de la era industrial, aunque bien intencionados en la mayoría de los casos, han perdido el derecho a liderar esta nueva era. Y los medios continuarán obsesionados en la parte oscura de la cultura y la política, lo que potencia la negatividad y la inquietud sociales. Esto nos deja a ti y a mí al mando del dial para que lo hagamos girar en una dirección positiva y centrada en el mundo.

En los próximos veinte años, lo más probable es que seamos una especie interplanetaria, con una base avanzada en la Luna y en Marte. ¿Cómo administraremos nuestro planeta durante el cambio hacia una especie interestelar? ¿Lo haremos igual que siempre y rezaremos por unos resultados más positivos? ¿Esperaremos que unos cuantos emprendedores brillantes resuelvan las cosas? Personalmente, no creo que ninguna de estas formas de enfocar el problema vaya a funcionar. Lo que pienso es que tú y yo tenemos que ampliar nuestro potencial y nuestra idea de lo que somos capaces de hacer. Luego tenemos que llevar este poder expansivo a nuestros equipos y nuestras organizaciones. Es la única manera de que el tsunami tecnológico no nos arranque de cuajo como a los árboles demasiado rígidos que no se dejan mecer por el viento.

Los avances tecnológicos acelerados pronto harán que el planeta les quede pequeño. Como consecuencia del trabajo que tú y yo vamos a llevar a cabo, mi visión es que, en los próximos diez años, alcanzaremos un punto crítico en el que el 10 % de la humanidad se identificará al mismo tiempo como miembro de su tribu y como ciudadano de la especie humana. Esto significa que exigirán derechos, libertades y respeto por igual para todos. También exigirán que los países dejen de invertir en violencia y curen el medio ambiente, global y localmente. Veo la enseñanza de la respiración, la meditación, la visualización y las habilidades corazón-mente en la escuela primaria. Y, como consecuencia de ello, veo a la humanidad avanzando rápidamente en una dirección más positiva.

No hay ningún futuro que tenga sentido si continúa la amenaza de aniquilación nuclear, económica o medioambiental. Los días de austeridad y de «mi tribu es mejor que la tuya» tienen que acabar.

Solo cuando el número suficiente de equipos y líderes compartan las verdades de los siete principios, podremos hacernos con los roles dominantes del liderazgo y de la visibilidad. Entonces podremos transformar juntos las estructuras culturales y sociales para reequilibrar el cuerpo, la mente y el espíritu de la humanidad, igual que nuestro hogar principal, la Tierra.

Ha llegado la hora de que asumas tu papel como agente de un cambio, de que lideres tu audaz misión con el ejemplo. Cuando hagas tuyos los siete principios, tu impacto en tus equipos de élite será mayor. El equipo es tu vehículo para el cambio, en el que liderarás abriendo el corazón con generosidad, como las mujeres Akashinga. Las mentes y los corazones se funden para actuar con determinación más allá del resultado… pero sin ignorarlo.

Enfrentémonos juntos al lobo del miedo y luchemos por nuestras comunidades, por el propio planeta y por toda la humanidad. Echa una ojeada serena a la versión del futuro en la que tú y yo no hacemos nada por actuar. No tiene nada de bonita. De modo que comprometámonos en cocrear una alternativa futura positiva y probable. Solo si recuperamos nuestro poder personal podemos enfrentarnos a las fuerzas negativas que hoy dominan.

Ha llegado la hora de que bajemos a las trincheras para cubrir el vacío.

Finalmente, nuestras generaciones más jóvenes tienen la esperanza de que las organizaciones a las que se unirán formarán parte de la solución, no de la perpetuación de los problemas del pasado. Debemos dar a nuestros compañeros de equipo jóvenes algo por lo que movilizarse. Pregúntate cómo tu equipo y tu organización van a provocar algún cambio. Comprométete a desarrollar la valentía, la confianza, el respeto, el crecimiento, la excelencia, la resiliencia y la convergencia para liberar un potencial gigantesco.

Juntos podemos hacerlo. Un equipo, un combate. Podemos con ello. ¡Espléndido día!

Planta cara al maldito lobo

El miedo nos retiene. Puedes llenar el vacío de tu valentía moral y física aceptando el desafío del primer principio. Enfrentándote a tus miedos y alimentando la valentía al mismo tiempo. Esto te impulsará de manera natural a aceptar el reto de los otros seis principios. La valentía se desarrolla tomando posición y arriesgándote a actuar con determinación. De hecho, todos y cada uno de los siete principios no son sino llamadas a la acción. Cada uno se edifica sobre los otros.

Sin valentía, no confiarás. Sin confianza, no te ganarás el respeto de los demás ni los respetarás. Si no te respetas a ti mismo y a los demás, no crecerás. Si no creces, no manifestarás excelencia. Si no te comprometes con la excelencia, no serás muy resiliente. Para terminar, si no eres resiliente, a tu equipo le costará converger hacia tu visión o tu misión.

Enfrentarse al lobo exige un trabajo diario para hacer evolucionar tu cuerpo, tu mente y tu espíritu. Asume lo que este trabajo exigirá de ti, acostúmbrate a la incomodidad y aprende a apreciar el crecimiento acelerado al que conducirá.

En el trayecto, recuerda estas tres cosas:

1. El autodominio es una práctica DIARIA. Debemos ser responsables de nuestra propia evolución. Esto avivará tu valentía e insuflará fuerza a tus otros compromisos.

2. No se trata solo de ti. Cada vez que te pones a trabajar en ello, provocas un impacto positivo en tu equipo, en la humanidad. Controla tu ego, hazlo por tu equipo.

3. Debes descubrir cuál es tu vocación específica y cumplir desde ahí. La humanidad necesita tus habilidades excepcionales y que cuides de ella con una visión centrada en el mundo.

Así pues, estos principios son prácticas diarias, y también señales poderosas que guían tu vida y los pilares que la sustentan. Vamos a repasar los ejercicios y los aspectos que conforman el núcleo de cada uno de ellos.

VALENTÍA

Cuando se trata de valentía, enfréntate a ese miedo al riesgo por levantarte en favor de la verdad: de la universal y de la tuya propia. Una verdad universal clave que hay que defender es la inclusión y la interconectividad. Si queremos tener una visión centrada en el mundo, no podemos negar, demonizar ni juzgar las realidades de otras personas. No podemos ser engreídos. Tenemos que dejarnos de críticas y de sentimientos de superioridad, y ser inclusivos y respetuosos con los méritos de los demás.

También debemos tener la valentía de dar valor a nuestras decisiones en lugar de hacer las cosas porque otras personas creen que tienen razón, porque nuestros padres querían que lo hiciéramos de tal manera o por cualquier otro motivo. Ser valiente significa que no trabajaremos para estúpidos y que no haremos las cosas para alimentar solo nuestros objetivos egocéntricos, como hice yo con la Coronado Brewing Company. Me metí en CBC con el objetivo de ganar un montón de dinero y tener cerveza gratis para el resto de mis días. Ya ven cómo acabó todo. No fue precisamente un acto de valentía.

La valentía exige que nos ejercitemos en ampliar nuestra tolerancia al riesgo y que lideremos con el corazón, como demostró Olson. Para ello, tenemos que practicar para abrir nuestro corazón. Una de las mejores maneras que conozco de hacerlo es obligándote a ti mismo a tener esas conversaciones compasivas y autocríticas cada día. Todos tenemos esas cosas que sabemos que «deberíamos» hacer, pero que esquivamos hasta que «desaparezcan». Lo cierto es que no desaparecen nunca, ¿verdad? Puedes desarrollar la valentía de tener esas conversaciones simplemente comprometiéndote a una al día. De ese modo entrenarás tu corazón para abrirlo a los demás en una conectividad mutua. Ampliarás tu capacidad para arriesgarte y para compartir una experiencia importante que desarrollará una confianza y un respeto más grandes. Estos principios se entrelazan de esta manera.

CONFIANZA

Enfréntate al miedo al fracaso para comprometerte a conseguir ser digno de confianza. Significa que tienes que desarrollar la transparencia, la humildad y la disciplina para seguir las cosas hasta el final sin desfallecer, como hizo McRaven. No te escondas tras la inacción ni culpes a los demás de la situación cuando las cosas no han salido como habías planeado. La duda se elimina mediante la acción y el aprendizaje, pero lo primero y más importante es la acción. Una de las acciones más potentes para cultivar la confianza es admitir tus errores. En Arena Adventures, esconderme tras haber cometido un error hizo que perdiera la confianza en mí mismo, y eso generó la pérdida de confianza de mi equipo.

Responsabilízate de tus errores cada día. No te limites a aceptarlos en tu interior; manifiéstalos en voz alta y con humildad a tu equipo. Di: «Ey, chicos, la regué. ¡Está claro que no soy perfecto! Espero que no tenga demasiadas consecuencias negativas para ustedes. Necesito su ayuda para solucionarlo». Parece sencillo, pero las primeras veces que lo dices se hace muy difícil. Nos han enseñado que cometer errores es malo. Bobadas. Es nuestra manera de aprender. ¿Quieres llegar cuanto antes al corazón de la autenticidad? Cuéntales a los demás que la regaste y luego continúa diciendo que estás trabajando en la solución y en mejorar. La gente empezará a confiar rápidamente en ti cuando lo hagas.

RESPETO

Enfréntate a tu miedo a las críticas y sé medianamente claro sobre tu porqué y tu misión. Clarifica tus objetivos específicos e implícitos, y cuáles son las victorias y fracasos aceptables. Luego comunica todo eso con disciplinada integridad y brújula moral. Ningún plan sobrevivirá al entorno VUCA, de modo que, para pasar por él y salir sanos y salvos, tienes que ser claro sobre por qué haces lo que haces en cada etapa del camino. De lo contrario, perderás el respeto rápidamente. Comunica al equipo que la victoria final no se parecerá en nada a lo que originalmente pensaban, y que eso está bien. Lo que determinará el éxito es el modo en que el equipo responderá a los retos y los cambios, y cómo de adaptables serán los miembros del equipo. En los SEAL, una victoria aceptable también era aquella situación en la que aprendíamos qué «no» hacer en el futuro. No teníamos que cumplir siempre la misión tal como estaba prescrita, lo que nos proporcionaba una enorme flexibilidad para seguir adelante.

Tienes que ganarte el respeto todos los días, y lo haces con una comunicación impregnada de integridad, como vi hacer al capitán O'Connell. Esto significa quitarte las máscaras y hablar con la intención en tres partes que he presentado allí: que lo que dices es objetivamente cierto, que es útil y añade a la conversación, y que proviene de la positividad.

En cuanto a esas máscaras, tu equipo te perderá el respeto si las llevas puestas, porque verán inmediatamente lo que hay detrás. La más importante que tienes que quitarte es la máscara de la perfección, esa que nace del miedo. Externalicé NavySEALS.com en sus inicios debido a mi máscara del miedo. No confiaba en mi capacidad y temía no poder hacerlo por mi cuenta; creía que necesitaba a aquella gente para llenar el vacío. Aquella codependencia me la provocaba el sentimiento de mi infancia de que no era digno de merecimiento. Cuando logré la autoconciencia y la valentía para enfrentarme a ello, desapareció. Si hubiera trabajado mis emociones y me hubiera despojado de aquella máscara antes, me habría ahorrado un montón de tiempo, dinero y sufrimiento en mi vida. También me faltaba la integridad de la comunicación en tres partes para superarlo con elegancia, y en conjunto fue un desastre. Les perdí el respeto, y ellos a mí.

El respeto es difícil de ganar y fácil de perder.

Aprovecha todas las oportunidades para quitarte la máscara. Hazlo cada día y les será imposible negarte el respeto.

CRECIMIENTO

Enfréntate al miedo a la inquietud aceptando el reto del desarrollo vertical del carácter, tanto el tuyo como el de tu equipo. Practicar los siete principios con tu equipo creará el motor para un crecimiento increíble. Tienes que convertirte en la persona merecedora de conducir a tu equipo como líder centrado en el mundo, como hizo el Horra con su compromiso con el crecimiento. ¿Por qué deberías dedicar ocho o diez horas de tu día a «trabajar» (o incluso más horas para muchos de ustedes), sin exigir que ese tiempo te proporcione una oportunidad importante de crecimiento?

Te conviene sistematizar retos y variedad, y encontrar nuevos mentores, no solo uno, sino un equipo de mentores y coaches. Y también ser tú un mentor y coach para otros.

Todos necesitamos un mentor, y en más de una categoría. Necesitarás uno para tu desarrollo físico, para tu desarrollo mental, para las necesidades de tu empresa o de tu actividad emprendedora, y para tu desarrollo espiritual. Es bastante difícil que encuentres todo ese apoyo en una sola persona.

Cuando echo la vista atrás y comparo mi paz mental y los resultados desde que me comprometí a crecer y tuve mentores con mi paz mental y mis resultados cuando aún no lo había hecho, la diferencia es cegadora. Descarrilaba enseguida cuando me distraía con todo lo que había que hacer, y dejaba de lado el trabajo con mi propio ser. Por ejemplo, CBC, Arena Adventures y la primera fase de NavySEALS.com acabaron en una debacle porque había «detenido» mi trabajo interior. Después de mi período de combate con los SEAL en Irak, me comprometí a no dar prioridad a los resultados por encima del crecimiento. Profundicé aún más en ello cuando descubrí que mi vocación era enseñar esos principios.

Es mejor perseguir la paz mental que la gloria o la fortuna.

Cuando empecé SEALFIT, convertí el entrenamiento integrado diario de las habilidades físicas, mentales, emocionales, intuitivas y espirituales en parte del modelo de formación, y lideré esa formación predicando con el ejemplo. Volví a ejercitarme en artes marciales, en la meditación y el yoga, y me comprometí a hacerlo al menos una hora al día todos los días, con sol, lluvia o nieve. Todo cambió a mejor. Si te comprometes con el crecimiento vertical diario, avanzarás a pasos rápidos y agigantados. Los retos no desaparecerán, pero tendrás nuevas perspectivas y mayor resiliencia, y responderás de modo positivo. En el preciso instante en que dejes los entrenos, los viejos y desgastados patrones negativos reaparecerán. El lobo del miedo no desaparece de tu cabeza. Lo que hace es quedarse ahí esperando la oportunidad de volver a manifestarse.

Comprométete a crecer entrenando cada día tu adherencia a esos principios, trabajando «duro» siempre, y cambiando el entreno con frecuencia, para que no te acostumbres demasiado.

EXCELENCIA

Enfréntate al miedo a ser visto como alguien excepcional. En lugar de eso, persigue el desarrollo de la curiosidad, la innovación y la simplicidad. La excelencia se encuentra primero dentro de uno mismo y luego se expresa a través del carácter y las acciones. Esto exige que incorpores el silencio y la práctica de cultivar la simplicidad, la curiosidad y la innovación. La excelencia no es tanto una manera de actuar como una manera de ser.

El equipo necesita tiempo para unirse y entrenarse en ese principio... dentro y fuera de la oficina. Empiecen a hacer cosas para acostumbraros a la incomodidad. Planifiquen jornadas y tiempo para reflexionar y recuperaros, y para profundizar en los conocimientos e incorporar nuevas perspectivas importantes.

Personifica primero la excelencia y entonces transmítela con tus actos.

Cuando te comprometes con la excelencia incorporando la práctica diaria, en vez de quedarte en los conceptos, tu equipo y tú se convierten en su Equipo SEAL Seis. Desarrolla tu carácter para ser, en primer lugar, moralmente valiente, digno de confianza y respetable, y entonces ve a cumplir tu misión con excelencia. Para tu entrenamiento básico tienes que hacerte un hueco de un cuarto de hora a media hora cada mañana. En ese tiempo, haz de cinco a diez minutos de respiración diafragmática profunda del cuadrilátero (busca en Google «mark divine *box breathing*»), seguidos de cinco a diez minutos de mindfulness (conciencia plena); acaba anotando los dibujos e ideas que han aparecido. Crea un equipo para practicar la respiración del cuadrilátero y la visualización, y para alimentar al lobo de la valentía.

RESILIENCIA

Enfrenta tu miedo a los grandes obstáculos. Cae siete veces, levántate ocho... más fuerte y con una sonrisa en la cara. Se dice con frecuencia que tenemos que adaptarnos y superar obstáculos, pero yo sugiero que en primer lugar superes los obstáculos y luego te adaptes. Supera los obstáculos primero, luego aprende a adaptarte a partir de la experiencia, y sé más resiliente y más sabio.

Personifica el crecimiento acelerado para que puedas «correr hacia donde se oyen los disparos», es decir, hacia los obstáculos y los retos. Aprende a aprender deprisa y admite que eres capaz de hacer al menos veinte veces más de lo que crees. Entonces sal y ponte a prueba. Sé consciente de que los obstáculos aparecerán, y entonces supéralos con persistencia uno tras otro, empleando el liderazgo en momentos de crisis, el bucle OODA y otras herramientas que hemos presentado en este libro.

Un mantra que empleo a menudo es: «Día a día, en todos los sentidos, me hago más fuerte y mejor. ¡*Hooyah*!».

Como ya he dicho antes, en los SEAL ¡*Hooyah*! es el grito que une al equipo en el espíritu: «Podemos con esto, no hay problema». Este y mis otros mantras me mantienen optimista y con ánimo positivo, y contribuyen a cultivar mi resiliencia. No temas volver a ser cinturón blanco. Empieza desde cero para permitir que fluyan ideas y energía nuevas. Tienes que estar dispuesto a mostrarte renovado cada día, con mente de principiante.

CONVERGENCIA

Enfréntate al miedo a compartir plenamente. Aprende a compartir todo lo que merece la pena compartir. Ábrete a compartir la exposición al riesgo, la recompensa y la experiencia de todo el equipo. Sal del modo habitual de pensar, sal de la oficina, sal de tu cabeza. Sé auténtico conectando con tu corazón y luego con el corazón de tu equipo. Pregunta qué funciona, qué no funciona y en qué puedes ayudar. Participa en los equipos multifuncionales, en los equipos de trabajo o en los grupos de reflexión. Arriésgate a no ser el experto, y luego conviértete en experto. Pide liderar cosas que te asustan. Si eres el líder, comparte tus visiones y expectativas, y no cejes en tus comunicaciones de combate para que todo el mundo esté en sincronía con la misión.

Todo el mundo tiene alguna habilidad excepcional. No ocultes la tuya ni reprimas las de los demás. Y cuando todos tengan que arrimar el hombro, debes estar dispuesto a ensuciarte las manos. No hay nada peor que un especialista que se echa para atrás pensando: «Este no es mi trabajo». Comprométete a desarrollar un sentimiento compartido de propósito, como McChrystal hizo con su equipo de equipos.

Desarrolla un ritual matutino profundamente significativo que te permita vencer en tu mente antes de empezar el día, como individuo y también como equipo. Aprende de tus errores y erradica los remordimientos en tu ritual vespertino.

Vive la vida, «un día, una vida» cada vez.

La valentía genera confianza; la confianza genera respeto; el respeto conduce al crecimiento; el crecimiento lleva a la excelencia; la excelencia forja la resiliencia; y la resiliencia te proporciona la tenacidad a prueba de bomba y el poder para alinearte constantemente con tu equipo. De este modo, juntos pueden centrar radicalmente el foco en el quién y el porqué, así como también en el qué y el cómo de sus misiones.

Así es como los equipos crecen juntos y así es como creces para ser un líder merecedor de su apoyo. Es fundamental quién eres como compañero de equipo, quién es el equipo como conjunto y por qué hacemos lo que hacemos. Descubre primero tu porqué colectivo y cómo quieren ser como equipo. Luego determina cómo cambiarán juntos el mundo.

Juntos, como un equipo, venceremos esta batalla. Mirando a los ojos del lobo. ¡*Hooyah*!

Mente invencible

¿Cómo serían tu equipo o tu empresa si todos sus miembros tuviesen una mente invencible como la que se describe en este libro? ¿Si todas esas personas tuviesen la fortaleza, la resiliencia y la conciencia emocional forjada mediante el entrenamiento de Unbeatable Mind?

¿Cómo cambiaría tu empresa si todas las personas estuvieran enfocadas al equipo y elevaran a quienes las rodean? ¿Si vivieran los siete principios fundamentales para forjar equipos de élite? ¿Si tu equipo personificase la valentía, la confianza, el respeto, el crecimiento, la excelencia, la resiliencia y la convergencia?

¿Cómo sería si las personas que conforman tu equipo tuviesen la valentía de enfrentarse a sus propios sesgos, patrones y condicionantes, esos que les impiden ser líderes y compañeros de equipo centrados en el corazón?

La buena noticia es que ya no hace falta que te hagas esas preguntas. Puedes llevar Unbeatable Mind a tu organización. Nuestros coaches están preparados para ayudar a tu equipo a enfrentarse a su lobo del miedo.

Agradecimientos

Cuando mi editor me pidió escribir un libro sobre el liderazgo en los SEAL, no quise recorrer otra vez los ya trillados caminos que revelan los secretos del liderazgo de los guerreros más rudos del mundo. Algunos compañeros míos y yo mismo ya habíamos escrito esos libros.

Sí, los SEAL son increíblemente eficaces en el campo de batalla. Están en su salsa cuando las balas silban, y eso hace pensar que liderar es fácil. Sin embargo, mi experiencia me dice que leer sobre cómo se lidera un equipo SEAL en un entorno VUCA, aunque como narración resulta emocionante, no hace que una persona con un cargo ejecutivo en una empresa o una persona emprendedora se transformen de repente en «líderes de élite». Falta algo importante.

La realidad es que el sistema y la cultura de los SEAL facilitan que liderar en ese entorno sea hasta cierto punto fácil. En cambio, cuando dejé el servicio para levantar un equipo como emprendedor primero y como empresario después, me faltaban aquella estructura y cultura extraordinarias para darme apoyo y cubrir mis muchas carencias. Estaba solo, con mi nuevo equipo, y a ellos no les importaba lo más mínimo cómo había liderado yo a otros en los SEAL. Mi ego y mi sombra no tardaron en hacerme tropezar.

De modo que mi primer agradecimiento es para todos aquellos compañeros de equipo (desde el inicio de mi trayectoria empresarial) que me ayudaron a poner al descubierto mi sombra y mis limitaciones. Quiero dar las gracias especialmente a quienes siguen considerándome su «enemigo» aún hoy. Sin el sufrimiento, sería la mitad de lo que soy.

Gracias, Michael Homler, de St. Martin's Press, por creer en mí y permitirme llevar a cabo este proyecto a mi manera. Gracias a John Vercher, de Scribe, por sugerirme este título tan atractivo y rompedor que me puso en la dirección adecuada para escribir el libro que necesitaba escribir.

Gracias a todos mis maestros y mentores vivos, sobre todo a Tadashi Nakamura, Ken Wilber, Dan Brown, Gary Kraftsow, Sean Esbjorne-Hargrove, Christie Turner y al equipo del Hoffman Institute. El papel de todos fue decisivo para que me enfrentase a mi propio lobo del miedo.

Gracias de todo corazón a todos los miembros de los SEAL que he mencionado en el libro: almirante William McRaven, almirante Eric Olson, capitán de navío Jim O'Connell, suboficial mayor el Horra, capitán de fragata Richard Marcinko, sanitario militar de primera clase Marcus Luttrell y suboficial mayor Mike Magaraci. Si me he equivocado en algo al relatar sus historias, les ruego disculpas. No se me olvida que les debo unas sentadillas y una cerveza.

Gracias a las empresas y personas que me han ayudado con sus conocimientos y con sus citas: Joe De Sena, de Spartan Racing; los equipos de Space X y de neurocirugía de Harvard Med; Christian Overton y el equipo de Shell GOM Deepwater; Mohi Ahmed y el equipo de OIG de Fujitsu, y Sheldon Wizotski, de TGG. Les agradezco su tremendo apoyo y su buena disposición para aparecer en estas páginas.

Gracias a mi equipo de élite, compuesto por Jim Brault, Melanie Swiwka, Geoff Haskell, Michael Ostrolenk, Richard Thompson, Mark Crampton, Robert Ord, Jon Atwater, Will Potter, Allison Glader y Tara Trainor, por su maravillosa lealtad y su apoyo.

Todo mi amor a mi madre y mi padre, Brad y Charlie, y a Robin, quienes me proporcionaron las experiencias que me permitirían convertirme en un líder eficaz de los SEAL y también el material para trabajar mi sombra.

Finalmente, quisiera expresar mi agradecimiento a mi familia, que me inspira para mantenerme en el sendero del crecimiento y para mirar a los ojos del lobo. Ojalá tenga la fortaleza necesaria para mostrarme siempre con autenticidad y estar presente día a día. Os quiero, Sandy, Cindy, Catherine, Devon, Rich, Wilder, Violet, Danger, Larry y Starlight.

Mira a los ojos del lobo de Mark Divine
se terminó de imprimir en agosto de 2022
en los talleres de
Litográfica Ingramex S.A. de C.V.,
Centeno 162-1, Col. Granjas Esmeralda, C.P. 09810,
Ciudad de México.